누구나 경험하지만 누구도 잘 모르는

수업

별도의 표시가 없는 한 교육공동체 벗이 생산한 저작물은 크리에이티브 커먼즈
[저작자표시-비영리-변경금지 4.0 국제 라이선스]에 따라 이용하실 수 있습니다.
http://creativecommons.org/licenses/by-nc-nd/4.0

수업, 누구나 경험하지만 누구도 잘 모르는
- 이혁규의 교실수업 이야기

ⓒ 이혁규, 2013

2013년 2월 28일 처음 펴냄
2024년 10월 21일 초판 15쇄 찍음

글쓴이 | 이혁규
편집부장 | 이진주
기획·편집 | 서경, 공현
출판자문위원 | 이상대, 박진환
디자인 | 이수정, 박대성
제작·진행 | 세종 PNP

펴낸이 | 김기언
펴낸곳 | 교육공동체 벗
사무국 | 최승훈, 이진주, 설원민, 서경, 공현
출판등록 | 제2011-000022호(2011년 1월 14일)
주소 | 서울시 마포구 성미산로1길 30 2층
전화 | 02-332-0712
전송 | 0505-115-0712
홈페이지 | communebut.com

ISBN 978-89-6880-000-9 03370

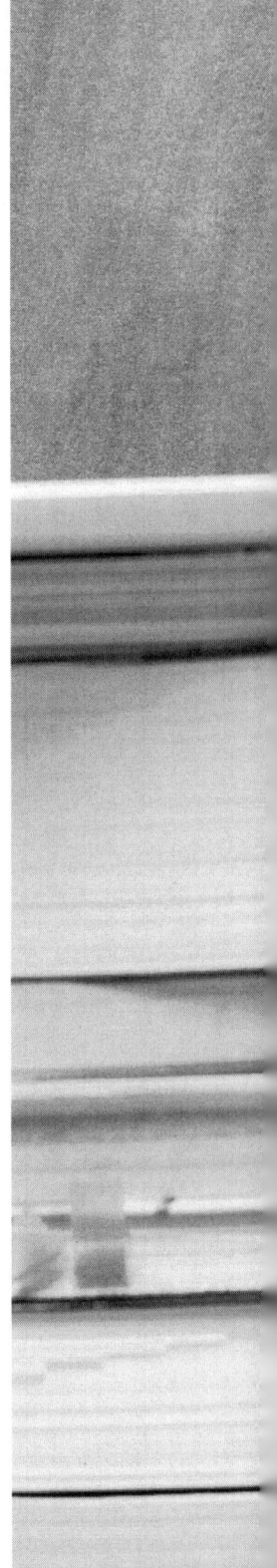

누구나 경험하지만 누구도 잘 모르는

수업

이혁규의 교실수업 이야기

교육공동체벗

• 목차 •

여는 글 낡은 습속을 넘어서 … 6

1부
우리 교실 들여다보기

●

네모난 교실, 네모난 시간표, 학교 종이 땡땡땡! … 15
근대 교실의 시공간과 학교교육

교사들은 왜 가르치려고만 할까? … 29
교사, 가르치는 존재에 대한 성찰

공부에는 때가 있다는 말은 여전히 옳을까? … 44
학생, 배우는 존재에 대한 성찰

왜 새로운 교과서는 교실수업을 바꾸지 못하나? … 59
성전聖傳적 교과서 넘어서기

교실 대화는 일상 대화와 어떻게 다를까? … 77
교실수업의 언어적 상호작용

2부
가까이서 멀리서

●

철 지난 행동주의는 왜 여전히 살아 있을까? … 97
행동적 수업 목표를 넘어서

수업 지도안은 만국 공통일까? … 111
수업 지도안 꼼꼼히 들여다보기

수업연구대회 수업은 정말 우수한 수업일까? … 127
수업연구대회에 말 걸기

교실수업을 비교육적으로 만드는 주범이 정말 대학 입시일까? … 144
평가 제도와 수업 방식의 관계

교육공학이 교사를 대체하는 일은 가능할까? … 162
테크놀로지와 교실수업의 변화

3부
새로운 성찰과 실천을 위하여

교과는 고정불변의 가치인가? … 185
교과를 넘어서는 상상력

가르치는 활동은 과학인가, 예술인가? … 213
수업의 과학성과 예술성

학습자 중심 교육의 진정한 의미를 알고 있는가? … 226
학습자 중심 교육에 대한 성찰

가르치는 일은 아무나 할 수 있나? … 251
목적형 VS 개방형 교원양성체제

혁신학교, 한국 학교 변화의 희망이 되기를 희망하며 … 270
혁신학교라 불리는 새로운 학교개혁운동의 의미

닫는 글 일상을 바꾸는 실천 운동으로서 학교변혁운동 … 288

글의 출처 … 292

미주 … 294

• 여는 글 •

낡은 습속을 넘어서

약 16년 전 처음 대학의 연구자가 되었을 때 정년을 맞을 때까지 단독 저서를 세 권만 내면 좋겠다고 생각했다. 이 책이 세 번째 저서이니 목표를 조기 달성한 셈이다. 그러나 홀가분한 느낌보다는 부족한 책을 한 권 더한다는 부끄러움이 앞선다.

여기 실린 글의 대부분은 2009년에 월간 《우리교육》에 〈인문학적 안목으로 읽는 교실수업 이야기〉라는 테마로, 2011년부터는 교육공동체 벗의 《오늘의 교육》에 〈교실수업 이야기〉라는 테마로 연재했던 글들이다. 연재를 시작할 당시 이 글들은 수업비평의 후속 작업으로 기획되었다. 나는 고립된 교실을 열어 교사들의 수업 실천을 소통하고 성찰하는 방법으로서 수업비평이란 연구 장르를 동료 연구자들과 함께 개척하여 2007년과 2008년에 두 권의 단행본[1]을 출간하였다. 이후 현장에서는 수업비평에 대해 꽤 많은 관심과 반응이 있었다. 몇몇 곳에서는 수업비평을 전문적으로 연구하고 실천하는 교사공동체가 탄생하기도 하였다. 그러나 교사들은 수업비평문을 읽는 것은 재미있으나 수업비평을 자신이나 동료들의 수업 개선을 위한 실천 활동으로 일상화하는 것은 매우 힘들다고 반응하였다. 어려움의 원인을 분석해 보니 크게 두 가지였다. 하나는 수업 현상을 이해하고 해석하는 교육적 감식안이 부족하다는 것이었고, 다른 하나는 관찰한 바를 표현해 내는 글쓰기가 어렵다는 것이었다.

현장 교사들의 이런 반응을 접하면서 새로운 후속 작업이 필요하다는 생각을 했다. 두 가지 어려움 중에 내가 더 관심을 가진 것은 교육적 감식안의 문제였다. 전문 비평가를 꿈꾸지 않는 이상 글을 잘 쓰는 것이 교사들의 주된 관심은 아니기 때문이다. 교사들의 일차적인 관심은 자신들의 수업 실천을 이해하고 개선하는 것이다. 그런데 자신의 수업 실천을 개선하려면 수업 현상에 대한 깊은 이해가 필요하다. 수업을 개선하는 일은 주어진 내용을 효율적으로 전달하는 차원을 넘어서기 때문이다. 수업 현장을 예리하게 관찰하고 자신의 수업 실천이 학습자와 사회에 어떤 의미를 지니는지를 깊게 통찰할 수 있어야 비로소 좋은 수업이 이루어진다. 교육적 감식안이 있어야 그런 통찰이 가능하다.

그런데 교육적 감식안이 부족하다면 그것은 어떻게 신장할 수 있을까? 이런 질문을 하다가 문득 나는 나 자신도 우리 학교와 교실의 일상을 구성하는 기본 요소들을 잘 모르고 있다는 생각을 하게 되었다. 그래서 교사의 구체적인 수업 사례를 비평하는 작업과는 좀 다른 차원에서 우리 교실과 학교의 친숙한 일상들을 낯설게 보고 해석하는 작업을 하게 되었다. 그렇게 하나 둘씩 쓴 글들이 모여서 이렇게 단행본을 엮을 수 있게 되었다.

이 책은 크게 3부로 구성되어 있다. 1부 〈우리 교실 들여다보기〉에서는 교실을 구성하는 가장 기본 요소인 '교실의 시공간', '교사', '학생', '교과서', 그리고 '교사와 학생 간 상호작용'을 낯설게 보려는 시도를 하였다. 우리는 자주 망각하지만 이런 요소들은 기껏해야 200년을 넘지 않는 근대 교육의 산물이다. 우리에게 너무나 익숙해서 하나의 보편적 질서처럼 받아들여지는 이런 기본 요소들의 의미를 꼼꼼히 해석해 보고자 하였다. 2부 〈가까이서 멀리서〉는 '행동적 수업 목표', '수업 지도안', '수업연구대회', '수업 방식과 입시의 관계', '교실 테크놀로지'를 다룬다. 이런 요소들도 반성의 소재로 잘 부각되지 않을 만큼 교사 사회의 익숙한 일상 혹은 관행들과 관계 맺고 있다. 이런 요소를 때론 밀착해서 때론 원거리에서 살펴봄으로써 교사 문화의 낡은 습속에 대해 문제 제기를 시도해 보았다. 3부 〈새로운 성찰과 실천을 위하여〉에서는 '교과를 넘어서는 상상력', '가르치는 활동의 예술성', '학습자 중심 교육의 의미', '교원양성체제의 문제', '혁신학교로 상징되는 학교개혁 문제'를 다룬다. 1부와 2부에서 다룬 주제들과 비교해 볼 때 교실이나 단위 학교의 범위를 넘어서거나 미래의 학교개혁을 염두에 두고 생각해 보아야 할 주제들을 모아 보았다.

여기 실린 글들은 순서대로 읽지 않고 각각 하나의 완결된 꼭지로 읽어도 무방하다. 위기에 처한 교실수업이나 학교교육을 위한 구체적인 처방을 기대하고 이 책을 읽는다면 실망하는 분들도 있을 것이다. 이 책은 교실수업 개선을 위한 구체적 지침이나 제도적 개선책과는 큰 상관이 없다. 대신에 질문과 생각을 촉발하려는 목적으로 집필되었다. 일상을 낯설게 볼 수 있는 질문 능력이야말로 미래 교육을 여는 데 필요한 좀 더 근원적 역량이라고 보기 때문이다.

나는 익숙한 일상을 낯설게 보는 시선이 오늘날 우리가 직면한 교육의 위기를 극복하기 위해서 꼭 필요하다고 본다. 이런 시선이 왜 필요하고 중요할까? 우리들 대부분이 낡은 습속의 늪에 안주하면서 구질서를 재생산하고 있음을 간파하기 위해서이다. 우리의 행동은 반성과 성찰보다는 어릴 때부터 몸에 내면화된 습속의 지배를 너무 많이 받는다. 문제는 습속의 힘이 너무 근본적이어서 그런 사실조차도 인지하지 못한다는 점이다. 그것이 습속이 지니는 무서운 보수성이다. 예컨대, 우리가 반복하는 오래된 전통들을 생각해 보라. 우리는 현재 교실의 시공간을 당연한 것으로 받아들이고 교사는 가르치는 존재라는 역할 수행을 의심하지 않으며 공부에는 때가 있다는 철석같은 신념으로 마시멜로의 이야기를 학습자들에게 반복적으로 들려준다. 그리고 교과서를 잘 정리하여 전달하고 대학수학능력시험 유형의 객관식 문제를 열심히 풀게 하면서 자신이 맡은 학생들을 좋은 대학에 보내는 것이 교사와 학교의 역할이라고 생각한다. 좋은 대학에 가면 좋은 직장을 얻을 수 있고 좋은 직장을 얻으면 여생을 편히 보낼 수 있다는 전통적인 믿음하에.

그러나 우리의 관습적 실천을 정당화해 주던 전통적인 학업-취업 루트는 그 유용성을 거의 상실해 가고 있다. 반복되는 경제 위기와 높은 청년 실업률은 현재의 사회 시스템과 그것을 재생산하는 교육 시스템이 근본적 위기에 봉착했음을 드러낸다. 세상이 바뀌고 있는 것이다. 그리고 새로운 시대는 새로운 실천을 요구한다. 중앙집권적이고 통제적이며 표준적인 개혁과 같은 전통적 방식으로는 혁신을 이룰 수 없다. 그것 또한 위기를 재생산하는 낡은 습속의 일종이기 때문이다. 따라서 새로운 실천은 우리 몸에 배어 있는 익숙한 습속을 철저히 낯설게 보는 데서 출발해야 한다. 그리고 우리의 사고와 행동을 지배하는 몸의 습속들을 간파해 내고 그것을 소거하는 탈학습unlearning이 일어나야 한다.[2] 이 책이 제기하는 질문들은 그런 탈학습을 위한 것들이다.

나는 독자들이 낡은 습속을 해체하고 위기를 넘어 새로운 시대의 여명을 여는 창조적 상식 파괴자들이 되기를 희망한다. 상식 파괴자[3]는 세상을 다르게 볼 뿐 아니라 그로 인해 야기되는 두려움을 극복할 수 있는 능력을 지니고 있는 동시에 자신이 꿈꾸는 세상을 타자와 소통해 낼 수 있는 탁월한 능력을 지닌 자들이다. 모두가 그런 상식 파괴자가 되어 교육이 약육강식의 질서를 재생산하는 이 기이한 상식의 시대를 넘어 보자. 그리고 사랑과 배려, 협력과 공존, 정의와 연대가 함께하는 새로운 교육의 시대를 열어 보자. 이 책이 그런 상식 파괴적 교육을 꿈꾸는 교사, 학부모, 시민들을 돕는 작은 도구 역할을 할 수 있기를 감히 소망해 본다.

2013년 2월
청주에서 이혁규

1부

우리
교실
들여다보기

네모난 교실, 네모난 시간표, 학교 종이 땡땡땡!

— 근대 교실의 시공간과 학교교육

교사들은 수업을 하면서 자신의 수업 행위에 대해서 이런저런 반성을 한다. 그러나 이런 반성이 교실의 시공간 문제에까지 미치는 경우는 드물다. 오와 열을 맞추어 앉은 학생들이 교단 너머 교사와 마주 대하도록 설계된 교실 자리 배치나 학생의 욕구나 동기와는 상관없이 40~50분 단위로 교과를 배우도록 설계된 시간 운영의 문제가 반성의 소재로 등장하는 경우는 많지 않다. 그것은 교사에게 주어진 현실로 간주된다. 그러나 시공간은 우리 삶의 선험先驗적인 조건이라는 점에서 이를 고찰하는 것은 현재의 교육을 이해하는 데 필수적이다.

학교 교실의 공간 배치나 시간 운영은 교사와 학생 사이의 가르침과 배움이 특정한 형태로 일어나도록 강제한다. 따라서 우리의 학교 교육에 대해서 반성하기 위해서는 교육 방법이나 교육 내용을 검토하기 이전에 시공간에 대한 검토가 선행될 필요가 있다. 시공간에 대한 고찰은 우리 교육을 틀 지우는 근본 형식을 이해하는 데 도움이 되며 동시에 그것을 극복할 수 있는 가능성도 열어 준다. 익숙한 일상을 낯설게 보고 새로운 교육을 설계하는 데 시공간에 대한 질문은 회피할 수 없는 물음이다.

충북교육박물관을 찾다

근대 교실의 시공간에 대한 생각도 정리할 겸 필자의 상상력의 한계도 보완할 겸 가까이에 있는 충북교육박물관을 찾았다. 교육박물관을 찾은 이유는 현 시점의 교실이 아니라 근대 교실의 원형에 좀 더 가까운 모습을 관찰하기 위해서이다. 지금의 교실들은 열린교육이나 협동 학습 등의 영향으로 모둠별 좌석 배치가 늘어나는 등 다양한 변화를 보이고 있다.

충북교육박물관은 별로 규모가 크지 않은지라 김홍도의 풍속화에 등장하는 서당의 풍경이나 송시열을 모시던 충북의 화양서원 등 조선시대의 교육 풍경을 찾기는 어려웠다. 대신에 근대 100년의 충북 교육에 대한 기록은 나름 잘 정리돼 있었다. 그중 이 글의 주제와 관련하여 필자의 주목을 끈 것은 1970년의 교실 풍경을 복원해 놓은 곳이다. 〈5-1〉 반 팻말이 붙은 교실 입구에는 다음과 같은 글귀가 적혀 있었다.

추억의 교실

옛날 교실 풍경은 어떠했을까?

타임머신을 타고 1970년대의 교실 풍경 속으로 시간 여행을 떠납니다.

달달 외워야 했던 국민교육헌장이 교탁 옆 높은 벽에 위엄 있게 걸려 있고, 교실 칠판마다 적혀 있던 '떠든 사람'의 명단은 아이들의 마음을 늘 긴장시켰습니다.

난로에 조개탄 불을 지피면 엄동설한 추위를 잠시나마 잊으려 아이들은 고사리 같은 손을 호호 불어 대며 온기를 찾아 모여들었고 3교시만 되면 너나 할 것 없이 앞다투어 난로 위에 도시락을 쌓아 둔 채 선생님 말씀은 귓등으로 흘려들으며 즐거운 점심시간이 되기를 기다렸습니다.

채변 봉투에 개똥을 넣었다가 선생님께 혼났던 아이, 오줌을 싸서 늘 놀림을 받던 아이, 점심시간이면 도시락 대신 수도꼭지 물을 틀어야만 했던 아이, 꽁보리밥 방귀가 지독했던 아이……

빛바랜 사진처럼 아득해져 간 그때 그 시절의 아주 작은 일상들이 이제는 잔잔하고 아름다운 일상으로 다가옵니다.

글귀를 읽는 동안 벌써 어린 시절 추억이 밀려온다. 열린 문을 통해서 안을 엿보자 두 명이 함께 앉게 되어 있는 긴 책상 배열이 눈에 들어온다. 녹색 페인트칠을 한 표면이 여러 가지 칼자국과 흠으로 군데군데 패여 있다. 그것을 보고 있자니 더 많은 공간을 차지하려고 짝꿍과 영토 분쟁을 하던 기억이 새록새록하다. 지겹게 외웠던 국민교육헌장이며, 조개탄을 갈던 추억이 서린 난로의 모습이며, 작은 손으로 통겨 올리던 주판알의 모습이며, 음악 시간이면 늘 층을 옮겨 다니면서 운반해 와야 했던 무거운 풍금도 정겹다.

너무 많은 것이 변했다. 그러나 교실을 다시 찬찬히 돌아보니 시공간의 관점에서 보면 변한 것이 별로 없다. 밀려드는 추억의 정념을 뿌리치고 냉정한 관찰자의 시선으로 바라보면 1970년대의 교실과 지금의 교실은 거리가 멀지 않다. 양자는 근대적 교실의 시공간이라는 동형성을 대체로 그대로 간직하고 있다.

근대적 교실의
시공간에 서다

교실을 천천히 둘러보는 동안에 근대 교실의 시공간이라는 주제와 관련하여 필자에게 부각된 물상은 크게 세 가지, '태극기', '교단과 교탁', '시간표'이다. 이것들은 각각 국가주의, 계몽적 배치, 뉴턴적 시간을 상징한다.

첫째는 교실 중앙의 태극기이다. 국기는 근대 교육의 주인이 국가

권력이라는 상식을 환기시킨다. 서구의 경우 근대 공교육은 종교가 장악하고 있던 교육에 대한 권리를 국가가 탈취해 가는 과정에서 탄생했다. 동시에 공교육의 제도화는 언어와 역사와 문화를 공유하는 상상의 공동체가 창조되는 과정이기도 하였다. 근대 국민국가와 그 구성원들의 탄생 과정은 표준적 언어를 교수하고 동일한 역사와 장소에 대한 상징을 전파하는 공교육의 확립 없이는 불가능하였다. 이렇게 국가가 교육을 관장하는 근대의 전통은 지방분권적 전통이 강한 나라에서도 정도의 차이만 있을 뿐 유사하게 나타난다. 2007년 연구년 기간 동안에 필자는 미국의 몇몇 학교를 관찰하면서 많은 교실에 성조기가 게양되어 있는 것을 보고 놀란 적이 있다. 더욱이 미국의 공립학교에서 학생들은 아침마다 "나는 미합중국 국기와 그것이 상징하는 국가에 대한 충성을 맹세합니다. 우리는 하나님 아래under God 하나의 나라이며 나누어질 수 없습니다. 우리나라는 모든 이를 위한 자유와 정의의 나라입니다"라는 내용의 국기에 대한 맹세The Pledge of Allegiance를 암송한다. 교육에서 지방분권적 전통이 강한 미국에서도 국가주의적 교육이 일상에 강하게 관철되고 있는 것이 신기해 보이기까지 했다.

둘째는 교단과 교탁이다. 교단과 교탁이 자리하고 있는 교사의 공간과 그를 마주하고 녹색 책상들이 배열되어 있는 학생의 공간. 이진경은 이런 교실 배치를 계몽적 배치라고 언급했다.⁴ 우리는 흔히 교단과 교탁이 일제시대의 유산이라고 생각한다. 그러나 이진경의 설명에 의하면 교단과 교탁은 5세기경 기독교 교회가 사용하던 제단에 그 기원을 두고 있다. 313년 콘스탄티누스 황제가 기독교를 공인한 후에 기독교도들은 예배를 위한 공간을 만들었다. 당시 그리스식의 신전은 신도들이 모여 예배를 보는 형식을 취하지 않았기 때문에 예배 공간으로 적절하지 않았다. 그래서 기독교도들은 고전기의 '바실리카'라고 불리던 집회소를 본떠서 예배 공간을 만들었다. 이때 신도들의 시선을 모으고 그들과 성직자의 위계를 물질적으로 표시하기 위하여 높이를 달리하여 높은 탁자가 있는 제단을 만들었다. 후대에 계몽주의자들은 이성理性을 대신하여 말하는 교사의 위치에 시선을 모으고 교사와 학생들 간의 위계를 표시하기 위해서 교단과 교탁을 학교에 도입했다고 한다.

교단과 교탁이 기독교적 기원을 가지는 것은 묘한 알레고리이다. 교사는 말하고 전달하고 벌주고 용서하는 사제司祭의 위치에 있다. 이에 비해서 학생들은 계몽되고 훈육당하고 순종을 강요받는 대상이다. 동시에 교실 책상의 몰개성적인 일렬 배치는 훈육의 대상인 학생들이 얼굴 없는 주체임을 말해 준다. 오와 열이 정돈된 교실은 개성 있는 존재가 아니라 번호에 의해서 호명되는 익명의 대상을 요구한다. 학생들은 일사분란하게 반응할 것이 요구되는 집단적 주체인 셈이다. 그리고 그런 학생상은 표준화된 국민 양성을 목적으로 하고, 공장의 기계적인 리듬에 반응하는 기계적 신체를 지향하는 근대 교육과 잘 들어맞았다.

세 번째는 교실 벽면에 부착되어 있는 빛바랜 시간표이다. 세로축에는 1, 2, 3, 4, 5······의 숫자가 적혀 있고, 가로축에는 월, 화, 수,

네모난 교실, 네모난 시간표, 학교 종이 땡땡땡!

목, 금, 토요일이 적혀 있다. 가로와 세로축이 만들어 내는 격자에는 국어, 수학, 사회, 과학, 특별 활동 등의 과목이 쓰여 있다. 이 시간표는 근대 교실의 일상적 리듬을 담지하고 있다. 40~50분 공부와 10분 휴식으로 구획되어 있는 학습의 리듬, 그 학습 리듬에 맞게 정교하게 분절되어 있는 교과 내용, 그 시간표를 구현하기 위해 규칙적으로 울려 퍼지는 차임벨 소리, 그리고 그 실행을 강제하기 위해서 학생들에게 부과되는 각종 규율과 규칙 등.

시간표에 의해서 관할되는 학교의 리듬 또한 근대적 산물이다. 서양이나 동양이나 근대 이전 사람들의 삶은 자연적 리듬을 따라 영위되었다. 농사짓는 농부나 양치기하는 목동이나 하루의 일과는 보통의 경우 해가 뜨는 것과 함께 시작되었고 해지는 것과 함께 종료되었다. 이런 자연의 리듬에 따라서 이루어지는 생활은 상당히 유동적이고 한가로웠다. 그러나 분초를 재는 시계가 등장하고 산업화의 진전에 따라 일관된 공정으로 진행되는 공장제 시스템이 도입되면서 사람들의 생활은 점차 시계적인 시간에 자신들의 삶의 리듬을 일치시켜야 했다.

그리고 그 시간표에 드러나는 시간은 하나의 절대 시간으로서 뉴턴적인 시간이었다. 이 시간표는 학생들의 개인적이고 주관적인 심리적 시간을 고려하지 않는다. 학습은 절대적인 시간과 학업 성취의 함수로 단순화된다. 그리고 학업 성취를 높이려면 일 초 일 초가 동일한 의미를 가지는 객관적인 학습 시간을 통제하고 조절하고 팽창시키면 된다. 교실의 학습 시간에 대한 연구 전통이나 한국의 '0교시'나 '야자' 풍습 속에는 이런 뉴턴적 시간 관념이 짙게 녹아 있다.

근대 교실의 시공간과
근대 교육의 특징

●

위에서 언급하였듯이 근대 학교 교실은 국가가 영토 내의 국민들에게 보편적이고 표준적인 내용을 전수하기 위하여 설계된 시공간이다. 국가에 의한 보편적 교육의 실시는 근대 이전의 교육과 비교하여 몇 가지 변화를 야기하였다.

우선, 학교가 공부를 독점하는 장소가 되었다. 근대 공교육 이전 시기의 교육은 상당히 비형식적으로 이루어졌고 학교와 학교 바깥 공간의 단절이 그다지 크지 않았다. 그러나 국가가 교육을 독점하고 분절된 시간을 통해 배우는 교과들이 확립되고 아침마다 등교해야 하는 학교가 탄생하면서 '배우려면 학교를 가야 한다'는 생각이 자연스럽게 보편화되었다. 공부하러 학교에 간다! 너무나 상식적인 이 말은 그 이면에 학교 바깥에서 일어나는 학습은 공부가 아니거나 혹은 열등한 공부라는 차별과 배제를 은닉하고 있다. 이는 성적표와 졸업장에 부여되는 사회적 가치를 생각하면 쉽게 이해할 수 있다.

둘째, 이와 함께 일상의 학습과는 구분되는 학교교육에서 다루어야 할 지식 체계가 정교화되었다. 근대 학교교육은 근대의 분화된 학문 체계에 따라서 합리적으로 배열된 커리큘럼을 일정한 시간 동안 똑같이 가르치는 방식으로 제도화되었다. 이와 함께 무엇이 가르칠 만한 지식인지를 규정하는 교육과정 전문가도 등장하게 되었다. 이들은 가르쳐야 할 교과가 무엇인지를 정하였다. 대개의 경우 그것은

네모난 교실, 네모난 시간표, 학교 종이 땡땡땡!

일상적이고 실용적인 지식이 아니라 근대 서구의 대학에서 확고한 위상을 얻게 된 추상적이고 과학적인 지식들이다. 그리고 교과를 가르치는 표준적인 방식, 교과를 배우는 데 필요한 표준적인 시간도 정해지게 되었다. 어떤 과목을 어느 정도의 비중으로 배워야 하는지에 대한 규칙도 정해졌다. 그리고 이런 결정은 표준화된 교과서와 표준화된 시간표의 형태로 교실의 학습을 강제하게 되었다.

셋째, 교사와 학생의 역할에 상당히 근본적인 변화가 일어났다. 한마디로 표현하면 학생이 뜻을 세운 후에 뛰어난 스승을 찾아 그 가르침을 받기 위해서 길을 떠나는 근대 이전 교육의 모습이 사라지게 되었다. 이제 근대 학교의 교사는 가르칠 그 무엇을 자신의 신체와 정신 속에 고유하게 담지하고 있는 존재가 아니다. 대신에 표준화된 지식을 표준화된 시간 내에 전달하는 기능적 존재로 규정된다. 교사는 교육과정이나 교과서의 앞이 아니라 뒤에 있는 종속적 존재가 되었다. 즉, 주어진 교육내용을 잘 전달하는 방법을 습득하고 행하는 방법적 전문가일 뿐이다. 그리고 학습자는 질문하거나 배워야 할 내용을 스스로 찾아 나서는 능동적인 존재가 아니라 대량의 지식을 별 의문 없이 흡수하는 수동적인 존재로 규정된다.

그리고 이런 학습을 효율적으로 수행하는 배치가 앞에서 언급한 근대 교실의 시공간이다. 근대인들은 모두가 이런 근대 교실의 시공간을 숙명적으로 통과하여야 한다. 개성이 존중되기 어려운 획일적인 교실 배치 속에서 자신의 배움에 대한 갈망과 욕구와는 전혀 무관한 교과 — 근대적 학문 체계에 따라서 단절되어 조직된 — 를 배운다. 한두 달도, 일이 년도 아니고 10여 년이 넘는 세월을, 연령별로 구획되어 학교라는 시설에 강제로 배정된 후에 대량의 지식과 사고를 일방적으로 주입받으면서⋯⋯.

한국 근대 교실 시공간의 특수성

국가주의, 계몽적 배치, 뉴턴적 시간은 근대 학교의 보편적 특성이다. 그러나 잔혹한 식민 통치와 권위주의적 통치 체제의 오랜 역사를 거치는 동안에 한국의 교실에서는 이 같은 특성이 훨씬 극단화된 형태로 나타났다. 근대 교육 자체가 풍전등화에 처한 국가를 살리기 위한 방편으로 도입되었다. 고종이 1895년 발표한 교육입국조서는 "교육은 실로 국가를 보존하는 근본이다"라고 선언하고 있다. 근대적 학교교육이 누란累卵의 위기에 처한 나라를 구하는 수단이자 구습 타파와 문명개화를 위한 만병통치약으로 여겨졌던 셈이다.[5] 교육을 위로부터의 개혁을 위한 수단으로 파악하고 국가주의와 국가 발전을 위한 도구적 수단으로 간주하는 이러한 국가주의적 교육관은 일제 식민지 교육과 해방 후 권위주의적 국가 통치의 시대를 거치면서 더욱 강화되었다. 교육을 국가의 통제하에 두는 국가주의적 태도는 서구 국민교육제도가 지닌 근대적 이념과는 성격이 다른 것이었다. 서구에서 시민사회의 형성과 함께 나타난 국민교육제도는 천부인권사

네모난 교실, 네모난 시간표, 학교 종이 땡땡땡!

상에서 도출된 아동의 권리 확인과 그 교육적 표현으로서 학습권 내지 교육을 받을 권리를 보장하는 내용을 포함한다. 인간의 내면 형성에 관련된 문제는 국가권력이 간섭할 수 없는 사적 영역으로 간주하였기 때문이다.[6]

하지만 한국은 왜곡된 국가주의 속에서 계몽적 공간 배치와 뉴턴적 시간 리듬이 학교와 교실을 강하게 지배하였다. 우선 교실(학교) 공간은 가르치는 자의 주장이 효율적이고 절대적으로 관철되도록 설계되었다. 가르치는 자의 신성한 권위가 존중되도록 교사의 발은 높은 강단에 위치했다. 교실 내부 구조는 학생들의 시선이 일사불란하게 교사를 응시하도록 설계되었다. 교장실은 관리 통제를 위해 학교 건물의 중앙에 자리 잡았으며 교실은 막사, 운동장은 연병장의 기능을 하였다. 일제식 훈육 방식을 따라 위압적으로 설계된 이런 공간 배치는 민주적 교육이 꽃피는 것을 불가능하게 하였다.[7]

그리고 이런 권위주의적 공간 속에서 학생들의 신체와 정신은 근대화를 위한 산업주의의 시간에 맞게 규율되었다. 농경시대를 살았던 조선인들에게 하루를 24시간으로 쪼개어서 관리하는 것 자체가 낯선 경험이었다. 일본인들은 사계절의 변화와 함께 흐르는 자연의 시간에 익숙한 농업사회의 몸을 산업사회의 몸으로 뜯어고치려고 노력하였다.[8] 그것은 다양한 시간 통제 장치를 통해서 학교교육의 일상에 작동하였다. 해방 이후의 한국 정부들도 근대화와 산업화를 앞세우며 이 기조를 계승하고 강화시켰다. 왜 학교에 가서 처음 배우는 노래가 한동안 "학교 종이 땡땡땡! 어서 모이자. 선생님이 우리를 기다리신다"이지 않았는가. 그리고 무서운 학생부 교사들이 조금이라도 늦게 등교하는 학생들을 무서운 몽둥이로 길들이지 않았던가. 그렇게 길들여진 한국인들은 어느덧 시간을 지키는 수준을 넘어 시간을 단축하고 앞서가는 세계에서 유래를 찾아볼 수 없는 압축 성장의 주역들이 되었다.

근대 교실의 시공간을 넘어서는 새로운 학습을 위하여

근대 교실의 시공간은 표준적인 교과의 내용을 표준적인 학습자에게 표준적인 시간에 전달하기에 효율적으로 설계되었다. 이런 근대 교육의 설계는 배우는 자의 필요와 욕구보다는 가르치는 자의 논리에 따라 조직된 것이며, 이런 기획에는 배움과 학습의 위기가 근본적으로 내장되어 있다. 더욱이 한국은 왜곡된 국가주의가 교실(학교)의 시공간을 지배하는 가운데 학생들의 신체와 정신은 맹목적 계몽의 기획에 의해 억압당하였다. 국가주의는 적자생존의 사회진화론과 결합하여 학교교육을 더불어 공생하는 공공성의 장이 아니라 약육강식, 우승열패의 장으로 만들었다.

근대 교육에 대한 이런 비판적 담론을 우리의 일상적 실천과 어떻게 연결시킬 수 있을까? 먼저 국가주의 교육에 대한 성찰이 필요하다. 전 거창고 교장 전성은은 국가주의 교육을 비판하면서 "국가는 한 인간을 위해 존재해야 한다"는 급진적인 주장을 한다. 나아가서 "인간은 역사 속의 어떤 것보다도 소중하다는 인간관 위에 학교교육이 행해져야 한다. 학생은 아동이고, 아동은 인간이다. 아직 어린 나이의 인간이다. 어른이 되기 전 단계에 있는 인간이다. 이 아이들은 학교교육이 섬겨야 할 목적이지 수단이 아니다. 즉, 다룰 대상이 아니라는 말이다. 국가보다, 종교보다, 그 어떤 가치 체계보다도 소중한 가치 초월적 존재다. 신도 섬긴 존재다. 이러한 교육적 인간관 위에 학교교육 행위가 이루어져야 한다"고 주장하였다.' 식민지 지배의 아픈 기억이 여전하고 분단국가의 비정상성을 극복하지 못한 상태에서 국가주의 교육의 순기능적 측면을 완전히 폐기 처분하기는 어렵다. 그러나 천부인권을 지닌 개인을 그 자체로 존중하는 근대 자유주의의 이상이 우리 학교와 교실의 일상에 훨씬 더 많이 편만해야 할 것이다.

다음으로 교실(학교)의 시공간을 재설계해야 한다. 근대 교실의 시공간이 근대 교육을 만들고 근대 교육의 시스템이 근대 교실의 시공간을 재생산한다면 자신이 담당하는 교실의 시공간에 작은 변화를 만드는 것만으로도 근대 교육의 경직된 시스템에 균열을 낼 수 있지 않을까? 우리의 교실 시공간을 새롭게 기획하는 것이 나비효과와도 같이 근대 교육의 시스템을 종국적으로 바꿀 수도 있지 않을까?

예컨대, 교탁-책상의 계몽적인 배치를 원탁처럼 위아래와 시작과 끝이 없는 배치로 바꾸기만 해도 분명히 다른 종류의 공간적 관계, 다른 종류의 사회적 관계를 만들 수 있다. 그렇다면 학생들이 교사의 일방적 주입에 수동적으로 반응해야 하는 일제식 배치에서 학생들 간의 소통과 협동이 가능한 모둠 배치로 바꾸고 그 배치에 맞게 수업을 재조직하는 작은 실천이야말로 새로운 교육을 여는 시발점이 될 수 있지 않을까?

또 40~50분의 수업을 온통 장악하여 교사가 혼자서 발언하는 대신에 학생의 다양한 학습 리듬과 속도를 고려하여 시간에 유연성을 부여하는 것은 어떨까? 인간의 학습 시간은 시계 중심의 시간과 다르다. 무엇에 집중하고 몰입했을 때 우리는 물리적 시간의 한계를 넘어서서 진정한 학습의 기쁨을 경험한다. 이런 몰입의 체험이 가능하도록 경직된 시간의 질서를 허물어야 하지 않을까?

다시 말하지만 근대 교육의 위기를 넘기 위해서는 교실의 시공간부터 다시 사유할 필요가 있다. 왜 교실에서 교육이라는 이름하에 학생들을 제자리에 앉혀 두는 데 더 많은 에너지를 소모해야 하는지, 왜 교실에서 학생들이 무엇을 배우고 경험했는지 묻는 대신에 정해진 시간 내에 수업을 마쳤는지를 더 중시하는지를 성찰해 보는 것, 질서와 통제와 훈육과 표준화 대신에 학습과 소통과 성장과 다양성을 더 중시하는 교실의 시공간을 어떻게 기획할 수 있을지를 고민해 보는 것. 그런 물음과 성찰과 고민들이 배움과 학습의 위기를 노정하고 있는 근대 교육을 전복할 수 있는, 파괴적인 동시에 창조적인 열림을 가능하게 할 것이다.

네모난 교실, 네모난 시간표, 학교 종이 땡땡땡!

교사들은
왜 가르치려고만 할까?

— 교사, 가르치는 존재에 대한 성찰

교사 연수의 강사로 나설 때가 종종 있다. 연수 때 시간이 나면 교사들을 대상으로 몇 가지 질문을 하곤 한다. 교사 스스로가 공부를 재미있어하는지를 묻는 것도 그중 하나이다. 상황을 묘사해 보면 대체로 다음과 같다.

필자 학생들에게 공부를 가르치는 교사 스스로는 공부를 재미있어하는지요? 공부가 재미있다고 생각하시는 분 손들어 보세요.

교사들 …….

필자 주위에 있는 분들 눈치 보지 말고 공부가 정말로 재미있어서 하시는 분 손들어 보세요.

교사들 (몇 분이 손을 든다.)

때로 공부가 무엇을 의미하는지를 반문하는 분도 있다. 필자는 어렵게 생각하지 말고 그냥 일상적인 의미로 생각하고 손을 들어 보시라고 말한다. 과연 몇 분 정도나 손을 들까? 추측해 보시라. 30%? 50%? 90%? 여러 번 이런 질문을 던져 보았지만 평균적으로 10%를 넘어서지 않는다.

이런 반응에 대해서 당신은 어떻게 생각하는가? 상황성이 존재하므로 이 수치가 정말 교사들의 속마음을 반영하는지에 대해서는 신중한 해석이 필요하다. 그러나 필자가 꽤 반복적으로 확인한 것이기 때문에 교사들이 이 질문에 대해서 선뜻 손을 들지 못한다는 것 또한 사실이다. 일단 이것을 액면 그대로 받아들인다면 심각하다. 가르치는 것을 업으로 하는 교사가 공부가 재미없다! 얼마나 아이러니한가? 여기서 다음과 같은 의문이 자연스럽게 떠오른다. 교사란 어떤 존재인가? 혹은 어떤 존재여야 하는가? 가르치기만 잘하면 좋은 교사인가? 아니면 교사 스스로 배움을 즐거워해야 하는가? 교사가 공부를 재미있어하지 않는다는 것은 무엇을 의미하는가?

사실 이런 의문은 근대 공교육 체제의 교사란 어떤 존재인지에 대한 성찰을 필요로 한다. 그리고 이에 대한 성찰은 우리가 직면하고 있는 교육의 위기 내지 배움의 위기를 극복하는 사유를 제공해 줄지도 모른다.

군사부일체로
숭상되던 스승[10]

가르치는 사람을 우리는 '스승', '선생', '교사' 등 여러 가지 용어로 부른다. 각각의 용어는 유사성도 높지만 또 그만큼 상이한 의미를 담고 있다. 이런 상이성은 때로 대체 불가능할 정도의 의미 차이를 내포할 수도 있음을 지적하고자 한다. '스승'과 '교사'의 차이에 대해 생각해 보자. 우리는 마음으로 존경하고 따르고 싶은 분을 스승이라고 한다. '오늘날 참스승이 없다'는 표현은 그런 의미를 내포한다. 즉, 스승은 직업적 교사와는 다르다. 그리고 스승이라는 말에는 다분히 과거 지향적인 의미도 담겨 있다. 우리는 스승 하면 근대 교육이 도입되기 전의 가르치는 존재를 떠올린다. 한자로 표기해도 양자 간에는 차이가 난다. 스승은 '師'인데, 교사는 '敎師'로 표기된다. 직역을 하면 교사는 '가르치는 스승'인 셈이다. '師' 앞에 '敎'가 붙은 것은 가르치는 것을 업으로 삼는 존재의 탄생을 의미한다.

동양의 전통에서 보면 스승과 교사의 차이는 크다. 그 차이를 알기 위해서 전통적인 스승의 특징에 대해서 살펴볼 필요가 있다. 전통적으로 동양에서는 '군사부일체'라고 하여 스승을 부모와 임금과 같은 반열에 두었다. 스승은 부모와 임금과 같이 소중하고 절대적인 분이다. 그런데 관계 형성의 측면에서는 스승과 부모/임금 사이에는 차이가 존재한다. 임금과 부모는 운명적이거나 선천적으로 수용해야 하는 관계인 데 비하여 스승은 제자가 선택함으로써 관계가 성립

한다. 근대 이전의 교육에서 배움은 스승을 찾아 나서는 것에서 시작되었다. 좋은 스승을 만나는 것은 교육의 성립 조건과도 같았다. 따라서 스승은 선택된 사람에게 부여된 이름이며 제자의 평가와 존경이 수반되는 검증된 사람이었다. 스승은 제자를 가르칠 뿐 아니라 스스로 수행을 통해서 자신을 고양시켜 가는 '도^道'의 담지자로 간주되었다. 스승은 자신의 수행을 통해서 그 스승됨을 드러낸다.

수업의 출현과
교사의 탄생

●

위의 설명만으로도 스승과 교사의 큰 차이를 인지할 수 있다. 오늘날 제자들은 스승을 스스로 선택하지 않는다. 배워야 할 내용이 가르치는 존재 속에 머물고 있다고 생각하지도 않는다. 근대 교육 시스템이 성립한 이후에 가르치는 자와 배우는 자의 관계는 근본적으로 변화하였다. 교사는 가르치는 내용의 담지자가 아니라 표준적인 지식을 전달하는 직업적 역할을 수행하는 존재이다. 그리고 학생들은 배워야 할 내용을 스스로 선택하지도, 누구로부터 배워야 할지도 선택하지 못하고 강제적으로 학교를 다녀야 한다. 이런 제도의 변화 뒤에는 가르치고 배우는 지식 자체의 성격 변화도 전제되어 있다. 오늘날 학교의 지식은 인격적 존재자와 상관된 지식이기보다는 표준화되고 전이가 가능한 추상적 지식이다. 그리고 표준화와 전이가 가능한 지식은 가르치는 기술로 무장한 교사를 요구한다. 이제 수업의 출현과 함께 등장한 이런 교사의 기원에 대해 생각해 보자.

독일의 교육학자 쉰켈Sünkel은 《수업 현상학》에서 '수업의 기원'에 대한 하나의 일화를 발명함으로써 수업이라는 활동의 사회적 분화와 가르치는 것을 업으로 하는 교사의 탄생에 대해서 설명하고 있다.[1] 쉰켈에 의하면, 수업의 발생은 역사적인 현상이지 인간학적 현상은 아니다. 즉, 비교문화적 관점에서 보면 명시적인 수업 활동이 관찰되지 않는 문화권이 많이 존재하였으며 현재도 그런 문화권이 존재하고 있다.

쉰켈은 수업 현상이 발생하게 되는 역사적 계기를 활 제작자의 비유를 구안하여 설명한다. 간단히 요약하면 이런 내용이다. 신석기시대쯤일까? 거기에 활 만드는 기술을 거의 예술의 경지까지 심화시킨 활 제작자가 한 사람 살고 있다. 그런데 어느 날 한 소년이 활 제작 기술을 배우고 싶어서 찾아온다. 처음에는 귀찮아서 소년을 쫓아 버렸던 활 제작자는 계속 찾아오는 소년의 열정에 감동받아 어느 순간 활 제작 기술을 가르치기 시작한다. 수업 현상이 탄생하는 순간이다. 그리고 그 과정에서 활 제작자는 활을 제작하는 동안에는 생각하지 않았던 새로운 고민과 관심거리에 직면하게 된다. 이제 그는 활 만드는 기술의 진보에 대한 고민과 더불어 어떻게 하면 소년을 더 잘 가르칠 것인가 하는 새로운 고민을 하게 된다.

쉰켈은 활 제작자의 비유를 구안하여 사회화를 통해서 자연스럽게 발생하는 학습과 구별되는 체계적인 교수-학습 상황의 발생에 대해서 설명하고 있다. 즉, 수업을 통해 일상과는 분리되어 배우는 것 그 자체를 목적으로 하는 새로운 학습 상황이 출현한다. 이를 통해 학습은 보다 계획적이고 체계적으로 바뀌고, 학습 시간 또한 규칙적으로 변화한다. 교수 방법도 정교하게 발전되기 시작하며 학습 요소도 체계화된다. 더불어 생산 활동과 분리되어 배움에 전념하는 학습자와 가르침에 전념하는 교사가 탄생하게 된다.

수업의 전문화와 파울젠 효과

　•

　사회학적 관점에서 보면 수업의 발생은 사회적 분업 체계가 어느 정도 발달했음을 의미한다. 생산 활동과 구분하여 독립적인 교수와 학습을 위한 체계를 갖추는 것이 더 생산적이라고 판단하는 사회에서 비로소 수업이 발생했다. 이런 분업 체계의 발달은 교사의 직업적 전문화를 수반하면서 진행될 수밖에 없다. 최초에 활 제작자가 교사의 역할을 할 수 있었던 것은 그가 뛰어난 활 제작자였기 때문이다. 즉, 최고의 제작자가 곧 최고의 교사였던 셈이다. 그러나 수업 활동이 독자적 영역으로 자립하고 교사의 직업화가 진행되면서 교사는 수업의 대상이 되는 활동에서 멀어질 수밖에 없었다.

　요즘 용어로 표현하면 많은 교사들이 학문의 최전선 혹은 활동의 최전선에서 일어나는 일을 알지 못하는 상태에서 가르침을 수행하게 된 것이다. 쉰켈은 이 문제를 '파울젠 효과'라는 말로 설명하고 있다. 분업 체계가 진행됨에 따라서 교사는 자신이 가르치는 대상 세계의 발전을 점점 따라가지 못하게 된다. 이로 인해 수업에서 가르치는 내용이 그 대상 영역의 발전을 반영하지 못하는 지체 현상이 필연적으로 발생하게 된다. 이런 수업 영역과 대상 세계 간의 지체 현상이 파울젠 효과이다.[12]

파울젠 효과로 인해서 대상 영역과 수업 영역을 상호 조망하면서 연결하는 특정한 전문가의 출현을 필요로 할 수밖에 없게 되었다. 필자는 교육 분야에서는 교육과정 전문가들이 주로 이런 일을 수행한다고 본다. 이들은 대상 세계를 조망하여 무엇이 가르칠 만한 가치가 있는지 판단하여 교수 내용을 선정하고 학습자의 발달단계를 고려하여 이를 체계적으로 조직한다.

분업의 진전과
학습자의 존재 변화

사회적 분업의 이 같은 진전을 통해 우리는 낯익은 근대 교육 체제에 도달하게 된다. 이제 대상 세계와 수업의 세계는 분리되는 것이 당연시된다. 이와 함께 학교에서 일어나는 학습과 일상 세계에서의 학습의 성격도 점점 달라진다. 일상의 학습이 주로 도구와 연관된 상황적이고 맥락적인 학습인 데 비해, 학교의 학습은 맥락 독립적이고 추상적인 학습의 성격을 띤다. 이런 변화에는 물론 지식의 양이 폭증함에 따라서 전이가(轉移價)가 높은 표준적인 지식을 표준적인 방법으로 대량 전달해야 하는 현대사회의 사회적 조건이 반영되어 있다. 그리고 이런 변화는 무엇이 가르칠 만한 내용이며 어떻게 가르쳐야 하고 언제 가르쳐야 하는지를 연구하는 교육학 이론의 발달과 더불어 진행되었다. 또 이 과정 뒤에는 표준적인 내용을 교수함으로써 동일한 세계 이해를 공유하는 국민을 양성할 필요가 있는 근대국가가 존재한다.

다시 관심을 학습자에게 돌려 보자. 오늘날 학습자들의 상황을 활 제작자를 찾아서 배움을 청했던 최초의 소년과 비교해 보라. 오늘날 학습자들은 스스로 배움을 찾아서 길을 나서지 않는다. 학교의 교과는 가르치는 전문가들이 이미 선택하여 제공하는 것들이다. 이런 교과들은 대체로 배우는 자의 선호나 관점을 고려하지 않고 사회적 필요나 학문적 필요에 의해서 구안된 것들이다. 그리고 학습자의 선택과 관련 없이 많은 교과들이 필수적으로 강요된다. 최초의 수업이 발생하였던 상황과 얼마나 상이한가? 수업이 발생하는 최초의 상황에서 활 제작 기술을 배우려고 먼저 시도한 쪽이 아동이었다는 사실은 근대 교육과 그 이전 시기 교육의 단절을 보여 주는 의미심장한 은유이다. 사실 근대 교육이 대규모로 보급되기 이전 시대의 동양 교육에서는 제자가 스승을 찾아 나섰다. 서양의 사례이기는 하지만 쉰켈의 비유 속의 소년도 활 제작술을 배우겠다는 열정으로 스승을 찾아 길을 나선다. 배움을 찾아 나서는 여정이 가능하기 위해서는 학습자의 능동성이 전제되어야 한다. 왜 배워야 하며 무엇을 배워야 하는지에 대해서 진지하게 질문하지 않으면 길을 나서기 어렵지 않겠는가? 따라서 수업의 발생에는 학습자의 주체적 능동성에 기반한 배움에의 욕구가 전제되어 있다. 입지立志의 중요성이 운위되는 것은 이런 사정과 관련이 있다.[13] 그러나 근대 교육은 배움에 대한 입지가 들어설 여지를 제도적으로 거의 제거하고 말았다. 이제 아동들은 미지의 스승을 찾아 길을 나서지 않는다. 대신 의무적 학습을 피동적으로 강요당하는 위치에 서게 되었다.

근대 교사의 탄생과
위기의 배태

●

제자가 스승을 택하는 것은 스승에 대한 신뢰 관계를 전제로 한다. 근대 공교육은 이런 신뢰 관계에 기반해 있지 않다. 오늘날의 교사들은 교과서를 가르치는 기능적인 전문가들이다. 교사가 교과서를 가르치는 이 익숙한 상황은 그러나 매우 중요한 관계 변화를 함축하고 있다. 스승과 제자와의 관계에서도 서책이 매개된다. 중요한 서책은 종종 경전처럼 중시된다. 그러나 많은 경우 스승은 경전보다 우선한다. 수도계의 비법을 알려 주는 많은 비서秘書들이 문자가 기록되어 있지 않은 백지 서책으로 종종 은유되는 경우를 생각해 보라. 과거의 교육은 교과서를 배우는 것이 아니었다. 오히려 스승을 통해 배우는 것에 더 가까웠다. 이에 비해 오늘날의 교육에서 교과서는 교사보다 앞서 존재한다. 양자의 관계는 역전되었다. 교사는 교과서를 가르치는 존재이다. 학습자는 교사를 통해 교과서의 지식을 전수받는 것이지 그 역은 아니다. 지식만 잘 가르치면 되지 교사가 어떤 존재인지는 부차적이다. 따라서 오늘날의 교사는 다른 전문직과 별로 구별되지 않는다. 예컨대 전문직으로서 의사는 환자를 잘 고치기만 하면 된다. 의료 행위가 끝나고 나서 그가 어떤 인격적 특성을 보이는지를 문제 삼을 하등의 이유가 없다.

그러나 교사를 다른 전문직과 같이 기능적으로 분화된 역할 수행자로 자리매김하는 바로 그 순간에 교육의 위기가 배태된다. 가르치는 행위를 가르치는 존재의 인격성과 분리하는 것은 사실상 불가능하기 때문이다. 교사가 국어, 수학, 사회, 음악 등에 대한 지식을 훌륭하게 가르친다고 하더라도 개인적으로 방탕하고 비겁하고 거짓말을 일삼는다면 교사로서 적합하지 않다. 왜냐하면 학생들을 교육시키는 일은 단지 학생의 머릿속에 수많은 학문적·기술적 지식과 기능을 채워 넣는 것 이상의 행위이기 때문이다. 교육은 결정적으로 품성과 태도를 형성하는 문제와 관련되어 있다. 그러나 근대 교육은 점점 분업화되면서 가르치는 활동에서 교사의 인격성까지 분리시키는 지점으로 나아가고 있다. 이제 교사의 몸과 품성으로부터 배우는 교육의 전통은 점점 희미해지고 있다. 근대 교육의 위기는 본질적으로 여기에서 출발하는지도 모른다.

가르침의 표준화와
교수 로봇의 등장

교사의 품성을 통해 배우는 전통을 단절시키는 데는 가르침의 탈인격화와 표준화가 중요한 역할을 하였다. 표준적인 수업 모델, 효율적인 교수 방법, 과학적인 장학 등은 이런 시대상을 반영한다. 일찍이 교수-학습을 자극-반응의 규칙화로 파악했던 스키너Skinner와 같은 심리학자들은 인간의 학습을 과학화시키는 데 중요한 공헌을 하였다. 과정-산출 연구Process-product research[14]와 같은 교수 효과성 연구들은 교수 상황에 공통적으로 적용될 수 있는 과학적 교수 기법을 발견하는 데 힘을 보탰다. 그러나 그런 과학적 교수 기법으로 훈련된 교사들은 훌륭한 교수 전문가이지만 역설적으로 언제든지 동일한 기법을 가진 다른 교사들에 의해 대체 가능한 서글픈 존재들이다. 그리고 이런 인간 교사들 상호 간의 대체 가능성은 점차 인간과 표준화된 교수 프로그램과의 대체 가능성으로까지 확대되어 가고 있다. 오늘날 이런 불길한 가능성을 우리는 초등학교 교실에서 유행하는 '티나라'나 '아이스크림'[15]에서 언뜻언뜻 엿볼 수 있다. '클릭 교사'라는 용어는 얼마나 교사의 존재를 위협하는 말인가!

가르침의 표준화가 도달할 최종적인 종착점은 아마도 기계화된 로봇이 될 것이다. 수업의 발생에서 시작된 최초의 분업은 점점 더 확산되어 가르치고 배우는 활동에서 인격성을 소멸시키는 방향으로 진전되어 왔다. 이런 역사적 진전의 종착점 근처 풍경은 휴머노이드 로봇이 인간을 가르치는 풍속화일 것이다. 스승에서 교사로, 교사에서 로봇으로 이어지는 진화의 흐름 속에서 우리는 근대 교육의 불안한 묵시록을 접하게 된다.

로봇이 인간을 가르치는 교수-학습의 형태는 이후에도 계속해서 진화해 갈 것이다. 아마도 그 최종적인 형태는 영화 〈매트릭스〉에 등장하는 학습 형태가 아닐까 한다. 인체에 연결된 칩을 통해서 지식을 습득하는 미래의 교실에서는 자발적인 노력과 의지를 작동시켜서 무엇을 배우는 유사 이래의 오랜 인간 활동은 종언을 고하게 될 것이다. 그리고 그 시대에 도달하면 우리는 '학습하는 동물'이라는 인간의 본질을 다시 정의해야 하는 곤혹스러운 상황에 직면할지도 모른다.

무지한 스승을 기다리며

스승과 교사의 차이에 대한 문제는 동양에서 이미 주자朱子 시대에 다루어졌다. 주자는 교관教官이 설치된 이후로 학생이 스승을 선택할 수 없게 되었고 그로 인해서 더 이상 스승을 신뢰하거나 존경하지 않는 데 대해 심각하게 문제를 느꼈다. 주자 또한 스승과 교사의 차이를 학생이 스승을 선택할 수 있는 가능성과 관련지어 생각하였던 것이다.[16]

스승 없는 시대인 오늘날, 우리는 교육의 위기를 말한다. 그 위기를 극복할 해법을 어디서 찾을 수 있을까? 그것은 가르침과 배움의 관계를 계속해서 탈인격화해 가는 사회적 진화의 시계추를 거꾸로 돌리는 것이 아닐까? 가르치는 자와 배우는 자가 교학상장을 통해 함께 성장하는 전통을 회복하는 것! 이로써 더 나은 표준을 향해 구도하는 거대한 학습공동체의 일원으로 함께 소속되는 것! 이런 오랜 동양적 교육의 전통을 다시 찾는 데 위기 극복의 열쇠가 있지 않을까?

물론 시대는 변화하였고 우리는 과거로 회귀할 수 없다. 오늘날 우리는 지식과 정보가 폭증하는 시대에 살고 있다. 배우기 위해 먼 길을 나서야 할 필요가 없는 시대에 살고 있다. 모두가 마음만 먹으면 학습할 수 있는 유사 이래 최초의 환경은 스승과 제자의 관계에 대한 새로운 통찰을 요구하고 있다. 필자는 이런 스승과 제자의 관계에 대한 새로운 통찰을 프랑스의 교육학자 랑시에르^{Ranciére}가 《무지한 스승》에서 소개한 조제프 자코토$^{Joseph\ Jacotot}$의 예에서 발견할 수 있지 않을까 한다.[17] 1800년대 초에 정치적인 상황으로 네덜란드로 망명한 자코토는 네덜란드 학생에게 프랑스어를 가르치는 임무를 맡는다. 그런데 자코토 자신은 네덜란드어를 전혀 모르고 학생들은 프랑스어를 전혀 알지 못하는 상황이다. 이 기묘한 교수-학습 상황에서 자코토는 《텔레마코스의 모험》의 프랑스어-네덜란드어 대역판만으로 학생들이 프랑스어를 훌륭하게 말하게 하는 실험에 성공한다. 이 실험에 기반하여 교육학자 랑시에르는 '무지한 스승'에 대해서 논한다. 무지한 스승이란 학생들에게 가르칠 것을 알지 못하는 스승이며, 어떤 앎도 전달하지 않으면서 다른 앎의 원인이 되는 스승이다. 즉, 무지한 스승은 충분한 지식을 갖고 있지도 못하고 그것을 전달하는 적절한 교수 방법도 알지 못함에도 학습자에게 훌륭한 학습이 일어나도록 하는 그런 존재이다. 이런 무지한 스승의 모습은 우리에게 너무나 익숙한 근대 교육의 계몽적 교사와 판이하다. 동시에 제자보다 높은 경륜과 학습을 가지고 그것을 몸으로 살아 내는 동양적 스승과도 상당한 거리가 있다.

무지한 스승은 도대체 어떻게 학생들에게 성공적인 학습이 일어나도록 만들었을까? 그가 가르친 것은 구체적인 학습 내용이 아니다. 그가 유일하게 무엇인가를 가르쳤다면 그것은 누구나 스스로 배울 수 있다는 평범한 사실을 환기시키고, 배우는 것이 가치 있다고 학습자의 의지를 각성시킨 것이다. 이 무지한 스승의 모습에서 필자는 미래 교육의 출구를 본다. 교사가 학생보다 많은 것을 알고 지적인 우위에 서서 계몽적인 가르침을 할 수 있는 시대는 종언을 고하고 있다. 아마도 그런 역할에서 휴머노이드 로봇은 인간의 능력을 곧 뛰어넘을지 모른다. 이런 시대에 인간 교사가 할 수 있고 해야 할 유일한 인간적인 활동은 배우는 삶이 가치 있고 추구할 만한 것이며, 그러므로 그런 삶을 살도록 학생들의 의지를 각성시키는 것이 아닐까?

자신은 배우기를 즐기지 않으면서 계몽의 경계선인 교탁과 책상을 사이에 두고 학생에게 배움을 강요하는 그런 관계는 얼마나 지속될 수 있을까? 인간에게 주어진 보편적 능력을 신뢰하고 배움의 의지를 작동시키는 탈근대의 꿈을 향해 교사들은 가르치기를 잠시 멈추고, 스스로가 학습하기를 즐기는 존재인지를 자문할 필요가 있다. 이 질문에 긍정적으로 답할 수 있을 때에 비로소 우리는 왜 우리 자녀들을 로봇이 아닌 인간이 가르쳐야 하는지에 대한 문명사적 의문에 대해서 답할 수 있는 용기를 얻는 셈이다. 당신은 어떤 교사인가?

공부에는 때가 있다는 말은 여전히 옳을까?
— 학생, 배우는 존재에 대한 성찰

학생은 학생이다. 특정한 조건하에서만! 교사가 역사의 일정한 시기에 탄생한 존재인 것처럼 '학생'이란 개념도 특정한 시대에 탄생한 관념이라고 할 수 있다. 그리고 서서히 해체되거나 재구성되어야 할 관념이라고 필자는 생각한다. 우리 모두에게 친숙한 스핑크스 이야기에서 출발하여 오늘날의 공교육 제도하에서 지극히 당연시되고 있는 학생이라는 개념을 재검토해 보자.

"아침에는 네 다리로, 낮에는 두 다리로, 밤에는 세 다리로 걷는 짐승이 무엇이냐?" 유명한 스핑크스의 수수께끼이다. 스핑크스는 이 수수께끼를 풀지 못한 사람을 잡아먹었다. 그러나 오이디푸스가 이

수수께끼의 정답을 맞히자 분에 못 이겨서 자살했다고 한다. 스핑크스의 이야기에서 필자가 주목하는 부분은 고대인들이 인간의 일생을 〈유아기, 성인기, 노년기〉의 세 시기로 구분했다는 점이다. 그렇다면 오늘날 사람들은 인간의 일생을 어떻게 구분할까? 아마도 대부분의 사람들이 〈유아기 – 아동기 – 청소년기 – 성인기 – 노년기〉로 좀 더 세분화할 것이다. 스핑크스의 시대와 비교해 보면 아동기와 청소년기가 새롭게 생겨났다. 그런데 근대 공교육이 보편화된 오늘날, 사람들은 아동기와 청소년기를 대부분 학교에서 보낸다. 따라서 현대인들의 일생은 〈유아기 – 학생기學生期 – 성인기 – 노년기〉로 구분된다고 말할 수도 있겠다. 아니 그것이 더 적합한 표현일 것이다. 과도하게 학교가 팽창한 현대 사회 — 특히 한국 사회 — 에서 학생이 아닌 아동과 청소년을 상상하는 것은 거의 불가능에 가까울 정도이기 때문이다. 어떤 의미에서 보면 성인기에서 유아기와 청소년기가 분화되어 나오는 과정 자체가 학교의 탄생 및 확장과 밀접한 관련을 가지고 있다.

아동(청소년)의 탄생과 학교교육[18]

프랑스 학자 필립 아리에스Philippe Ariés가 집필한 교육 분야의 명저 《아동의 탄생》을 보면 전통 사회에서는 우리에게 너무나 자연스러운 아동이란 관념조차 불분명하였다. 그는 중세에서 18세기까지의 다양한 역사 자료들을 풍부하게 조사한 후에 프랑스를 포함한 서양에서 적어도 16세기 이전에는 아동의 세계와 어른들의 세계 사이에 뚜렷한 구분이 없었으며 아이들은 '작은 어른'으로 간주되었다는 충격적인 주장을 내놓았다. 아이들은 엄마의 젖을 떼는 유아기를 통과하고 나면 곧바로 어른들의 세계에 편입되어 그들과 함께 일하고 경쟁하고 함께 노는 성인으로 간주되었다. 그가 근거로 제시하는 자료 중 일부인 당시의 풍속화들을 보면 아이들은 대부분 덩치 작은 어른으로 묘사되고 있으며 아이들의 세계는 어른의 세계와 구분되어 있지 않았다.

그러나 16세기 이후에 전통 사회의 구조가 서서히 변화하고 핵가족이 등장하면서 아동 및 아동기에 대한 관심이 증가하기 시작하였다. 그리고 17세기 말에 가서는 아동이 오늘날과 유사해지는 결정적이고 중요한 관습상의 변화가 나타난다. 여기에는 핵가족의 탄생과 학교 제도라는 두 가지 요소가 밀접하게 관련되어 있다. 핵가족화가 진행되기 이전에는 아이들은 대체로 마을공동체에서 함께 양육되었으며, 비교적 어린 나이에 농사나 가축을 기르는 일과 같은 생산적인 활동에 종사하기 시작했다. 우리 할아버지 세대가 매우 어린 나이에 지게를 지기 시작하셨다는 이야기를 떠올려 보면 아마도 이런 현상은 전 세계적으로 유사하지 않았을까 한다. 그리고 이 시기 아이들은 어른들을 도우면서 자연스럽게 무엇을 해야 하는지를 배웠다. 그러나 핵가족의 탄생은 상황을 변화시켰다. 이제 아이들의 양육에 대한 책임은 부모에게로 대부분 이전되었으며 아이들은 성인의 세계에서 분리되어 부모의 애정하에 오랫동안 양육받아야 할 대상으로 바뀌게 된다.

이러한 변화의 중심에 학교의 제도화가 존재한다. 학교는 핵가족하의 아이들을 양육하는 사회적 기관으로 부상한다. 그리고 학교가 교육제도로 보편화되면서 교육의 양태 또한 질적으로 변화하게 된다. 이전의 아이들은 어른들의 세계에 자연스럽게 노출되어 있었으며 어른들을 모방하면서 자랐다. 즉, 모방 학습이나 견습 학습이 주된 학습 내지 교육의 형태였다. 그러나 근대 공교육은 어른들로부터 아이들을 격리시킴으로써 모방 학습이나 견습 학습을 점차 불가능하게 만들었다. 아리에스는 근대 사회로의 이행 과정에서 사회로부터 격리되어 수용소에 감금되었던 광인이나 빈민, 매춘부들의 경우와 유사하게 학교 또한 아이들을 사회로부터 격리하여 오랫동안 훈육시키는 감금 장치의 일종으로 이해하였다. 즉, 학교의 성립은 성장기 아이들의 감금(!) 과정이 제도화되는 과정이라고도 볼 수 있다.

정리하자면 아동의 탄생은 학교라는 제도와 불가분의 관계를 가진다. 학교교육이 보편화되기 이전의 교육은 아이들이 성인과 함께 살고 더불어 배우고 생산 활동에도 부분적으로 참여하였던 '현재'적 시제로서 의미를 지녔던 데 비하여 근대 학교는 아이들을 사회에서 분리하여 학교에 수용함으로써 교육의 의미를 성인기를 위한 준비 과정, 즉 '미래'를 위한 것으로 변모시켰다. 이런 미래 준비로서 교육은 자연스럽게 아동기의 확장으로 이어질 수밖에 없다. 즉, 학교교육의 확장은 자연스럽게 성인기와 구별되는 준비 단계로서 아동기, 그리고 청소년기를 확장해 가는 과정이기도 하다.

학교 사회의 팽창과
학생기의 연장

    학교 제도와 함께 근대적인 아동에 대한 관념이 생겨났지만 서양의 경우 그 과정이 아주 급격하게 진행된 것은 아니었다. 초기에는 국가가 모든 학생들을 대상으로 보편 교육을 제공할 의지도 능력도 충분히 가지고 있지 못했기 때문이다. 따라서 근대적 학교 제도가 팽창해 가는 동안에도 많은 나라에서 학교에 가지 않는 아동이나 청소년들이 여전히 광범위하게 병존하였다. 그리고 직업교육의 전통이 살아 있는 많은 나라들에서 중학교나 고등학교를 졸업하고 직업 전선에 바로 투입되어 사회 활동에 종사하는 아동이나 청소년들이 지금도 광범위하게 존재하고 있다. 따라서 의무교육 기한을 제외한 연령대에 속한 젊은이들이 사회로부터 학생이라는 정체성만으로 식별되는 현상은 매우 드물게 나타난다.

    그러나 한국 사회는 경우가 다르다. 한국 사회에서 학교 제도는 세상에서 유래를 찾아볼 수 없을 정도로 빠르게 팽창하였다. 여기에는 학문을 숭상하는 유교적인 전통도 작용하고 한국 부모들의 유별

난 교육열도 한몫을 하였다. 그러나 근현대사의 관점에서 보면 일본의 영향도 간과할 수 없다. 이들은 소수의 학교를 설립하고 식민지 청년들을 선발하여 교육시킨 후에 이들에게 배타적인 특권을 향유하게 함으로써 학교를 제국주의적 지배의 도구로 활용하였다. 이런 초기 경험을 통해서 많은 한국인들에게 좋은 학교를 졸업하는 것이 입신출세의 가장 중요한 통로라는 인식이 깊게 내면화되게 된다.[19] 그리고 그것은 학교교육에 대한 무한한 수요로 분출된다. 한국 학교의 유래 없는 팽창과 우골탑이라고 불리는 과잉 교육열은 이런 문화적 배경 속에서 제대로 이해할 수 있다.[20]

학교의 팽창과 더불어 학생이라고 불리는 집단도 어마어마하게 늘어난다. 이제 초등학교부터 고등학교까지의 연령대에 해당하는 아이들 중에서 학생이 아닌 존재는 우리 사회에서 매우 낯설다. 학생은 이 연령대 — 만 일곱 살에서 만 열여덟 살까지 — 의 아이들을 지칭하는 일종의 귀속적 호칭이 되었다. 심지어 이 연령대에 학교에 다니지 않는 아이들을 지칭하는 적절한 용어조차 없는 실정이다. 물론 청소년이라는 용어가 존재하기는 한다. 그러나 학생이라는 용어에 비해서 청소년이라는 용어는 상당히 주변화되어 있다. 여러 해 전에 어느 시민단체가 학교에 다니지 않는 아이들을 위해서 '청소년증' 만들어 주기 운동을 전개했던 것을 떠올려 보라. 고등학생 나이에 학교에 다니지 않고 사회에서 활동하는 청소년들은 정상이 아닌 비정상으로 간주되기까지 한다. 학생이란 말은 학교에 다니는 아이들을 지칭하는 사전적인 의미를 넘어서 이 연령대의 아이들이 마땅히 학교에 속해야 한다는 규범적 의미까지 내포하고 있다. 학교 사회의 팽창 속에 한국 사회의 10대들은 학생이라는 정체성을 자신을 구속하고 규정하는 일차적 정체성으로 받아들여야만 한다.

학교교육은 스핑크스 시대의 성인기에서 아동기와 청소년기를 탈영토화한 후에 이를 다시 학생기라는 독특한 시기로 재영토화하였다. 아동과 청소년들은 이제 학생이라는 규범에 의해서 규율되는 대상이다. 이는 사회적으로 성인이 되는 시기를 자연스럽게 지연시킨다. 옛날에 16세 나이는 이팔청춘으로 불렸다.[21] 다 아는 이야기이지만 성춘향과 이몽룡이 뜨거운 연애를 했던 때는 이팔청춘이 아니었던가? 그러나 지금 16세 아이들은 머리에 피도 안 마른 애송이에 불과하다. 성적 욕망의 자연스러운 표출에만 한정되는 것이 아니다. 정치적인 표현의 주체라는 측면에서도 마찬가지이다. 우리 역사상 최초의 민주혁명으로 간주되는 4.19의 주역들이 어떤 연령대들인가? 대학생들도 포함되지만 목숨을 무릅쓰고 거리에 나섰던 주력 부대들은 당시 중·고등학생들이었다. 그리고 1980년대 변혁운동의 중요 세력은 대학생들이었다. 그러나 2010년을 넘어서는 현 시점에서 한국 사회를 변혁할 주체로 대학생을 떠올리는 사람들은 거의 없다. 중·고등학생들은 아예 고려의 대상도 되지 못한다. 이제는 대학원을 졸업하고 30세가 다 되어도 스스로 독립하기가 어렵다.[22] 학교교육의 확장은 이렇게 학생기를 연장시키면서 젊은이들이 성인으로서 독립하는 시기를 계속해서 지연시킨다.

학교 제도가 교육의 지배적인 형식으로 등장한 사회를 편의상 '학교 사회'라고 불러 보자. 학교 사회는 특정한 연령대의 아이들을 학생으로 붙박아 놓는다. 그런데 자세히 보면 이런 학교 사회의 효과는 학령기의 특정한 연령대에 한정되지 않는다. 학교 사회는 학교를 넘어서서 사회 전체에 영향을 끼치는 관습들을 만들어 낸다. 예를 들어, 학교를 졸업하고 성인기를 살아가는 사람들의 정체성을 지배하는 중요한 표징은 학교의 졸업장이다. 한국 사회에서 학벌은 일종의 카스트라는 말이 등장할 정도로 졸업장이 사람들의 삶의 조건과 운명을 규정짓는다.[23] 학교교육이 사회를 규정하는 또 다른 예를 생각해 보자. 한 살만 차이가 나도 상하를 위계 짓는 풍습은 어디서 생겨났을까? 많은 사람들이 한 살 차이로 위계를 정하고 선후배를 구분하는 풍습을 오랜 미풍양속으로 생각한다. 그러나 한 살 차로 위계를 나누는 풍습은 사실 학교 제도의 운영과 밀접한 관련이 있어 보인다. 우애로 유명한 조선시대 오성과 한음을 떠올려 보라. 이들은 오 년이 넘는 나이 차이에도 불구하고 동문수학하면서 우정을 나누었다. 어디 이들뿐이었겠는가? 옛날 서당에는 다양한 연령대의 사람들이 어우러져 함께 공부하고 우정을 쌓았다. 인류학적 연구의 기록들도 한국처럼 엄격한 나이 구분을 하는 사례를 거의 찾아내지 못하였다. 멜라네시아, 남아메리카, 북미 대평원 지역 인디언 등 세계 도처의 많은 민족들이 몇 년에 한 번씩 시행되는 성인식을 함께 치른 성별의 사람들을 동일한 연배로 간주하는 제도를 가지고 있다. 이런 연배 및 연령 제도에 의하면 동일 연배에 속하는 연령 범위는 대체로 5~7년이며 때로 14~15년이나 되기도 한다.[24] 한

살의 나이로 선후배를 엄격히 구분하는 풍습은 기수와 학번으로 구분되는 학교 제도의 풍습이 사회의 일상 문화로까지 확대된 것으로 보인다.

유예기의 연장에
내포되어 있는 위기

앞에서도 언급했듯이 근대 학교교육에서 학생들은 현재를 사는 것이 아니라 미래를 위해서 현재를 영위한다. 이런 학교에서는 학생들의 욕망을 순치시키는 엄격한 훈육의 코드들이 요구된다. 그래서 많은 문학작품과 영화에서 학교는 완고한 교장 선생님, 무뚝뚝하고 인정미 없는 교사들, 칙칙하고 건조한 건물로 표상되었다. 그 속에서 학생들은 몸에 꼭 끼는 교복을 입고 자동인형처럼 움직인다. 지금은 인권 의식이 신장되어 학교에서 체벌이 금지되거나 음성화되었지만 선진국의 경우도 학교의 제도화 초기에는 무시무시한 체벌이 존재하였다.

그리고 욕망을 억제당한 젊은이들에게 반복적으로 전수되는 이야기는 마시멜로 이야기처럼 인내를 찬양하는 내용이 주를 이룬다. 마시멜로류의 이야기를 통해서 학생들은 미래를 위해 욕망을 끊임없이 유예한다. 한국처럼 학교교육이 입신출세를 위해 도구화되어 있는 곳에서 그 유예의 정도는 극단화된다. 이제 학생들은 학생이지 인간이 아니다. 학생인권조례를 제정해야 할 만큼 학생인권이 문제가 되는 상황은 학생들의 삶이 천부인권적 권리를 침해당할 정도로 심각한 지경에 와 있음을 웅변해 준다.

그런데 인권이 문제시될 정도로 욕망의 유예가 극단화되어 있는 학교는 현재 훈육의 공간으로서 지위를 심각하게 위협받고 있다. 어쩌면 위기는 학생기의 연장 그 자체에 본질적으로 내재되어 있는지도 모른다. 학생기의 연장은 질풍노도의 시기인 청소년기의 연장을 의미하며 사회가 청소년(학생)의 욕망을 통제하고 관리해야 하는 비용을 계속 증가시킨다. 그것은 끊임없는 사회정치적 긴장을 야기하는 골치 아픈 문제일 수밖에 없다. 사회적 비용의 증가뿐 아니다. 학생 개개인의 입장에서도 학생기의 지속적인 연장은 점점 감내하기 어려운 문제가 되고 있다. 욕망을 억제해야 하는 기간이 길어지는데도 유예를 통해서 얻는 이익이 점점 감소하고 있기 때문이다. 한국의 경우 교육의 공공성이 약해서 대학 졸업장을 따는 데 엄청난 비용을 들여야 하는데도 그로 인해서 기대할 수 있는 예상 수익은 점점 줄어들고 있다. 이제 마시멜로 이야기의 유용성은 점점 흔들리고 있다.

마시멜로 이야기를 순진하게 믿는다고 하더라고 학생들은 자신의 욕망을 억제하고 학생으로서 규율 체계에 순응해서 살기에는 너무나 유혹적인 환경에 노출되어 있다. 과거에 학교가 훈육의 공간으로서 별다른 어려움 없이 작동할 수 있었던 것은 학교와 학교 바깥 사이에 큰 긴장이 존재하지 않았기 때문이다. 학교가 억압적인 공간이었다면 학교 바깥도 그와 유사한 공간이었다. 가부장적인 아버지와 질서를 강조하는 국가권력이 상호 협조하면서 아이들을 순치시키기 위해서 작동하는 사회는 그 자체가 훈육의 공간으로 기능하였다. 그래서 어떤 의미에서는 학교는 오히려 학교 바깥의 세계보다 더 인간적이고 근대적이며 선진화된 공간으로 학생들에게 느껴지기도 하였다.

그러나 오늘날 학교와 학교 바깥의 문화적 동질성은 거의 와해되었다. 학교가 전통적 훈육의 틀을 벗지 못하는 동안에 사회는 달라져도 너무 달라졌다. 그리고 이제 학생들은 매일 국경을 넘어서 두 개의 세계를 오가는 유목민이 되었다. 한쪽에는 여전히 몸을 억압하고 욕망을 거세하는 엄격한 규율이 지배하는 얼음 왕국이 존재한다. 다른 한쪽에는 학생들의 현재적 욕망을 끊임없이 자극하는 자본주의적 소비 왕국이 화끈한 열기로 호객 행위를 벌인다. 이 두 왕국을 학생들은 아슬아슬하게 오간다. 그리고 두 왕국에 끼여서 조금씩 그렇지만 심각하게 병들어 간다. 이런 상황은 아마도 인류학자 베이트슨Bateson이 개념화한 이중구속double bind과 유사한 상태가 아닌가 한다.[25] 아이들은, 한편으로는 "현재의 욕망을 유보시켜야 미래에 잘 살 수 있다"고 주장하면서 다른 한편으로는 "현재를 즐기고 소비하는 것이야말로 가장 가치 있는 삶이다"라고 주장하는 상호 모순되는 세계를 횡단하면서 살아간다. 그리고 이중구속의 상태에 놓여 있는 사람들이 정신분열증 — 현실로부터 이탈하는 망상형, 모든 것을 문자 그대로 받아들이는 파괴형, 자신의 내면에만 집중하는 긴장형 — 을 보이는 것과 유사하게 학생들도 정신적인 홍역을 치른다. 세계 최고의 스트레스와 정신 질환을 보이는 한국 학생들의 현실은 이들이 처한 상황이 이중구속의 상황과 매우 유사함을 잘 드러낸다.

학생들에 대한 훈육의 두 가지 길

학교가 어떤 모습이 되어야 하는지에 대해서는 다양한 의견이 있다. 그러나 입장이 다른 사람들도 한국 학교가 현재 학생들을 교육하는 데 대단히 무기력한 상태에 있다는 것에 대해서는 동의한다. 그리고 학교를 개혁하기 위해서 무엇인가를 해야 한다고 생각한다. 그런데 훈육의 장으로서 학교의 기능 회복과 관련하여 두 가지 입장이 대립하고 있다. 한 가지 입장은 학교의 기능 회복을 위해서 학생들에 대한 통제를 더욱 강화해야 한다는 생각이다. 주로 보수주의자들이 이 입장에 서 있다. 이들은 학생을 엄격하게 규율하는 전통을 회복함으로써 학교가 마시멜로의 미덕이 실현되는 공간으로서 재생되어야 한다고 본다. 보수 언론들이 학생인권조례에 대해 신경질적인 반응을 보이는 것이나 학생 체벌의 불가피성을 옹호하는 기저에는 이런 생각이 깔려 있다.

그런데 이런 입장은 바람직하지도 않을 뿐 아니라 현실적으로 구현되기도 불가능하다. 우선 앞에서 언급했듯이 학교와 학교 바깥의 문화적 거리는 점점 더 커지고 있다. 학교의 담벼락을 나서는 순간 엄청난 소비문화가 학생들의 현재적 욕망을 실시간으로 유혹한다.

특히 게임과 같은 오락기기는 학생들의 욕망을 분초 단위로 자극한다. 그런 욕망에 일상적으로 노출되어 있는 학생들은 또한 강력한 개인들이기도 하다. 이들은 스마트폰과 같은 통신기기를 통해서 마음만 먹으면 누구와도 접촉할 수 있는 정보화 시대의 노마드nomad들이다. 따라서 이들을 감금하여 석기시대의 규율을 강요할 수 있는 능력도, 가능성도 학교는 별로 가지고 있지 못하다. 거기에 더욱 불리한 것은 가르치고 배우는 장소로서 지위를 오늘날 학교가 독점할 수 없는 상황이라는 점이다. 거미줄 같은 인터넷 망을 통해서 학생들은 스스로 배운다. 게다가 전통적인 학교교육의 내용조차 학교는 학교 바깥의 학원들 — 기능 면에서 볼 때 이런 학원들은 학교의 역할을 더 능숙하게 수행하는 준학교para-school에 가깝다 — 과 힘겹게 경쟁해야 하는 수세적 위치에 내몰려 있다. 따라서 전통적 훈육을 강화하는 방식으로는 별 승산이 없어 보인다.

학교의 무기력을 회복하기 위해서는 다른 길을 택해야 한다. 그것은 배우는 활동을 특정한 연령대의 아이들에게 가두는 효과를 발휘하는 '학생'이라는 개념을 유연하게 재구성하는 것에서 시작되는 길이다. 우선은 표준화된 학생 개념부터 해체할 필요가 있다. 한국 학교에서 학생들은 개성 있는 인간으로 존재하지 않는다. 표준적인 지식을 표준적인 교사가 표준적인 속도로 전달하는 곳에서 어떻게 학생 개개인이 존중받을 수 있겠는가? 학교는 학생 개개인의 개성을 존중하고 그들의 속도에 따라서 다른 교육을 하는 유연한 학습 공간으로 탈바꿈할 필요가 있다. 학생의 흥미와 적성, 인지 유형 등 학생들을 유형화하여 이해할 수 있는 다양한 지식들이 교육심리학 등 여러 학문들의 도움으로 조금씩 축적되어 가고 있다. 특히, 하워드 가드너Howard Gardner의 다중지능이론은 지능에 대한 편협한 생각을 근본적으로 다시 사고하도록 함으로써 학생 개개인을 배려할 수 있는 교육의 가능성을 풍부하게 열어 주고 있다. 이런 최신 이론들을 활성화하고 자신의 교실에 적용함으로써 개개 학생들의 특성을 고려하는 수업을 조직할 수 있어야 한다. 동시에 학교에 오는 아이들을 학생이라는 정체성만으로 규정하지 않고 다양한 정체성을 가진 존재로 바라보는 눈이 필요하다. 특히 이들이 학생이기 이전에 인간이라는 사실을 환기할 때 비로소 학교를 학습 공간을 넘어서 인간의 삶이 영위하는 생활공간으로서도 바라볼 수 있다.

그러나 학생이라는 관념을 해체하는 문제는 학교에 대한 반성에만 머물러서는 안 된다. 미래를 위한 공부라는 개념과 그에 상응하는 학생이라는 개념은 배우고 공부하는 행위를 해석하는 한 가지 경향을 일반화시켰다. 그것은 바로 "공부에는 때가 있다"는 생각이다. 학교의 탄생과 함께 등장한 이 생각은 꽤 오랫동안 당연시되었다. 그러나 지금은 그 유용성이 의문시되는 낡은 사고이다. 평생 공부를 즐겁게 해야 하는 시대에 우리는 살고 있다. 따라서 "공부에는 때가 있다"는 생각과 일정한 기간 동안에 그런 공부를 하는 것을 임무로 부여받아 존재하는 학생이라는 개념 자체를 수정해야 한다. 더 적절한 용어가 구안되기까지 잠정적으로 그것을 학생에서 학습자로, 학교 사회에서 학습 사회로의 전환이라고 불러 보자.

이제 결론을 맺어 볼까 한다. 학생에서 학습자로의 전환은 다시 욕망의 문제에 마주 서게 한다. 학습은 미래를 위한 준비일까 현재를 충실하게 영위하기 위한 것일까? 마시멜로의 신화는 오늘도 여전히 전수되어야 할 유용한 미덕인가? 일률적으로 말하기는 어렵다. 성장하여 성인이 되기 위해서 어느 동물보다 오랜 시간 동안 보살핌을 받아야 하는 인간 종의 특성을 고려할 때 교육에서 '미래를 위한 준비'라는 특성을 지우기는 불가능할 것이다. 문제는 정도이다. 현재의 욕망과 미래의 욕망 사이에서 어느 쪽에 비중에 두는지를 우리는 욕망의 유보율이라는 함수로 표현할 수 있지 않을까? 현재 한국 학교의 학생들은 미래의 욕망을 위해서 현재를 거의 100% 유보하기를 강요받는다. 그리고 이 가공할 유보율을 실행하는 전사戰士의 신분으로서 학생이 존재한다. 〈유아기 – 학생기 – 성인기 – 노년기〉라는 이 독특한 인간 생애사를 다시 쓰기 위해서는 배우는 활동을 학생기에 가두어 두는 대신에 인생의 모든 시기에 고르게 분배하고, 대신에 학생들에게 현재를 살아가는 즐거움을 얼마간 이양하는 삶의 재구조화가 필요하다. 당신의 교실에 앉아 있는 젊은이들의 어깨에서 '학생'의 멍에를 벗겨 내라!

왜 새로운 교과서는 교실수업을 바꾸지 못하나?

— 성전聖/傳적 교과서 넘어서기

교과서를 빼놓고는 한국의 교실수업 풍경을 상상할 수 없다. 교과서 하면 무슨 생각이 떠오르는가? 신학기에 새 교과서를 받아 열심히 포장했던 추억, 태극기와 국민교육헌장이 마냥 멋있게만 보이던 철없던 시절, 교과서만 충실하게 공부했다던 수석 합격자들의 천편일률적 인터뷰, '가장 재미없는 베스트셀러'라는 모 일간지의 인상적인 멘트, 삼류 삽화가가 왼손으로 그린 것 같은 삽화들, 평소와는 달리 교과서를 뛰어넘는 새로운 시도를 해야 했던 공개수업 등……. 교과서란 용어는 필자에게는 이런 이미지들을 즉자적으로 떠올리게 해준다. 당신은 어떠한가?

우리의 교실에서 교과서가 차지하는 비중을 이해하기 위해서 상상 게임을 해 보자. 중요하지 않은 물건을 제거해 가는 게임! 무엇이 먼저 사라지기 시작할까? 아마도 우리 교실을 첨단화하겠다고 들여온 텔레비전, 실물 화상기, 빔 프로젝트 같은 일명 교단 선진화 기기들이 먼저 사라지지 않을까? 뒤이어 교실 환경을 장식하는 물건들이 제거될 것이다. 교탁, 책상, 걸상도 없어지고 나면 남는 것은? 교사와 학생과 교과서! 이 셋이 서바이벌의 마지막 주역일 것이다. 그런데 게임이 여기서 멈추지 않는다면? 교실의 존재 이유를 생각할 때 학생들은 최후까지 살아남을 것이다. 그러면 교사와 교과서 중에서는 어느 쪽이 살아남을까? 쉽지 않은 선택! 그러나 결국 승자는 교과서 쪽이 아닐까? 교사는 없어도 되지만 교과서가 없으면 어떻게 공부하겠는가? 교사란 교과서를 해설해 주는 존재이지 교과서가 교사를 보조하는 존재는 아니지 않은가? 이렇게 한국의 교실에서 교과서의 권위는 일견 절대적인 것처럼 보인다.

교과서가 이렇게 큰 힘을 발휘하기 때문에 사람들은 한국 교육의 많은 문제를 교과서 탓으로 돌린다. 한국 교육의 문제를 대학 입시의 탓으로 돌리는 것과 유사하다고 할까? 필자는 이 글에서 근대 교육의 불행한 출발이 교과서를 '공부해야 할 유일한 책'으로 만들었음을 우선 설명하고자 한다. 이어서 새로운 교과서가 우리 교실수업의 풍경을 어떻게 바꾸고 있는지를 어느 교사의 사례를 통해 살펴볼 것이다. 그리고 변화하고 있는 교과서가 야기하는 한국 교실의 여러 문제를 새로움과 낡음의 대립 차원에서 해석하고, 새로운 교육을 위해서 요청되는 교사의 역할에 대해 생각해 보고자 한다.

근대적 교과서의 등장과
교과서에 갇힌 교육[26]

관이 편찬한 최초의 근대 교과서는 1895년 발행된 《국민소학독본》이란 책이다. 이 책은 최초의 국어 교과서로 불리기도 하지만 실제 내용은 박물학에 가까운 여러 분야의 내용을 취합하여 조직된 책이다. '국민'이라는 말이 암시하듯이 애국심을 가진 국민을 양성하려던 당시의 분위기를 반영하고 있는 책이다. 그러나 불행히도 이후 한국의 교과서와 교과서 편찬 제도는 곧바로 일본의 영향을 받기 시작한다. 예컨대, 《국민소학독본》보다 6개월 늦게 발행된 교과서인 《신정심상소학》에서 이미 일본의 영향을 확인할 수 있다. 이 책에 제시된 삽화의 절반 정도가 일본식 풍물을 소개하는 장면으로 되어 있다. 책의 편찬 과정에서 조선 정부가 고용한 일본의 편찬 보좌원들이 전반적인 내용을 자문한 결과이다. 근대 교과서 탄생 초기에 이미 일제의 교육 침탈 의도가 관철되기 시작한 것이다.

이후 일본의 식민 통치가 노골화되면서 자주적인 국민국가를 형성하기 위한 한국인들의 교육적 노력과 주체적으로 교과서를 발행하려는 시도는 극심한 탄압을 받게 된다. 일제에 의한 합방 책략이 막바지로 치닫던 1909년 출판법이 공포되고 관련 규정들이 마련되면서 많은 도서들이 발매 금지되고 검정 출원된 교과서의 반수 이상이 심사에서 탈락하였다. 그리고 1911년 조선교육령이 발표된 이후, 교과서의 역사는 한민족 전체를 우민화, 열등화, 일본화하려는 엄청난 수난의 역사였다.

일제가 행한 교과서 정책과 제도, 그리고 검열의 역사는 한국 교육에 어두운 유산을 남겨 놓았다. 광복 이후 미군정기 약 3년 동안 교과서는 자유발행제에 의해 출판되었다. 그러나 정부 수립을 계기로 교과서 출판 제도의 틀을 갖추어 가면서 한국의 교과서 제도는 국가가 강하게 통제하는 방향으로 다시 변화해 간다. 1948년에는 문교부 편수국장이 조악한 교과서의 범람을 지적하면서 '저속한 교과서'의 숙청을 언급하기도 하였는데 이런 분위기 속에서 1949년 제정된 교육법에는 '각 학교의 교과용 도서는 문교부가 저작권을 가졌거나 검정 또는 인정한 것에 한한다'고 규정하였다. 1950년 한국전쟁은 우리 사회의 이데올로기적 경직성을 심화시킴으로써 교과서에 대한 국가의 통제력을 더욱 강화시키는 중요한 사회적 힘으로 작용했다. 이후 한국의 교과서 제도는 국가가 강력하게 주도하는 권위주의적인 모형으로 고착화된다.

이러한 근대 초기의 사회정치적 상황 속에서 교과서는 공부해야 할 유일한 책으로 자리 잡았다. 교과서를 보는 것은 '공부'이지만, 교과서 외의 다른 서적을 보는 것은 마음의 양식을 얻기 위한 '독서'나 '교양'으로 치부했다. 학생들을 교과서에 가두어 둠으로써 불온한 지식으로부터 보호하여 양순한 국민으로 길러 내고자 하는 권력

의지가 작동한 때문이다. 자연스럽게 교실에서도 교과서는 가르치고 배워야 할 독보적인 서적이 된다. 한국의 교실에서 교사가 수업을 한다는 것은 곧 교과서를 가르친다는 것과 동의어이다. 그리고 이런 사정은 적어도 1980년대까지는 흔들리지 않고 지속된다. 아래의 어느 교사의 교실 풍경은 이런 역사의 흐름 위에 서 있다.

교과서로 읽는
어느 교사의 교실 풍경 1 _ 1987년

K교사는 1987년에 처음으로 교단에 섰다. 직선제 개헌 논쟁으로 뜨거운 해였다. 젊은 교사의 패기(?)로 직선제 개헌을 해야 한다는 취지의 수업을 했다가 교장실에 두 번 호출을 당했다. 교장 선생님은 그런 내용을 가르치면 위험하다는 훈시를 길게 하셨다. 진심으로 걱정해 주시는 음성으로……. K교사는 그런 말을 들으며 속으로 딴생각을 했다. 아이들에게 이야기한 것이 어떻게 교장실까지 전달되는 것일까? 신기하다! 그리고 교과서 바깥의 내용을 가르치면 위험할 수도 있겠구나 하는 생각도 했다. 다행스럽게도 6.29선언이 있었다. 그리고 완만하기는 하지만 민주화가 진전되면서 교실의 발언으로 인해 호출당하는 일은 더 이상 발생하지 않았다.

K교사는 그 후 9년 동안 중학교에서 사회를 가르쳤다. 아이들과의 만남은 즐거운 일상이었다. 그러나 수업 준비에는 시간이 많이 걸

렸다. 무엇보다 교과서가 불친절하게 느껴졌다. 예를 들어, 1985년에 발간된 중학교 2학년 세계사의 〈인도의 통일과 문화〉를 다루는 부분은 '융성하는 불교'라는 제목하에 인도의 역사를 다음과 같이 간략한 사실 중심으로 나열하고 있다.

> 기원전 5세기 초에 인더스강 유역은 페르시아의 지배를 받았다. 이 세력은 기원전 4세기 초 인도의 북동쪽에서 일어난 마가다 왕조에 의하여 인더스강 유역으로 쫓겨났으나, 이 지역은 다시 알렉산더 대왕의 지배하에 들어가게 되었다. 오랜 시련 끝에 기원전 4세기 말경에는 찬드라 굽타가 펀자브 지방에서 일어나 마우리아 왕조를 열어 인도 최초의 통일 제국을 이룩하였다. 그 후 아소카 왕은 남쪽 일부분을 제외한 인도의 대부분을 통일하였다. 그는 통일 후에 전쟁에서 저지른 허물을 뉘우쳐 불교를 믿게 되었으며, 불교에 관한 경전을 정리했을 뿐 아니라, 이를 동남아시아, 서남아시아에까지 널리 전파하였다.[27]

교사의 입장에서도 지식이 압축되어 있는 느낌이 드는 교과서이니 학생들의 입장에서는 오죽했을까? K교사는 축약된 사실들을 단순 나열한 교과서를 재미있게 전달하기 위해 꽤 많은 시간을 들여야 했다. 교과서 관련 보조 자료가 빈약했던 시절이기 때문에 재미있는 에피소드나 예화 하나를 찾는 데도 시간이 많이 들었다. 물론 수업 방식도 전통적 수업 방식을 탈피하지 못했다. 전달식 수업이지만 아이들은 비교적 재미있게 수업에 참여했다. 따라서 이 기간 동안 수업 전문성에 대한 고민이나 성찰을 요구하는 큰 위기는 K교사에게 발생하지 않았다.

교과서로 읽는
어느 교사의 교실 풍경 2 _ 1995년

●

K교사는 9년의 중학교 생활을 마감하고 고등학교로 전근을 했다. 고등학교 문화는 중학교와는 판이했다. 때로 한 손에 몽둥이까지 들고 학생들의 학습을 독려하시는 교장 선생님의 모습이 얼마간은 낯설었다. 늦은 시간까지 환하게 불이 켜져 있는 교무실에서 꽤 많은 교사들이 참고서 문제집을 쓰느라고 시간을 보내는 모습도 눈에 들어왔다. 그러나 이내 이 모든 장면이 익숙한 일상이 되었다.

K교사가 이 새로운 환경에서 새로 맡은 과목은 공통사회(상)이었다. 고등학교 1학년 필수과목으로 시민교육에 대한 핵심적인 내용을 담고 있었다. 교과서를 처음 살펴보았을 때 받은 인상은 본문 내용이 매우 평이하다는 것이다. 복잡한 개념이나 이론들이 거의 들어 있지 않았다. 대신에 2~3쪽마다 탐구 과제를 포함하고 있는 새로운 형태의 사회 교과서였다. 탐구 과제는 자료와 탐구 질문으로 구성되어 있는데, 긴 탐구 과제는 거의 3쪽에 달했다. 따라서 전체 탐구 과제의 분량이 교과서의 거의 반에 달할 정도였다.

K교사는 수업을 준비하면서 이 교과서를 가지고 재미있게 수업할 수 있을 것이라고 생각했다. 그러나 K교사는 곧 좌절을 맛보았다. 우

선 평이한 본문이 강의식 수업의 효력을 무력화시켰다. 어려운 내용을 멋들어지게 설명해야 가르치는 맛도 나고 학생들도 좋아할 텐데, 밑줄 치고 암기할 내용이 별로 없는 본문은 그런 수업 자체를 불가능하게 했다. 그렇다면 이 교과서의 진짜 묘미는 탐구 과제를 학생들과 함께 재미있게 수행하는 것이 아닐까? 그렇게 생각한 K교사는 탐구 과제에 승부를 걸기로 하였다. 그래서 학생들을 조별로 나누어서 탐구 과제를 수행하게 해 보았다.

탐구 과제를 하나 살펴보자. 교과서에 처음 나오는 탐구 과제는 '시민사회의 형성'을 다루면서, 바스티유 감옥을 습격한 성난 군중들의 소식을 접한 루이 16세가 "반역인가" 하고 신하에게 묻자, 신하가 "아닙니다. 각하, 혁명입니다"라고 답하는 내용이 자료로 제시된다. 그리고 시민들의 바스티유 감옥 공격이 정당하였는지, 여러분들이 당시의 시민이었으면 어떻게 하였겠는지, 그리고 이 사건을 혁명이라고 부르는 이유가 무엇인지를 묻는다.

그런데 이런 탐구 과제를 실제 수행해 보도록 하였더니, 학생들은 무척 귀찮다는 반응을 보였다. 어떤 학생들은 "선생님, 진도 나가요", "문제 풀어 주세요"라는 반응까지 보였다. 이런 반응을 접하면서 K교사는 계속해서 무기력해지는 자신을 발견하지 않을 수 없었다. 이런 경험이 차곡차곡 누적되던 2학기의 어느 날, K교사는 교사로서 전문성에 대한 공포에 가까운 절망감을 느꼈다. 그리고 학교를 결근했다. 몸이 아프다는 핑계로……. 1999년 교실 붕괴 문제로 한국 사회가 떠들썩하기 4년 전이다. K교사는 이때 이미 자신의 교실이 붕괴되고 있음을 느꼈다.

교과서에 대한 이해와 새로운 교과서의 등장

●

위의 교실 에피소드는 다소 각색되기는 하였지만 필자의 이야기이다. 1987년과 1995년의 교실 풍경의 차이는 왜 발생했을까? 여러 가지 원인이 있겠지만, 이런 위기의 중심에는 새로운 교과서관에 의해서 등장한 새로운 형태의 교과서가 존재한다.

먼저 교과서가 어떤 책인지에 대해서부터 생각해 보자. 한국의 교과서 변천사에 대한 여러 연구물들을 남긴 이종국은 교과서를 제도 매체이자, 표준 매체라고 규정하고 있다. 이 용어들은 공교육이라는 제도적 공간의 일반적인 학생들을 대상으로 발행되는 교재인 교과서의 성격을 잘 드러낸다. 그런데 교과서는 다른 서적과 달리 특정한 형태의 교수-학습 방식을 내포하고 있다. 특정한 교실 상황에 대한 가정, 그리고 그 교실에서 일어나는 교사와 학생의 교수-학습을 염두에 두고 제작되는 것이다. 바로 이 요소가 교과서를 매우 독특한 서적으로 만들어 준다.

그런데 위의 두 사례에 등장하는 교과서는 상이한 교수-학습 방식을 내장하고 있다. 1987년의 교과서는 표준적인 지식을 담고 있는 전통적 교과서이다. 이 교과서가 전제하는 교수-학습 방법은 교사가 내용을 친절하게 풀어서 전달하고 학생들은 암기하고 받아들이는 것이다. 그런데 1995년의 교과서는 전혀 다른 교수-학습 방식을 염두에 두고 제작되었다.[28] 교과서는 정전적 지식을 담고 있기보다는 학생들의 학습을 촉진하고 자극하는 자료에 더 가깝다. 따라서 교실에서 이루어지는 교수-학습 활동은 탐구 학습, 토론 학습, 협동 학습 등 학생들의 능동적인 참여를 요구한다. 즉, 이 교과서는 새로운 교과서관에 기반하고 있다. 이종국의 연구에 의하면 새로운 교과서관에 대한 최초의 언급은 1963년, 이성수에 의해서이다.[29] 그는 "교과서를 교재의 일종, 학습 자료의 일종, 학습 방법의 지침서로 고려하여 이에 절대적인 권위를 주지 않고 교사나 학습자가 학습 활동 전개에 자유롭고 유효하게 활용하자는 것이 새로운 교과서관이라고 할 수 있다"라고 하여 광복 이후 처음으로 진보적인 교과서관을 제시하였다.

그러나 1963년은 새로운 교과서관이 실현되기에는 너무 이른 시기였다. 한국의 교육 여건이 너무 미성숙해 있었기 때문이다. 새로운 교과서가 본격적으로 등장하기 시작한 것은 그로부터 40년이 경과한 7차 교육과정 무렵부터이다. 그 차이를 드러내기 위해서 7차 교육과정기에 등장한 고등학교 사회 교과서의 한 부분을 인용해 보겠다.

| 집중 탐구 3 | 프랑스혁명을 어떻게 볼 것인가?

프랑스혁명에 대한 정통적인 해석

프랑스혁명은 전형적인 시민혁명이었다. 정치적으로는 전제적인 절대 왕정을 타파하고 시민계급이 권력을 장악하게 되었으며, 경제적으로는 봉건적인 잔재를 제거함으로써 자본주의의 보다 순조로운 발전을 가능하게 하였다. 사회적으로는 귀족계급에 대하여 시민계급이 승리함으로써 자유롭고 평등한 근대 시민사회의 발전이 가능해졌다.

– '서양사 개론', 민석홍

프랑스혁명은 폭도들의 혁명(?)

프랑스혁명은 봉건제도에 반대해서 시민계급이 일으킨 혁명이 아니었다. 봉건제도는 혁명 이전에 이미 붕괴되었기 때문이다. …… 프랑스혁명은 시민혁명도 아니었다. 프랑스혁명은 오히려 폭도들이 일으킨 혁명이었다.

– '프랑스혁명', 퓌레, 리셰[30]

프랑스혁명에 대한 정통적인 해석과 전혀 다른 해석을 대비시켜서 소개하면서 학생들에게 동일한 역사적 사실에 대해서 서로 반대되는 평가가 나오는 이유에 대해서 생각해 보도록 하는 질문이 이어진다. '탐구 과제'라는 제목이 붙어 있기는 하지만 이 교과서 전체에서 본문은 거의 사라지고 없고 대신에 이런 탐구 과제가 본문의 자리를 대신하고 있다. 학생들이 사고하고 탐구해야 할 학습 자료의 일종이라는 새로운 교과서관의 정신을 잘 구현한 교과서인 셈이다. 참고로 필자는 최근에 전국사회교사모임이 한국사회경제학회와 공동으로 번역한 《프랑스 경제사회 통합 교과서》를 한 권 선물로 받았는데,

살펴보니 교과서 본문이 아예 존재하지 않고 거의 전부가 관련 자료와 탐구 과제로 구성되어 있었다.[31] 이를 통해 독자들은 교과서의 진화 방향을 추측할 수 있을 것 같다.

한 가지 사족을 달자면, 이런 새로운 교과서는 자기 완결적이지 못하다. 즉, 교과서의 자료만으로는 탐구를 완성하기에 부족하다는 느낌을 받는다. 다른 자료의 도움과 협조를 필요로 하는 결핍된 교과서인 셈이다. 말 그대로 새로운 교과서는 열림을 요구하는 교과서이다. 교과서 스스로가 부유하는 수많은 정보와 지식과 소통을 요청하고 있는 것이다. '교과서만 공부하면 된다'는 말은 이제 교과서 자신에 의해서 부정을 당하고 있다. 자기모순의 지점! 그리고 그것은 당연히 교수-학습 방법의 변화를 요청한다. 6차 교육과정기의 공통사회(상) 교과서는 이런 일련의 새로운 교과서의 전위병 — 물론 교과마다 전위병이 등장한 시기는 상이할 것이다 — 으로 등장한 셈이다.

전달 중심의 정합적 체계의 균열과 붕괴

전통적 교과서가 지배하던 교실은 네 가지 핵심 요소가 톱니처럼 잘 맞물려 돌아가던 정합적 체계라고 할 수 있다. 여기서 네 가지 핵심 요소는 객관적 지식으로 채워져 있는 성전적 교과서, 지식 전달자로서 교사, 지식 수용자인 수동적 학습자, 지식 전달 정도를 평가하는 객관식 시험이다. 이 정합적 톱니바퀴가 순조롭게 작동하도록 하기 위해서 교사들은 학생들을 훈육하고 길들였다. 학생들은 교과서에 대해서 자유롭게 의문을 제기하고 사색하는 대신에 교과서가 요구하는 대로 외우고 학습하는 교과서 키드$^{textbook\ kids}$로 자라났다. 물론 이런 정합적 체계는 단순 조립 가공 단계의 노동력을 필요로 하는 당시의 한국의 경제와도 잘 조응했다.

그러나 공통사회(상)과 같은 새로운 교과서의 등장은 이런 정합적 체계에 균열을 초래하였다. 그리고 그 균열은 새로운 적응을 요구하고 있었다. 그러나 암기식 수업 방식에 길들여져 있는 교사와 학생들은 쉽사리 적응하지 못했다. 우선 필자부터가 교과서가 요구하는 수업 방식을 교실에서 구현하는 데 성공하지 못했다. 다른 교사들은 어떠했을까? 주변에 있는 동료 교사들의 눈치를 보니 대부분 유사한 문제를 겪고 있었다. 우리 학교만이 아니라 다른 곳에서도 상황은 마찬가지였다. 필자는 2000년대 초반에 한국교육개발원이 주관한 학교 평가 모델 개발을 위한 프로젝트에 참여하여 각 지역의 우수한 고등학교를 방문해 사회 수업을 참관할 기회를 가졌다. 이때도 교사와 학생들 사이에 능동적인 탐구 활동이 일어나는 수업은 거의 발견할 수가 없었다. 대신에 탐구 과제의 정답을 알려 주고 암기하는 수업 형태가 더 보편적으로 관찰되었다.

이를 통해서 최소한 한 가지는 분명해졌다. 교과서를 바꾸는 것만으로 수업 실천이 곧바로 바뀌지는 않는다는 사실이다. 개혁적이고 혁신적인 교과서는 학교 현장을 바꾸기보다는 교사와 학생들을 좌절시키고 단기적으로는 학교 현장의 혼란을 가중시키는 방향으로 작동하고 있었다.

새로움과 낡음의 대립으로서 복합지체 현상

공통사회(상) 교과서가 야기한 사태는 사회 교과만의 독특한 현상이 아니었다. 이와 유사한 사태는 이후 많은 교과서의 교수 현장에서 나타나는 보편적 현상이 되어 갔다. 7차 교육과정에 들어서서 객관주의 대신에 구성주의를 채택하는 교과서들이 더욱 늘어났기 때문이다. 대부분의 교과서들이 구성주의적인 학습 원리를 수용하면서 일방적인 전달 중심의 수업이 아니라 학생들의 능동적이고 적극적인 참여를 요청하는 방식으로 변화하였다. 그리고 새로운 수업 방식을 요구하는 사회적 압력도 점증하기 시작했다.

그러나 이행의 과정은 순조롭지 못하고 혼란스러웠다. 필자는 이런 한국 수업의 혼란상을 복합지체 — 이 용어는 복합오염, 복합불황 등의 말에서 따온 것으로 오염을 제거하기 위한 조치가 또 다른 오염을 일으키는 것처럼 한국 교실의 전환이 순조롭지 않음을 은유하기 위해서 고안한 표현이다 — 라는 용어로 설명한 적이 있다.[32] 복합지체는 정합적 체계가 붕괴된 이후에 각 요소들이 서로 상이한 속도로 변화하면서 다양한 종류의 지체 현상이 복합적으로 한국 교실에서 관찰되는 것을 말한다. 구성주의적인 원리를 표방하면서도 그것을 제대로 구현해 내지 못해서 교사와 학생을 짜증 나게 하는 교과서(교과서 지체 현상), 새로운 수업 방식을 시도하는 데 어려움을 겪는 교사(교사 지체 현상), 수업에 능동적으로 참여하지 않고 무기력하게 주변화되어 있는 학생(학생 지체 현상), 여전히 단순 암기 내용을 평가하는 낡은 시험이 주도하는 가운데 수행평가와 같은 새로운 평가가 시행착오를 거듭하는 평가 상황(평가 지체 현상) 등이 다양한 형태로 존재하면서 상호 결합되어 또 다른 문제를 만들어 내고 있는 것이 한국 교실의 현실이다.

긴 역사의 흐름에서 볼 때 현재의 교실 풍경은 학습자들의 능동적이고 적극적인 학습을 강조하는 새로운 조류와 전달과 암기를 지속하려는 낡은 흐름 사이에 날선 대립이 격화되고 있는 형국이다. 20세기를 지배하던 수업 실천에서 지식정보화 사회가 요구하는 새로운 수업 실천으로 이행하는 패러다임 전환의 고통을 한국 교실은 겪고 있다. 한편으로는 열린 교과서, 구성주의 학습, 개별화 수업, 탐구와 토론, 수행평가와 같은 새로운 경향이 한국 수업의 개혁을 추동하는 에너지를 제공하는 동안에, 다른 한편에서는 일제식 시험으로 상징되는 학력 평가와 전통적 수업을 고수하는 낡은 관행, 그리고 그것을 지속하는 전통적 참고서, 개인주의적이고 관료화된 교사 문화, 전통적인 수업에 매달려 있는 교사 등이 완강하게 저항하는 힘겨루기의 형국이다. 이 패러다임의 전환을 현명하게 넘어서기 위해서 우리에게는 새로운 지혜와 상상력이 필요하다.

이 힘겨루기의 전선에서 낡음을 지속시키는 막강한 진지 역할을 하는 참고서 문제에 대해서도 잠깐 언급하지 않을 수 없다.[33] 엄청난 참고서 시장은 한국 교육의 독특한 풍속화이다. 교과서가 만들어지고 나면 바로 참고서가 나온다. 일단 참고서는 교과서를 해설하는 보조 자료이다. 대부분의 참고서들은 교과서의 내용을 요약하여 제시한다. 본문을 분석하여 핵심 개념을 추출하고 중요한 것과 중요하지 않은 것을 구분하여 도식화해 쉽게 이해하도록 제공한다. 교과서에 미흡하게 제시된 것을 부연하여 상세하게 해설하기도 하며, 필요하면 흥미 있는 이야깃거리도 곁들여서 소개한다. 이런 기능은 참고서의 순기능이라고 해야 할 것이다.

그러나 여기서 그치지 않는다. 참고서는 교과서를 요약하거나 보충하는 기능을 넘어서서 교과서의 의미를 확대하고 때로 왜곡하는 의미 재창출의 역할도 수행한다. 즉, 참고서가 교과서를 보조하는 기능을 넘어서 스스로 자율성을 확보하는 것이다. 참고서의 교과서 되기! 학생들의 입장에서 보면 이제는 교과서를 잘 이해하기 위해서 참고서를 참조하는 것이 아니라 참고서를 통해서 교과서의 의미를 해석하는 도치 현상이 생겨난다. 이런 도치 현상의 핵심에는 대개 참고서에 수록되어 있는 시험문제들이 존재한다. 한국처럼 공부를 하는 주된 이유가 곧 시험을 잘 보기 위해서인 곳에서는 참고서의 문제들이 공부 방식을 좌우한다. 교과서의 내용을 자의적으로 해석하여 객관식 문제로 전환하는 참고서는 학교와 학생들의 학습을 끊임없이 전통적인 시험에 묶어 두는 기능을 수행한다. 많은 참고서들이 생성해 내는 수많은 시험문제들은 교과서를 뛰어넘어 한국의 교육 현장을 실질적으로 지배하는 힘이다. 참고서는 문제를 제작하고 배포하는 기능을 통해서 교과서와 경합하는 것을 넘어서서 스스로 교과서가 된다. 구성주의적 교과서도 그것을 객관식 시험으로 변환해 내는 참고서의 위력 앞에 무기력하게 무장해제당한다.

새로운 교육 실천 만들기와 교과서를 넘어서는 교육

새로운 교과서의 보급은 역설적으로 교과서가 가지고 있는 힘의 현실적인 한계를 드러내 주었다. 새로운 교과서는 곧바로 교실 혁신으로 이어지지 않는다. 학교 수업은 다양한 요소가 상호작용하면서 만들어지는 복합적인 문화적 산물이기 때문이다. 따라서 새로운 수업이 가능하기 위해서는 문화 전반을 바꾸는 총체적인 전략이 필요하다. 구성주의의 원리를 잘 소화해 낸 더 좋은 교과서도 필요하고, 자신의 수업 실천을 혁신해 낼 수 있는 교사공동체도 요구되며, 학생들도 학습된 무기력을 극복하고 능동적인 학습자로 탈바꿈해야 한다. 지식정보화 사회에 필요한 새로운 수업 실천에 호응하는 평가 방식도 더욱 정교화될 필요가 있다. 복합지체의 터널을 벗어나기 위해서는 이 모든 과제가 동시에 상호 협력적으로 전개되어야 한다.

다시 최초의 게임으로 돌아가 보자. 교사와 교과서가 당신 앞에 있다. 어느 것을 제거하겠는가? 이 게임에서 살아남기 위해서는 교사가 교과서보다 교실에서 더 필요한 존재라는 것을 증명해야 한다. 이와 관련하여 교과서를 다루는 교사를 세 가지 유형 — 교과서도 제대로 소화하여 가르치지 못하는 교사, 교과서대로 충실하게 가르치는 교사, 교과서를 뛰어넘는 역량을 가지고 가르치는 교사 — 으로 분류해 볼 수 있다. 만약 당신이 첫 번째와 두 번째 유형의 교사라면 서바이벌 게임에서 승리하기가 어렵다. 이 글에서 예시한 1987년의 K교사는 두 번째 유형에 가깝고 1995년의 K교사는 불행히도 첫 번째 유형에 가깝다. 당신은 어떠한가?

새로운 시대는 교과서를 넘어서는 사유와 실천을 우리에게 요청한다. 교과서를 뛰어넘는 역량을 가진 교사만이 새로운 교육의 담당자가 될 수 있다. 교과서의 닫힌 성문을 열고 지식정보화 시대에 수없이 명멸하는 다양한 지식과 정보의 파노라마 속을 자유롭게 유영하도록 학생들을 안내할 수 있는 멋진 교사! 당신과 내가 그런 교사로 매일매일 새롭게 성장할 수 있길 기대해 본다.

교실 대화는
일상 대화와 어떻게 다를까?

— 교실수업의 언어적 상호작용

교실 현장은 복잡하고 미묘하다. 따라서 무엇을 보고 어떤 방법으로 관찰할지에 대해서는 매우 다양한 선택 가능성이 열려 있다. 이런 다양한 선택지 중에서 교실 상호작용에 초점을 맞추어서 보자. 교실 상호작용으로 초점을 한정한다고 하더라도 이 문제를 다루는 방식 또한 매우 다양할 수 있다. 어떤 관점을 가지고 어떤 질문을 제기하느냐에 따라서 교실 상호작용에 접근하는 방식도 매우 다르기 때문이다.

이 글에서는 사회언어학적 관점에서 출발해 보려고 한다. 이 관점은 교실이라는 독특한 목적을 가진 공간에서 일어나는 대화나 상호작용을 다른 사회적 장면에서 일어나는 대화나 상호작용과 비교하여 그 의미를 드러내는 것이다. 예컨대 이런 질문에 대해 한번 대답해 보라. "교실에서 일어나는 대화와 일상에서 일어나는 대화는 어떻게 다른가?" "교실에서 일어나는 대화의 기본 패턴은 어떤 특징을 가지고 있는가?" 아마도 이 질문을 처음 접하는 사람은 매우 어렵게 느껴질 것이다. 그러나 대답을 듣고 나면 피식하고 웃을지도 모른다. 답이 너무 자명하기 때문이다. 가령 다음의 두 대화 중 어떤 대화가 교실에서 일어난 것인지 대답해 보라.

A

갑 지금 몇 시지요?
을 3시 30분입니다.
갑 고맙습니다.

B

갑 지금 몇 시지요?
을 3시 30분입니다.
갑 맞았어요.

어떤가? 곧바로 답을 찾을 수 있지 않은가? 아마도 이렇게 쉬운 현상을 연구하는 사람도 있나 하는 의심까지 생기지 않을까 한다. 그러나 모두가 답을 알고 있다는 사실 그 자체는 그다지 중요하지 않을 수 있다. 문제는 누가 먼저 이에 대한 질문을 제기했는가 하는 것이다.

일견 너무나 뻔하고 자명해 보이는 현상에 대해서 최초로 의미 있는 질문을 제기한 사람들을 세상은 주목한다. 문제는 답이 아니라 질문인 셈이다. 예를 들어, 교실에서 일어나는 대화의 기본 패턴은

A 유형이 아니고 B 유형이라는 답은 '교실 대화의 기본 패턴은 일상 대화의 기본 패턴과 어떻게 다른가?'라는 질문이 제기되는 맥락에서 얻을 수 있는 답이다. 공부를 한다는 것, 혹은 연구를 한다는 것은 답을 찾는 것이라기보다는 질문을 제기하는 능력과 더 많이 관계한다는 것이 이 상황에도 들어맞는 이야기가 아닐까 한다. 그리고 이 질문을 통해서 얻게 된 교실 대화 혹은 교실 상호작용의 기본 패턴에 대한 발견은 다음 연구들로 이어지면서 교실 현상을 이해하는 데 의미 있는 기여를 하였다. 이제 그중 몇 가지를 추적해 보자.

교실의 언어적 상호작용의 기본 패턴

담화 연구 혹은 대화 연구는 구문론의 최대 분석 단위인 문장을 넘어서서 사람들 간의 상호작용의 패턴이나 규칙성을 연구한다. 그리고 그런 패턴과 규칙성의 사회적 의미를 해석해 보려고 한다. 미국의 미한[Mehan]을 비롯한 여러 학자들도 이런 관심에서 교실의 언어적 상호작용에 관심을 가졌다.[34] 이들은 다른 대화 상황에서는 잘 드러나지 않는 교실의 언어적 상호작용의 기본 패턴을 발견하였다. 이를 흔히 시작 발화 – 반응 발화 – 평가 발화(IRE: Initiation – Response – Evaluation)라고 한다. 더 정확히 표현하면 교사의 시작 발화 – 학생의 반응 발화 – 교사의 평가 발화(Teacher Initiation – Student

Response - Teacher Evaluation)의 형태를 가진다. 즉, 교실에서는 흔히 교사가 먼저 말을 하거나 질문을 제기하며 이에 대해서 학생들이 응답을 한다. 그리고 학생들의 반응에 대해서 교사들은 긍정적 혹은 부정적인 평가를 한다. 이러한 언어적 상호작용 패턴은 교실에서만 전형적으로 관찰된다. 선 세대가 다음 세대를 위해서 바람직한 지식과 가치를 전달하려고 하는 공적인 공간이 교실이며 교사는 이 전달의 대리인 역할을 수행하기 때문에 이런 패턴이 나타나는 것이다. 역으로 이런 목적이 존재하지 않는 다른 사회적 공간에서는 유사한 언어적 상호작용 패턴이 거의 등장하지 않는다.

교실 상호작용의 기본 패턴인 IRE 구조는 우리가 익히 알고 있는 교실 내의 질서를 명료하게 드러내 준다. 우선 이 구조를 통해서 우리는 교실에서 교사가 강력한 힘을 지니고 있음을 알 수 있다. 교사는 교실에서 먼저 발언할 수 있는 권한을 가지고 있으며, 학생의 응답을 끌어내거나 응답의 속도와 유형을 조절하며, 학생의 응답에 대해서 옳고 그름을 평가할 수 있는 권한도 지니고 있다. 많은 사회적 대화 상황이 적어도 표면적으로는 대화 참여자들 사이의 평등성을 가정하고 있는 데 비하여 교실의 대화 상황은 처음부터 교사에게 강한 권한이 부여되어 있는 비대칭성을 전제한다. 그리고 이런 비대칭성은 교사가 학생의 반응에 대해 평가하는 위치에 서 있음으로 인해 더욱 강화된다. 이런 비대칭성은 교실이 법률적으로 제도화된 사회적 공간이라는 점과 교사와 학습자의 지식의 양에 차이가 존재한다는 점에 기인한다.

IRE 패턴은 교실에서 교사가 제기하는 질문이 어떤 성격을 지녔는지도 잘 드러내 준다. 일상적인 대화에서 사람들이 질문을 하는 주된 이유는 모르는 정보를 알기 위해서다. 그러나 교실에서 교사가 질문을 하는 이유는 다르다.[35] 몰라서 묻는 진정한 의미의 질문은 거의 존재하지 않는다. 교사는 해당 분야에 대한 지식을 가지고 있으며 그 지식을 전달하는 방편으로 학생들에게 질문을 제기한다. 그리고 여러 가지 교수 전략을 활용하여 학생들이 올바른 답에 도달할 수 있도록 돕는다.

교실에서의 질문은 일상적인 의미에서 보면 거의 대부분 '가짜' 질문인 셈이다. 교사가 묻는 활동은 영어로 표현하면 질문question이라기보다는 알려져 있는 답을 찾아가는 퍼즐puzzle에 가깝다. 질문과 대답이라는 교실의 상호작용 행위는 최소한 교사의 입장에서 보면 미지의 세계를 향해 나아가는 모험가의 여행이라기보다는 알려진 길로 여행자들을 인도하는 안내인의 행로이다.

학업 성취를 높이기 위한 전략

교실 상호작용의 기본 패턴이 알려진 이후에 발문 – 대답 – 평가의 과정을 효율적으로 운영함으로써 학생들의 학업 성취를 높이려는 연구가 다양하게 진행되었다. 기본 패턴에 작용하는 여러 요소를 과학적으로 잘 분석하여 이를 활용함으로써 수업을 잘 운영하고 학업 성취도도 향상시킬 수 있다고 보았기 때문이다. 학자들은 교사의 발문 전략, 학생 응답 유도 방식, 학생 응답에 대한 교사의 평가 전략 등을 연구하였다.[36] 우선 발문 전략으로는 발문의 유형, 발문의 난이도, 발문이 제시되는 계열 등에 대한 연구들이 이루어졌다. 예컨대, 발문의 유형을 단순한 답을 요구하는 수렴적 질문과 보다 고차적인 사고를 요구하는 확산적 질문으로 나누어서 어떤 유형의 질문이 교실에서 더 빈번하게 나타나는지를 살펴보는 연구들이 이루어졌다. 발문의 난이도와 관련하여서는 교사 질문에 대한 학생의 응답 성공률을 계산하여 어떤 수준의 발문이 학생들의 학업 성취를 올리는 데 적합한지에 대한 연구도 수행되었다.

학생의 응답 유도 전략과 관련하여서는 대기 시간 연구, 발문의 수정 전략, 대화 배분 전략 등이 관심 사항이었다. 이 중 대기 시간 연구만 간단히 소개해 보고자 한다. 대기 시간 연구는 교사가 발문을 한 후에 학생들이 대답할 때까지 얼마를 기다리는 것이 좋은지에 대해 연구하는 것이다. 많은 교실 관찰을 통해 연구자들은 교사들이 충분한 시간을 기다려 주지 않고 바로 답을 제시하거나 다른 활동으로 넘어간다는 사실을 발견했다. 어떤 연구는 학생들이 대답할 때까지 교사들이 평균 1초도 기다려 주지 않는다고 언급하고 있다. 이 문제를 연구한 학자들은 수렴적 질문에 대해서는 최소한 3초 이상, 확산적 질문에 대해서는 15초 정도를 기다리는 것이 필요하다고 권고하고 있다. 대기 시간이 길면 길수록 학생들의 자발적인 응답이 늘어나고 사고도 복합적으로 하며 질문도 더 많이 한다는 것이다.

학생들의 응답에 대한 교사의 반응 전략도 주요 관심사 중 하나였다. 학생들이 답을 제대로 하지 못하는 경우 교사는 학생의 수준에 맞게 질문을 변경하거나 혹은 특정 학생을 지목해서 응답을 요구하는 방식으로 변화를 꾀해야 한다. 교사의 반응 전략에 대한 연구들을 보면 학생이 정답을 말하면 교사가 칭찬을 하고 격려를 하는 것이 옳으며, 틀리거나 부적절한 정답을 하였을 경우에도 비난하기보다는 격려하거나 적절한 피드백을 제공해 주는 것이 효과적이라고 언급하고 있다. 또 학생이 비록 틀린 반응을 할 경우에도 학생이 응답을 마칠 때까지 방해하지 말고 인내를 가지고 기다려 주는 것이 좋다고 권고하고 있다. 이러한 교실수업 전략들은 과학적 연구의 결과로 획득된 것이며 비록 문화적 토양이 다른 곳에서 이루어진 연구들이긴 하지만 우리 상식에도 부합한다고 할 수 있다.

문화적 차이에 대한 관심

교실 상호작용 연구 중 일부는 교실 상호작용의 패턴이 문화에 따라 어떻게 달라지는지에 관심을 가졌다. 미국이나 캐나다와 같은 나라들의 경우 다양한 문화적 배경을 가진 학생들이 교실 내에 존재한다. 따라서 상이한 문화 집단 간에 언어적 상호작용의 패턴이 어떻게 달라지며 이런 차이가 학업 성취에 어떤 영향을 미치는지에 대한 관심이 자연스럽게 일어났다.

예를 들어, 교실의 참여 구조에 대한 연구는 문화적 차이에 대한 관심과 밀접하게 관련되어 있다.[37] 교실은 일반적으로 한 명의 교사와 많은 수의 학생들로 구성되어 있는 공간이다. 따라서 교사의 질문에 대해서 학생들이 질서 있게 반응하기 위해서는 대화를 배분하는 규칙이 필요하다. 이와 관련하여 참여 구조에 대한 연구는 교실에서 누가 말하며 어떤 방식으로 말하고 언제 발문하고 언제 대답하는지, 또 언제 말하기를 멈추며, 침묵의 의미는 어떻게 이해되는지 등을 연구하였다. 이 연구를 통해서 문화적 집단에 따라 참여 구조의 형태와 유형이 다양하다는 사실이 드러났다. 어떤 문화권에서는 교사가 대화를 주도하며 학생들 사이의 상호작용적 대화를 엄격히 통제하는 데 비하여 다른 문화권에서는 학생들 상호간에 자연스럽게 이야기를 주고받는 복수의 대화 구조를 허용한다는 것이 일례가 되겠다. 참여 구조에 대한 연구들은 교실의 참여 구조가 학생들이 속한 지역사회에서 발견되는 참여 구조에 가까워질수록 학생들의 참여가 증가하고 학습에 대한 흥미도 높아진다고 보고하고 있다. 즉, 교실에서 교사와 학생 간에 이루어지는 대화 방식이 학생들이 집이나 동네에서 부모나 주변 사람들과 일상적으로 경험하는 대화 방식과 유사하면 할수록 바람직하다는 것이다.

IRE의 기본 패턴이 전개되는 데 문화가 어떤 영향을 미치는가도 중요한 관심사였다. 예를 들어, 질문과 대답의 진행과 관련하여 대기하는 시간을 얼마나 허용하는 것이 바람직한지는 문화에 따라 다르다는 연구들이 있다. 미국의 연구에 의하면 나바호 인디언 아동들은 응답하는 시간을 길게 주는 문화 속에서 성장하기 때문에 응답하는 시간을 길게 받았을 때 더 길게 말하며 자발적으로 응답한다. 이에 비해서 하와이 문화권의 아동들은 교사가 말할 시간을 충분히 주면 발언자가 대화에 흥미가 없거나 지루해함을 암시하는 것으로 받아들인다.[38] 또, 학생이 올바른 응답을 하여 교사로부터 긍정적인 피드백을 얻기 위해서는 단순히 정확한 답을 말하는 것 이상의 지식이 필요하다는 것도 확인되었다. 즉, 교사가 원하는 시점에 원하는 어투로 말해야 긍정적인 피드백을 받을 수 있다. 학자들은 이와 관련하여 교사로부터 칭찬을 받기 위해서는 학생들이 교사가 기대하는 사회문화적 지식을 소유하고 있어야 한다는 점을 발견하였다. 결국 이런 연구들은 교사가 학생들의 문화에 대해 무지하거나 둔감할 경우 의도하지 않은 방식으로 학생들을 배제하고 차별할 수 있음을 드러냄으로써 문화적으로 민감한 교수법에 대한 관심을 불러일으키는 데 기여하였다.

교실 상호작용의 대화적 차원

효율성이나 문화에 대한 관심과는 다른 차원에서 교실 상호작용에 접근하는 입장도 있다. 구성주의적 인식론의 등장 등으로 인해 교실에서 요구되는 학습의 성격이 변화하면서 이에 비추어 교실 대화의 기본 패턴인 IRE 구조의 비교육적 측면을 성찰하는 논의들이 등장한다. 앞에서 언급했지만 IRE 구조는 교사가 원하는 정답이 정해져 있고 학생들이 그 정답을 맞히는 것을 기대하는 학습 형식이다. 이것은 지식 전달을 중심으로 하는 전통적인 수업 방식을 가정하고 있다. 그런데 오늘날은 학습자가 스스로 질문을 제기하고 스스로 답을 찾아가는 것을 점점 더 중시한다. IRE 구조와 같은 폐쇄적인 대화 구조가 지배하는 교실에서는 학습자의 자기 주도적이고 능동적인 활동이 일어나기가 어렵다.

이 점과 관련하여 IRE 패턴의 비대칭성을 극복하고 교실 상호작용의 평등한 대화적 성격을 회복하려는 관심들이 증가하였다. 예를 들어, 어떤 연구자들은 교실 관찰을 통해 교사가 발문하고 학생이 응답을 하면 교사가 곧바로 정답을 말하거나 피드백을 제공하는 대신에 학생의 의견에 바탕을 두고 교사가 흥미 있는 후속적인 행동을 할 수도 있음을 발견하였다. 웰즈Wells는 이런 대화 패턴을 시작 발화 – 반응 발화 – 반향 발화(IRR: Initiation – Response – Revoicing)라고 명명하였다.[39] 이 패턴에서도 교사가 발문하고 학생이 응답하는 패턴은 기본적으로 유지된다. 그러나 교사는 학생의 응답에 대해서 바로 답을 제시하기보다는 반향revoicing의 단계를 통해 학생의 목소리가 교실 상호작용 속에서 의미 있는 기여를 하도록 허용한다. 즉, 교사의 질문에 대해서 기대하지 않은 답을 하거나 다른 반응을 보이는 경우에도 그 반응에 대해 스스로 탐구하거나 공동으로 실험할 수 있도록 허용함으로써 학생들의 다양한 생각이 교실에서 탐구될 수 있도록 하는 방식이다.

물론 이런 교실 상호작용의 성격은 IRR 패턴을 넘어서 훨씬 더 진전될 수도 있다. 오늘날 강조되는 협동 학습이나 프로젝트 학습과 같은 수업 설계에서 일어나는 교실 대화의 양상은 매우 다르다. 이런 수업 설계는 기본적으로 교사가 주도하는 수업 패턴을 학생들의 협동적이고 창의적인 학습이 가능한 형태로 변환시킴으로써 교실의 상호작용 패턴을 극적으로 변화시킨다. 이런 수업 구조에서 교실 참여자 간의 상호작용은 평등하고 협력적인 대화에 훨씬 더 가까워지며 학생들의 권한과 주도권도 증가한다.

한국 교실의 교실 상호작용 패턴

교실 상호작용에 대한 연구들을 대략적으로 살펴보았다. 이제 한국 교실로 눈을 돌려서 우리 교실의 대화 상황을 검토해 보자. 한국의 교실은 정해진 교과서를 가지고 진도를 나가야 하는 문화가 지배하고 있다. 따라서 교실 상호작용의 패턴도 교사 중심으로 진행되며 IRE 패턴이 전형적으로 나타나는 경우가 많다. 동시에 이런 상호작용의 패턴을 잘 들여다보면 한국의 고유한 문화를 읽어 낼 수 있다.

10여 년 전에 수행된 연구이기는 하지만 오랫동안 초등학교를 지배했던 교실 문화를 잘 보여 주는 수업 상호작용 사례를 인용해 보겠다.

〈상호작용 단편 8〉

교사는 1학년 국어 시간에 아이들을 위해 시를 읽는 것을 방금 끝냈다.

교사 잘 들었어요.
학생들 네.
교사 시에서 가장 재미있는 표현은?
학생 1 뽀드득.
학생 2 뽀드득.
교사 손을 들고 (몇몇의 학생들이 손을 들기 시작한다) 일어서서 말해야 해요. 영우.
영우 뽀드득.
교사 선생님에게 말할 때 '뽀드득'이라고 해도 되나요? 다시 해 봐요. 선생님에게 말할 때 어떻게 하라고 했죠. (영우는 일어선다.) 크게 말해 봐요!
영우 뽀드득입니다.
교사 완벽해요.[40]

이 수업 상호작용을 살펴보면 전체적으로 상호작용의 기본 패턴(IRE)이 기저에서 작동하고 있음을 알 수 있다. 그런데 재미있는 것은 학생들이 "뽀드득"이라는 정답을 아는 것만으로는 교사로부터 긍정적인 피드백을 얻지 못한다는 점이다. 교사로부터 칭찬을 받기 위해서는 그 이상의 지식이 필요하다. 이 상호작용 단편의 경우에는 "입니다"라는 존댓말을 덧붙여야 비로소 교사로부터 올바른 답으로 인정을 받는다. 즉, 학생들이 교사로부터 긍정적인 피드백을 받기 위해서는 교과에 대한 지식뿐 아니라 교실에서 통용되는 언어적 규칙에 대한 지식을 가지고 있어야 한다. 일종의 사회문화적 지식이 필요한 것이다. 그리고 위의 사례에서처럼 한국의 초등학교에서는 오랫동안 '바른 자세'를 기른다는 문화적 규범하에 존댓말을 사용하는 것을 정답을 아는 것 이상으로 중시하였던 것이다. 이런 한국 초등학교의 교실 상호작용을 구성하는 질서가 시대적으로 어떻게 변화해 왔으며, 외국의 교실 문화와는 어떻게 다른지를 연구하는 것은 한국 교실수업의 독특성을 드러내는 중요한 연구 영역이다.

그런데 이런 교실 상호작용에는 거시적인 문화나 구조뿐 아니라 학교나 교실의 상황이나 조건도 투영된다. 예컨대, 한국의 많은 교실들은 오랫동안 다인수 학급으로 운영되었다. 많은 수의 학생들을 대상으로 경직된 국가교육과정을 운영해야 하는 교실 상황은 필연적으로 통제의 문제를 수반할 수밖에 없다. 이와 관련하여 특히 학생들의 주의 집중력이 떨어지고 분위기가 소란해지기 쉬운 초등학교 교실에서는 교실 통제와 결합된 독특한 상호작용 패턴이 등장한다. 예를 들어, 많은 초등학교 교실에서 교사가 발문을 하면 학생들은 "제가 발표해 보겠습니다"라고 말하면서 거수를 한다. 손을 든 학생 중에서 교사가 지명을 하면 지명받은 학생이 대답을 한다. 이에 대해서 교사가 "잘했어"라고 칭찬을 하면 동료 학생들은 교사의 말을 이어받아서 일제히 "잘했어"라고 화답한다. 필자가 보기에 이런 교실 상호작용은 다른 나라에서는 잘 관찰되지 않는 패턴이다. 여기에는 다인수 학급 상황에서 학생을 적절히 통제해야 할 필요성이 존재하고 바른 자세나 기본 학습 훈련을 강조하는 한국 초등학교의 문화적 상황이 반영되어 있다.

그런데 중등학교로 올라가면 초등학교와는 매우 다른 교실 상호작용 패턴을 목격하게 된다. 초등학교에서는 비록 다소 정형화된 형태이기는 하지만 발표하거나 참여하려는 학생들이 많이 존재한다. 그렇기 때문에 발언권을 얻기 위해서 경쟁하는 학생들 간에 순서를 배분하기 위한 대화 배분의 규칙이 존재한다. 그것은 보통의 경우 거수-지명의 형태로 나타난다. 쉽게 말해서 초등학교에서는 교사의 지명을 받기 위해서 학생들 간에 선의의 경쟁이 존재하는 것이다. 그러나 이런 행복한(?) 교실 상황은 중등학교 교실에서는 거의 나타나지 않는다.

필자가 관찰한 중등학교 교실의 상호작용들은 일종의 교사 독백 구조에 가깝게 진행되는 경우가 많았다. 필자는 한국 학교가 교실 붕괴 문제로 떠들썩하던 시기인 2000년 초반 경에 한국교육개발원에서 주관하는 학교 평가단의 일원으로 여러 고등학교 수업을 참관한 적이 있다. 이때 관찰한 교실 상호작용 패턴을 필자는 한 논문에서 교사 시작 발화 - 교사 반응 발화(TI-TR: Teacher Initiation - Teacher

Response)라고 표현한 바 있다.[41] 즉, 많은 교실에서 교사 스스로가 질문하고 스스로 답하는 형태로 수업이 진행되고 있었다. 고등학교 교실수업에서 학생들은 교실 대화에 참여하려는 적극적인 의사를 드러내지 않고 있으며, 그 결과 교실 상호작용은 교사와 학생 사이의 주고받음이 아니라 교사의 독백 형식으로 진행되었다.

초등학교의 교실 상호작용을 살펴보면 거수-지명 방식과 같이 대화 배분의 규칙이 매우 명시적인 형태로 나타나는 경우가 많다. 그런데 이런 명시적인 대화 배분의 규칙은 중등학교 수업에서는 거의 나타나지 않는다. 왜 그럴까? 교실에서 대화 배분의 규칙을 정한다는 것은 교사의 발문에 대해서 대답하려고 하는 학생이 다수이기 때문에 순서를 정해 두어서 교실이 혼란하게 되는 것을 방지하기 위한 것이 목적이다. 그런데 만약 교사의 발문에 대해서 대답하려고 하는 학생이 없다고 가정해 보자. 그렇다면 명시적인 대화 배분의 규칙을 설정해야 할 이유가 존재하지 않게 된다. 한국의 중등학교가 특히 그러한 모습을 보인다.

이렇게 학생들이 잘 참여하지 않는 이유는 무엇인가? 여기에는 다양한 원인이 있을 것이다. 몇 가지 생각해 볼 수 있는 대답으로는 우선, 초등학교와 달라진 교실 환경을 들 수 있다. 한국의 초등학교 교실은 담임의 권위가 인정되는 공간이다. 담임에게 칭찬을 받는 것은 학생들에게 큰 보상으로 작동한다. 그러나 많은 교과 교사들을 접하게 되는 중학교에 올라가면 교사로부터 칭찬을 받는 것의 의미는 급격히 줄어든다. 교사와 학생들 간의 상호작용과 유대는 현저하게 줄어든다. 학생들의 자의식이 커지고 튀는 학생들을 싫어하는 동료 학생들의 압력도 세지면서 발언하고자 하는 학생들의 욕구도 감소한다. 게다가 한국의 학교 시험은 교실에서 활발하게 발언하고 토론하는 것을 그다지 선호하지 않는 방식으로 구조화되어 있다. 이러한 요인이 복합적으로 얽혀서 중등학교 교실수업 상호작용은 교사의 독백 형식이라는 상당히 비교육적인 형태로 진행된다.

새로운 교실수업 상호작용을 지향하며

한국의 초등학교나 중등학교는 상이한 교실 상호작용 상황에 놓여 있다. 초등학교는 전체적으로 볼 때 근본적인 상호작용의 위기가 발생하고 있다고 보기 어렵다. 여전히 담임교사의 유도 발화에 대해서 학생들은 발언하고 싶어 하고 교사의 지명을 받는 것을 보상으로 여긴다. 그러나 '바른 자세'를 강조하는 문화적 관행이 아직도 강하게 남아 있는 일부 교실에서는 겉으로는 활발한 상호작용이 일어나는 것 같지만 자세히 들여다보면 상호작용의 질적 수준이 문제가 된다. 정답을 요구할 뿐 아니라 정해진 패턴과 방식으로 정답을 말하도록 요구하니 결과적으로 교실이 닫힌 공간이 되고 마는 것이다. 반면에 중등학교의 경우 많은 교실에서 학생 반응을 유도하는 것 자체에 실패하고 있으니 더 심각한 문제가 아닐 수 없다.

필자는 한국 교실수업의 제반 문제를 해결하기 위해서는 교실의 언어적 상호작용에 대한 깊이 있는 연구를 바탕으로 수업을 바꾸려는 노력을 꾸준히 해야 한다고 생각한다. 단순히 대기 시간을 늘리거나 질문의 난이도를 조절하거나 질문의 유형을 다양화하는 것보다는 좀 더 근본적인 변화가 필요해 보인다. 미시적인 변화를 통해서 기존의 패턴을 회복하려는 노력보다는 기본 패턴 자체를 근본적으로 성찰할 필요가 있다. 예컨대, 앞에서 언급한 반향 발화를 다시 생각해 보자. 교사가 학생의 답변에 응대할 때 사소한 변화만 주어도 교실 상호작용이 달라진다. 학생들의 응답을 맞고 틀리고 하는 이분법적 평가에 의해서 일률적으로 재단하는 그런 닫힌 상호작용이 아니기 때문이다.

학생들이 지닌 각자의 생각이 무시되지 않고 교실에서 다양한 반향을 불러일으키면서 아름답게 퍼져 나가는 그런 대화는 어떻게 가능할까? 닫힌 상호작용 패턴에 대해서 성찰하는 것! 학생들이 먼저 발언하고 스스로 답을 찾아가는 그런 능동적인 탐구적 대화가 가능하도록 하는 것! 교사와 학생의 불평등한 관계를 변화시켜서 교사와 학생, 학생과 학생 상호 간에 대화적 관계를 회복하는 것! 교사와 학생 간의 폐쇄적 대화가 아니라 학생과 학생들 간의 협력적 대화의 빈도를 지금보다 훨씬 더 증가시키는 것! 이런 대화의 재구조화를 모색할 때 한국 초·중등 교실, 특히 중등학교 교실의 무기력증을 해소할 수 있는 계기를 만들 수 있지 않을까?

2부

가까이서 멀리서

철 지난 행동주의는
왜 여전히 살아 있을까?

— 행동적 수업 목표를 넘어서

이론 차원에서만 보자면 행동적 수업 목표를 비판하는 것은 이미 철 지난 이야기에 해당한다. 이 문제는 이미 1980년대 이전에 충분히 논의되었기 때문이다.[42] 행동적 수업 목표는 교육을 인간 행동의 변화로 협소하게 정의하고 있으며 그 이면에는 공학적 교육관이 도사리고 있다는 비판은 많은 독자에게 친숙할 것이다. 그런데 이론적으로 이미 정리되거나 극복된 문제가 실천 현장에서는 완고하게 남아 있는 경우가 종종 있다. 행동적 수업 목표도 그런 예 중 하나이다. 이 경우에는 실천의 관행을 이론적으로 검토하고 비판하는 것만으로는 부족하다. 왜 그런 관행이 일종의 화석화된 형태로 존재하고 있으며 그것이 어떤 기능을 하는지를 함께 살펴보는 것이 필요하다.

이 주제에 다소 쉽게 접근하기 위해서 이 글을 쓰는 필자의 의도를 수업 목표의 형태로 제시하는 상황을 가정해 보자. 필자의 수업 의도는 학교에서 일상적으로 행해지는 수업 목표에 대한 이해와 그에 관한 장학 관행을 비판적으로 검토하는 것이다. 행동적 수업(혹은 학습) 목표는 장점 못지않게 검토해야 할 문제점을 지니고 있으며, 이를 검토하는 것이 우리 학교의 수업 실천과 장학을 성찰하는 중요한 지점이 된다고 보기 때문이다. 이런 필자의 의도를 다음과 같이 수업 목표의 형태로 칠판에 제시하고 수업을 시작하였다고 가정해 보자.

> 행동적 수업(학습) 목표와 관련된 현장 실천 관행을 비판적으로 검토시킨다.

이 수업 목표에 대해서 사람들은 어떤 반응을 보일까? 우선 일반론적인 차원에서 이 목표에 대한 행동적 수업 목표 옹호자들과 비판자들의 반응을 기술해 보겠다. 그리고 뒤이어서 한국의 장학 현장의 가상 반응을 기술하고 그 의미를 논하고자 한다.

행동적 수업 목표를 지지하는 입장[43]

행동적 수업 목표를 옹호하는 학자는 필자의 수업 목표에 대해서 눈살을 찌푸릴 것이다. 그리고 필자에게 다음과 같이 조언을 할 것이다.

"우선 수업 목표는 교사의 활동이 아니라 학생의 활동으로 구성되어야 합니다. '검토시킨다'와 같이 교사의 용어로 진술하면 안 돼요. '검토시킨다'가 아니고 '검토할 수 있다'라고 써야 해요. 그리고 애매하지 않고 객관적으로 관찰이 가능한 경험적 용어를 써야 합니다. '검토한다'는 말은 적절한 동사가 아닙니다. 예컨대, '기술하다', '찾아내다', '열거하다', '계산하다', '만들다'와 같은 행동적 용어를 사용해야 합니다. 선생님의 수업 목표라면 "행동적 수업(학습) 목표와 관련된 현장 실천 관행의 문제점을 3가지 이상 열거할 수 있다"라고 기술하는 것이 더 좋습니다."

수업 목표를 행동적 용어로 진술해야 한다고 주장하는 사람들은 그래야 수업을 더욱 효율적으로 운영할 수 있다고 생각한다. 이들은 훌륭한 시민 의식, 심미적 감수성, 창의적 사고와 문제 해결 능력, 자아실현, 도덕적 인간 등과 같이 교육의 목표로 흔히 이야기되는 고상한 이상을 그다지 좋아하지 않는다. 이런 고결한 언어는 학부모나 정치가를 설득하는 데는 좋을지 모르지만, 너무 모호하고 추상적이기 때문에 교사들의 교육 활동에는 별다른 도움이 되지 않는다고 본다.

대신에 목표를 행동적 용어로 진술하면 교사에게 여러 가지 이점이 있다. 이 중 몇 가지를 예시하면, 교사가 짜임새 있는 수업 계획을 수립하는 데 도움이 되며, 수업 전개의 구체적인 방법을 시사해 주고, 수업 운영의 내적 일관성을 유지할 수 있게 도와주며, 수업의 종착점을 분명히 함으로써 평가 지침을 제공해 준다. 또 수업 의도를 명료화하기 때문에 수업에 대한 효과적인 의사소통도 가능하다.

수업 목표를 관찰 가능한 학생의 활동으로 진술하는 것은 행동주의 심리학과 강한 관련을 가지고 있다. 그런데 행동주의적 심리학의 관점에서 행동적 수업 목표를 진술하는 것은 학습자 중심 교육과는 별 상관이 없다. 행동을 목표 지향적이고 인지적인 과정으로 이해하는 톨만Tolman의 목표 지향적 행동주의purposive behaviorism와 같은 일부 예외가 있기는 하지만[44], 대부분의 행동주의에서 교육은 단순한 자극-반응의 연합이다. 자극-반응의 연합은 인간 행동의 의도적 변화라는 공학적인 원리와 밀접하게 연관된다. 그리고 의도적 변화를 위한 지향점으로서 행동적 수업 목표는 기본적으로 교사의 교수 전략과 관계되지 학생 스스로 목표를 설정하는 학습 전략과는 거리가 있다.

행동적 수업 목표를 얼마나 구체적으로 언급할지는 학자마다 다소 상이하다. 교육목표 분류학으로 잘 알려진 블룸Bloom의 행동적 목표 진술이 일반적인 수준인 데 비해[45], 그론룬드Gronlund는 그보다는 더 자세하고, 메이거Mager는 더욱 구체적인 목표를 선호한다.[46] 예를 들어, 메이거는 "6개의 주요 색상을 주면 학생들은 5개를 식별할 수 있다"와 같이 학생 행동, 행동이 수행되는 조건, 숙달 수준이 모두 표시된 구체적인 목표를 선호한다.

행동적 수업 목표를 비판하는 입장

행동적 수업 목표를 비판하는 입장이라면 필자가 제시한 수업 목표에 대해서 어떤 반응을 보일까? 이 진영에는 인간주의 심리학자나 구성주의적 학습 이론가들, 그리고 인문학이나 예술교육의 가치를 옹호하는 자들이 광범위하게 포진하고 있다. 따라서 다양한 목소리가 존재하며 일률적으로 말하기는 어렵다. 그러나 최소한 몇 가지 반응은 예상할 수 있다. 이런 공통점을 염두에 두고 가상의 반응을 구성해 보았다.

"선생님께 먼저 묻고 싶은 것은 수업 목표를 설정할 때 학생의 의견을 고려하셨는가 하는 점입니다. 선생님에게 중요한 문제가 학생들에게는 전혀 중요하지 않을 수도 있거든요. 반드시 그렇게 해야 하는 것은 아니지만 수업 목표를 설정할 때 학생들과 의사소통이 필요한 경우도 적지 않습니다. 그리고 선생님은 수업 목표를 미리 칠판에 적어서 학생들에게 알려 주셨습니다. 매 수업마다 그렇게 하시는지요? 제가 이렇게 질문하는 이유는 가르치는 주제에 따라서 수업 목표를 수업 행위 이전에 설정하는 것이 바람직하지 않을 수도 있기 때문입니다. 예를 들어, 예술 활동의 경우에는 무엇을 창작하겠다는 구상이 활동하는 과정에서 생겨나고 구체화되기도 합니다. 과학적 탐구조차도 미리 설정된 목표에 도달하기 위해서가 아니라 호기심이나 경이감에 의해서 추동되는 활동이지요. 이처럼 수업 목표를 미리 설정하는 것 자체는 바람직하지 않을 수도 있답니다."

위의 가상적 반응은 행동적 수업 목표에 대한 비판을 반영한다. 행동적 수업 목표에 대한 가장 빈번한 비판을 몇 가지만 들어 보겠다.

첫째, 행동적 언어로 표현 가능한 것만을 수업 목표로 한정하게 되면 교육의 개념이 협소해진다. 가시적 행동의 변화로 확인하기 어려운 수많은 교육적 체험이 존재하기 때문이다. 발견의 기쁨, 심미적 감흥, 공감적 정서 등은 언어로 표현하기가 매우 어렵다. 이런 체험은 매우 중요한 교육의 대상이다. 행동적 수업 목표는 언어화가 불가능한 교육적 체험들을 학교교육의 밖으로 추방한다.

둘째, 수업 행위 이전에 목표를 설정하는 것 자체가 바람직하지 않을 수 있다. 수업 활동 자체는 매우 역동적이며, 얼마든지 수업에서 교사와 학생의 만남을 통해서 수업 목표가 발현될 수 있다. 목표를 미리 설정하면 목표의 이런 유연한 출현을 가로막고 방해할 위험성이 높다. 교육학자 아이즈너Eisner는 특히 예술교육의 경우, 미리 설정해 놓은 어떤 목표를 달성하는 것이 아니라 활동 속에서 목표가 자연스럽게 출현한다고 본다. 그는 "예술가는 목표를 달성할 때까지는 그들이 목표로 하는 것이 무엇인지도 모르고 술래잡기를 하는 사람들"이라는 미술사가 잰슨Janson의 주장을 인용하면서 가르치는 활동에도 이런 예술적 속성이 녹아 있음을 지적했다.[47] 아이즈너는 다양한 상황을 고려하여 수업 목표를 '행동적 목표', '문제 해결 관련 목표', '표현 행동'으로 구분하였다.[48] 말하자면, 행동적 목표는 다양한 교육목표의 한 종류에 불과하다.

셋째로 행동적 수업 목표는 일반 목표를 달성 가능한 단기적인 목표로 세분화하는데 여기에는 '부분의 합은 전체와 같다'는 환원주의 내지 구성의 오류fallacy of composition[49]가 도사리고 있다. 명세적明細的으로 세분화된 행동적 목표를 하나하나 습득한다고 해서 교과 혹은 교육이 지향하는 종합적인 목표에 도달할 수 있는 것은 아니다. 판단력, 취향, 비평 능력과 같은 인문학적 능력이나 의사 결정 능력, 사회 참여 능력과 같은 시민적 능력은 환원주의적으로 세분화된 목표를 충실히 밟아 간다고 곧바로 획득되지는 않는다.

넷째로, 행동적 수업 목표에 대한 포괄적이고 이데올로기적인 비판을 들 수 있다. 즉, 행동적 수업 목표는 효율성을 추구하며, 학교를 공장으로 간주하는 사고와 관련이 깊다. 생산 목표를 정하고 노동자를 독려하여 정해진 기간에 생산품을 생산해 내는 공장과 유사하게 학교 또한 정해진 목표를 달성하기 위해서 효율적으로 움직이는 기관이어야 한다는 생각은 근대 과학주의의 밑바탕에 깔려 있는 주요 관점이다. 그리고 이런 관점과 행동적 수업 목표는 매우 잘 어울린다.

이런 비판을 반영하여 오늘날 구성주의적 관점에서는 교수-학습이 매우 역동적이라는 인식을 가지고 학습자의 다양한 반응을 허용할 수 있는 포괄적인 수업 목표를 선호한다. 획일적인 목표 대신에 교사와 학생의 의사소통을 통해서 자신의 관심과 흥미를 반영한 자기 목적적 목표를 학습자가 설정하도록 하며, 유의미한 맥락 속에서 학습이 이루어질 수 있도록 맥락 지향적 수업 목표를 설정할 것을 권장한다.

한국의 수업 현장과 수업협의회라면?

한국의 수업 현장과 수업협의회라면 앞에 제시한 수업 목표를 둘러싸고 어떤 일이 벌어질까? 필자는 여러 공개수업을 관찰하고 수업 연수 자료들을 검토한 내용을 바탕으로 수업 목표에 대한 한국의 풍속화를 그려 보고자 한다. 한국의 장학사는 아마 이렇게 말하지 않을까?

"선생님은 학습 목표[50]를 학생 활동으로 진술하지 않고 있네요. 학습 목표를 '발표할 수 있다', '말할 수 있다' 등과 같이 학생의 활동으로 진술해야 합니다. 그리고 단순히 학습 목표를 학생의 행동적 용어로 제시하는 것을 넘어서서 학생들이 스스로 학습 목표를 도출할 수 있도록 신경을 써야 합니다. 즉, 동기 유발 자료를 제시하고 이 자료를 단서로 하여 학생들이 오늘 무엇을 배울지를 스스로 생각해 볼 수 있게 하는 것이지요. 학습 목표와 학습 내용을 학생들이 스스로 설정할 수 있다면 학생의 참여도가 높아진답니다. 학습 목표를 교사가 제시하는 대신에 목표의 일부분을 가리고 학생들이 추측하게 하는 것도 한 방법이 될 수 있지요. 요컨대 학습 문제를 학생들이 스스로 말하는 것이 수업의 효율성을 매우 높여 줍니다."

이 풍속화에 대한 설명을 하기 전에 우선 일상 수업에서는 수업 목표를 언급하는 일이 드물다는 점부터 상기해야겠다. 수업 목표는 교육과정과 교과서와 교사용 지도서 등에 지나치다 싶을 정도로 자세하게 주어져 있다. 따라서 일상 수업에서 교사들이 수업 목표에 대해 별도의 고민을 할 여지는 많지 않다. 수업 목표에 대해 고민하지 않는 더 근본적인 이유는 수업이 지향하는 바가 너무 뻔하기 때문이기도 하다. 교과서에 담겨 있는 지식을 전달하는 것. 그래서 시험 점수를 높이는 것. 이 지상 과제가 수업 사태를 압도하고 있는 한 수업 목표에 대해 고상하게 고민하는 것은 별 필요가 없다. 대신에 성적 향상이라는 암묵적 목표가 일상 수업을 지배한다.

수업 목표에 대한 고민은 연구수업에서나 등장한다. 일상의 실천을 통해 수업 목표의 의미가 체득되지 못하니 연구수업의 관행에서는 교과서적 규범이 지배한다. 그리고 그 규범 속에는 행동주의의 유산이 강하게 남아 있다. 그런데 곰곰이 들여다보면 연구수업 관행 속의 행동주의는 독특한 구석이 있다. 앞에서 언급했지만 원래 행동적 수업 목표는 학생들이 도달해야 할 성취 결과를 행동적 용어로 진술함으로써 수업의 지향성을 분명하게 하고 학생의 성취를 객관적으로 평가하는 데 목적이 있다. 나아가서 행동적 용어의 옹호자들은 행동적 목표를 통해서 적용, 분석, 종합, 평가와 같은 고차원적인 활동을 실현 가능한 활동으로 전환시키려고 노력하였다. 블룸의 교육목표 분류학에는 그런 숭고한(!) 이상이 스며 있다.

그런데 입시 위주의 주지주의 교육이 지배하는 한국 교실의 행동적 목표는 높은 수준의 지적 작업을 실현 가능한 행동으로 구현하는 것과는 거리가 있다. 대신에 한국 교실의 행동주의는 수업 도입부에 수업 목표를 '교사'가 가시적으로 제시하는 '행동'을 보여 준다는 의미의 '교사'의 '행동'주의이다. 즉, 행동적 수업 목표는 수업 목표 제시의 테크닉이다. 필자가 보기에 이것은 이중적인 의미의 협소화(이중적 협소화)이다. 행동주의 자체가 교육을 가시적으로 관찰 가능한 행동으로 축소한다. 여기에 한국 수업 관행은 행동주의를 행동적 목표 제시의 테크닉으로 또다시 협소화한다. 이런 공개수업의 현실에 비추어 보면 원래의 행동적 수업 목표 운동 자체는 어떤 의미에서는 매우 수준 높은 고상한 운동인 셈이다.

그런데 이런 행동적 목표와, 학생 스스로가 학습 문제를 끌어내도록 한다는 묘한(!) 학습자 중심주의가 결합되는 것이 요즘 자주 관찰되는 풍속화이다.⁵¹ 사실 수업 목표를 스스로 설정하는 것은 여러 학습 이론이 지지하고 있다. 또, 학습자가 스스로 수업 목표의 도달 정도를 점검하는 것도 학력 향상에 도움이 된다. 그런데 학습자 스스로가 수업 목표를 설정한다는 학습 전략이 우리 공개수업 현실에서는 교사가 제시하는 단서를 바탕으로 학생들이 학습 문제 혹은 목표를 추측해 내는 수업 목표 제시의 테크닉으로 협소화되어 있다. 테크닉으로 협소화된 행동주의와 학습자 중심주의의 묘한 결합!

갈라파고스 섬의 탈출을 위하여

●

교실수업의 목표를 무엇으로 잡으며 목표를 어떤 방식으로 제시해야 하는지에 대한 이론도 점점 복잡해지고 발전하고 있다. 여러 학자들의 경험적 실험과 이론적 탐구를 통해 우리는 행동적 수업 목표 외의 다양한 목표가 존재함을 알게 되었다. 그리고 이런 수업 목표에 대한 배경 지식을 많이 알면 교사는 더 넓은 선택지를 가진다. 즉, 행동의 변화를 넘어서는 다양한 학습 양태가 존재하며, 이런 학습 양태에 따라 수업 목표를 설정하고 제시하는 방식도 달라져야 함을 오늘날의 교사들은 알 수 있게 되었다.

그런데 수업 목표를 둘러싼 교육학계의 지난 논쟁들은 '진보'의 개념에 대한 성찰을 제공한다. 역사적 진보란 단선적인 발전이 아니다. 말하자면, 추상적 수업 목표보다 행동적 수업 목표가, 행동적 수업 목표보다 구성주의적 수업 목표가 더 진보된 것이 아니다. 만약 진보를 이런 식으로 개념화하면 우리는 최신 이론을 제외한 모든 지적 성취를 과거의 유산으로 박물관에 소장해야 한다. 역사적 진보란 이런 단선적인 개념이 아니라 과거의 성취가 제공하는 통찰을 받아들이면서 동시에 그 성취를 상대화할 수 있는 지적 이해의 풍부함이다. 이 같은 지적 이해의 풍성함은 우리의 실천이 하나의 도그마 — 그것이 과거의 것이든 최신 이론이든지 간에 — 에 종속되지 않도록 보호해 준다. 교과와 학습 사태의 다양성을 통찰하여 그에 적합한 수업 목표를 구안하고 적절한 수업 활동을 전개할 수 있는 융통성이야말로 수업 목표를 둘러싼 여러 논쟁을 접한 우리 시대가 행사할 수 있는 진보적 역량인 것이다.

문제는 한국의 수업 현장과 장학 관행에서는 이런 진보적 역량이 잘 관찰되지 않는다는 점이다. 왜 우리는 행동주의 시대의 도그마에 여전히 종속되어 있을까? 거기에는 여러 가지 원인이 있을 것이다. 필자는 이 중 몇 가지 가능성만 언급해 보고자 한다.

하나는 소통의 문제이다. 행동적 수업 목표에 대한 학계의 비판적 논쟁들이 현장에 거의 반영되어 있지 않은 것은 학계와 현장 간의 소통의 부재를 드러낸다. 여기에 더하여 행동적 수업 목표 운동이 과학주의의 영향하에서 학계에서 좀 더 지배적인 담론으로 작용해 왔던 담론 권력의 문제도 있다.

둘째는 장학의 편이성 문제이다. 행동적 수업 목표를 확인하는 장학 활동은 학습 주제의 성격을 분석하여 그에 적절한 수업 목표와 그 목표의 제시 전략을 조언하는 장학 활동에 비해서 훨씬 쉽다. 이런 편이성이 행동적 목표에 안주하는 원인이 아닐까 한다.

셋째, 행동적 목표가 여전히 별 부담감 없이 주류의 전통으로 자리하고 있는 것은 우리 학교가 효율성을 강조하는 공장 모델에서 벗어나고 있지 못하기 때문이다. 공장으로서 학교는 행동적 목표를 존속시키는 가장 근본적인 기재이다.

필자는 행동주의적 수업 문화 — 곰곰이 생각해 보면 일상 수업에 내재된 암묵적 목표 또한 행동주의적이다. 학습자의 내적 흥미와 욕구에 대한 관심 없이 시험 성적으로 산출되는 결과만을 중시하며, 좋은 결과를 얻기 위한 반복과 숙달의 과정은 자극-반응의 연합과 닮아 있지 않은가. 일상 수업과 연구수업 모두 행동주의적 수업 문화의 영향하에 있는 셈이다 — 에 협소하게 고착화되어 있는 우리 수업 문화를 교육의 갈라파고스 현상이라고 명명해 보고자 한다. 독자들도 잘 알다시피 갈라파고스는 다윈이 진화론의 아이디어를 발견했던 섬이다. 이곳은 육지와 단절되어 있어 많은 독특한 동식물 종들이 독자적으로 진화하였다. 그러나 이런 단절 현상으로 인해서 외부의 종들이 들어오면 고유종들이 쉽게 몰락하고 만다. 이런 생태적 특징에 빗대어 외부 세계와 단절된 채 독자 발전을 꾀하다가 국제 표준에 동떨어져서 시장에서 뒤처지는 현상을 통신업계에서는 갈라파고스 현상이라고 부른다.

수업 목표를 둘러싼 한국의 장학 관행은 외부와 단절된 채 과거에 고착화되어 있는 갈라파고스 섬을 상기시킨다. 갈라파고스 섬을 탈출하는 방법은 행동적 수업 목표를 단순히 폐기하는 것이 아니다. 많은 비판이 있지만 어떤 면에서 행동적 수업 목표는 여전히 유효하다. 문제는 왜 철 지난 행동적 수업 목표가 그 유용성을 넘어서 유일한 이념형처럼 여전히 득세하고 있는가이다. 앞에서도 언급했지만 이는 근본적으로 한국의 학교가 주어진 목표를 효율적으로 달성하고자 하는 공장 모델과 여전히 유사하기 때문이다. 그것도 포스트포디즘과 같은 진화된 공장이 아니라 테일러주의적 관리 기법이 아직도 작동하는 전근대적 공장! 그러므로 행동적 수업 목표를 상대화시키고 극복하는 것은 단순한 수업 기법과 장학의 문제를 넘어선다. 행동적 목표에 대한 문제 제기는 더 근원적인 문제의식과 맞닿아 있다. 그것은 근대를 넘어서는 새로운 교육의 기획과 관련된다. 공장 모델을 넘어서는 새로운 학교를 향한 상상의 유목이 필요한 시점에 우리는 서 있다. 그 출발을 위해 우리는 망각했던 질문들을 다시 제기할 필요가 있다. 행동주의 심리학자들이 의미 없거나 해롭다고 생각했던 고상한 목표들을 다시 떠올리는 것. 그런 목표들이 자신의 수업 실천과 어떤 의미를 가지는지를 묻고 또 묻는 것. 그래서 잘게 쪼개진 구체적 수업 목표에 매몰되는 대신에 푸르고 높은 창공에서 독수리의 시야로 자신의 교육 실천을 해석할 수 있는 능력이 우리에게 필요하다. 우리는 왜, 무엇을 위해 가르치는가?

수업 지도안은
만국 공통일까?

— 수업 지도안 꼼꼼히 들여다보기

2부 가까이서 멀리서

　수업 지도안에는 한국의 수업 실천을 이해할 수 있는 많은 단서들이 들어 있다. 수업 지도안에 대한 필자의 개인적 경험에서부터 이야기를 풀어 볼까 한다. 교생실습 때의 기억이다. 교사들의 평균 수업 시수보다 적게 수업을 하는데도 코피가 나도록 힘들었던 기억이 아직도 생생하다. 그래서 우리는 교생실습을 '고생실습'이라고 불렀다. 일의 절대량이 문제가 아니다. 초짜들의 통과의례이니 힘들 수밖에 없었다. 지금의 예비 교사들도 동일하게 느끼리라! 그런데 교생실습이 '고생실습'이 되는 데에는 수업 지도안 작성도 단단히 기여를 하였다. 특히, 동료 교생들 앞에서 공개수업을 하기 위해서 세안細案 형식의 수업 지도안을 작성할 때가 그랬다. 약안^{略案}도 그렇지만 세안 형식의 수업 지도안을 쓰는 데는 정말 시간이 많이 걸린다. '이 시간에 수업 준비를 한다면 수업을 더 잘할 수 있을 텐데'라는 생각이 저절로 들었다.

  수업 지도안 작성에 불편을 느낀 또 다른 계기가 있다. 1990년대쯤에 컴퓨터가 보급되고 흔글 프로그램으로 작업을 할 때다. 수업 지도안을 작성하면서 정말 애를 먹었다. 수업 지도안의 형식 때문이다. 우리 수업 지도안은 일반적으로 '표' 형식으로 되어 있다. 그리고 많은 경우 칸을 나누어 한쪽은 교수 활동을, 다른 한쪽은 학습 활동을 적어서 상호 대응시킨다. 그런데 흔글을 사용하는 기능에 익숙하지 않다 보니 교수 활동과 학습 활동을 '표' 안의 같은 높이에 맞추기가 정말 어려웠다. 그때 다시 왜 우리는 이렇게 불편한 지도안 형식을 사용할까 하는 생각을 잠시 했다. 그러나 수업 지도안에 대한 이런 의문을 더 진전시키지는 못했다. 현장의 관행에 이내 적응한 것이다. 한참 시간이 흐른 후 대학원 공부를 하는 중에 미국 교육학 서적에 실린 수업 지도안 lesson plan을 우연히 만났다. 그런데 신기하게도 한국의 모든 수업 지도안에 존재하는 '표'가 없지 않은가! 수업 지도안 형식이 만국 공통이 아님을 알게 되었다.[52] 우리 수업 지도안은 어디서 유래한 것일까?

수업 지도안의
이름과 형식[53]

수업 지도안에는 여러 가지 이름들이 있다. 학습 지도안, 수업 설계안, 교수-학습 과정안, 교수-학습 계획안 등의 다양한 이름이 사용되고 있다. 간단히 수업안이라고 부르기도 한다. 이런 이름들은 광복 이후 지금까지 어느 정도 혼재되어서 사용되어 온 것 같다. 요즘은 교수-학습 과정안이 대체적으로 표준적인 명칭으로 자리 잡았다. 그럼에도 이 글에서 수업 지도안이라는 말을 사용하는 것은 교사의 수업 계획을 검토하고 '지도'하기 위해서 자세한 수업 지도안을 작성하도록 하는 현장의 관행을 담아내기 위해서이다.

위에서도 말했지만 수업 지도안에는 세안과 약안이 있다. 세안은 단원 전체에 대한 분석을 일반적으로 포함한다. 여기에는 단원명, 단원의 개관, 단원 목표, 과제 분석, 교재 연구, 학생 실태 조사, 단원 지도 계획, 본시 학습 전개 계획, 참고 문헌, 학습 자료 등이 포함된다. 약안은 이 중에서 주로 본시 학습 전개 계획과 관련이 있으며 본시 학습 목표, 교수-학습 계획, 판서 계획, 평가 계획 등이 포함된다. 그런데 위에서도 언급했듯이 약안은 대부분 '표'의 형식을 띠고 있다. 그리고 수업에서 고려해야 할 모든 요소를 세세한 항목으로 나누어 제시하고 있다. 좀 더 깊이 있는 역사적 연구가 필요하지만 이런 우리의 수업 지도안 형식은 일본 모델에 가까워 보인다. 일본이 우리 근대 교육에 미친 영향을 생각해 볼 때 수업 지도안이 유사하다는 사실은 그다지 놀라운 일이 아니다. 그런데 일본도 독일이나 미국 교육학의 영향을 받으면서 근대 교육을 정초하였으므로 수업 지도안의 기원을 찾기 위해서는 좀 더 세밀한 역사적 연구가 필요하다. 현재 필자가 가지고 있는 잠정적인 가설은 우리의 수업 지도안 형식은 '표' 형태의 일본 수업 지도안을 받아들여 우리 나름으로 변화시킨 것이 아닌가 한다.

수업 지도안에 내포된 논리

수업 지도안을 통해 무엇이 좋은 수업 실천인지에 대한 암묵적 가정들을 읽어 낼 수 있다. 즉, 수업 지도안에는 좋은 수업을 규정하는 일종의 에피스테메^{Episteme54}가 전제되어 있다. 필자는 세 가지 측면에서 이에 대해 논해 볼까 한다. 첫째, 우리의 수업 지도안은 대부분 매우 상세하게 작성된다. 상세한 수업 지도안! 이것이 의미하는 바는 무엇일까? 여기에는 계획을 상세하게 세우면 실제 수업이 잘 진행된다는 생각이 깔려 있다. 이런 생각은 직관적으로 매우 타당해 보이기 때문에 흠잡기가 쉽지 않다. 계획을 치밀하게 세워야 성공하는 삶을 산다는 수많은 자기계발서를 떠올려 보라. 그런데 상식적으로 매우 타당해 보이는 이 사고에서 관성적으로 한 발을 더 내디디면 수업 실천과 관련하여 위험한 지점에 도달한다. 계획대로 진행되어야 좋은 수업이라는 사고. 이 약간의 비약은 교육적으로 매우 타당하지 못한 수업 실천을 야기한다. 계획대로 진행된 수업은 철저히 교사 중심적일 수밖에 없지 않은가! 교사의 의도가 완벽하게 관철되는 수업이 지니는 비교육성에 동의하는가?

철학적으로 볼 때 상세한 수업 지도안은 기술-합리적 모델, 혹은 공학적 모델에 가깝다. 여기에는 계획을 실행과 분리하고, 계획을 실행의 우위에 놓는 사고가 존재한다. 미리 정교하게 설계도를 만들어 놓고 거기에 맞추어 건물을 짓거나 물건을 제작하는 경우를 생각해 보자. 여기서 설계도를 그리는 사람과 실제 실행을 하는 사람은 구별된다. 그리고 전자는 후자보다 전문가로 간주된다. 이와 유사한 사고가 상세한 수업 지도안을 작성하는 관행에도 전제되어 있다. 물론 수업 지도안의 경우, 계획을 세우는 사람과 그것을 실행하는 사람이 동일인인 경우가 많다. 따라서 수업 설계자와 실행자를 구별하거나 분리하는 게 표면적으로 눈에 잘 띄지 않는다. 그러나 엄밀하게 따져 보면, 수업을 설계하는 단계의 교사 자신이 수업을 실행하는 단계의 교사 자신을 규정하고 지배한다. 상황의 요구보다는 자신이 작성한 계획에 얽매여 꼼짝을 못 하는 형국이라고 해야 할까. 이런 수업 실천 양상의 한 단면을 다음의 한국의 교실수업을 묘사하는 부분에서 얼마간 다룰 것이다.

계획을 실행보다 우위에 놓는 사고의 문제점을 한 가지만 더 지적한다면 계획은 현실의 복잡성을 충분히 고려하지 못한다는 점이다. 현실의 복잡성은 계획하는 인간의 합리성을 언제나 넘어선다. 따라서 사려 깊은 전문가는 계획을 잘 세우는 존재이기도 하지만, 그보다도 현실의 복잡성을 통찰해서 계획의 한계를 간파하고 그것을 유연하게 수정할 수 있는 존재이다. 즉, 전문가로서 교사는 수업 지도안에 얽매이기보다는 학생들의 다양한 반응을 예민하게 지각하고 그 교육적 의미를 통찰하여 수업 실천을 유연하게 수정할 수 있는 능력을 지니고 있어야 한다.

둘째, 우리 수업 지도안이 교수-학습 활동을 규정하는 '형식'에 대해서도 눈을 돌려 보자. 위에서도 살펴보았듯이, 학습 주제, 학습 목표, 학습 모형, 학습 집단 조직, 교수-학습 자료, 판서 계획 등이 수업 지도안의 주요 내용 요소들이다. 도입, 전개, 정리로 구분되는 수업 과정과 각 단계에 할당되는 시간 계획도 수업 지도안에 포함된다. 그런데 형식은 단지 하나의 '형식'으로 끝나지 않는다. 그것은 가르치고 배우는 활동을 특정한 방식으로 구성하는 형식이다. 즉, 지도안의 형식 자체가 가르치고 배우는 활동이 무엇인지를 특정한 방식으로 사고하고 행동하도록 만든다.

쉬운 예를 들어 보자. 많은 경우 수업 지도안에는 학습 모형(혹은 수업 모형)을 쓰는 칸이 있다. 그런데 지도안에 이 형식을 하나 삽입하는 것만으로도 수업 실천에 미묘한 변화를 불러일으킨다. 수업 모형이 무엇인가? 수업을 어떻게 하는 것이 좋은지를 구상한 일반적인 아이디어이다. 특정한 수업 모형을 활용하면 수업을 설계하는 데 많은 도움을 얻을 수 있다. 그런데 교과의 내용 중에는 알려져 있는 수업 모형을 적용할 필요가 없거나 수업 모형을 적용하는 것이 적합하지 않은 경우도 많이 존재한다. 교과의 내용 요소들이 알려진 수업 모형보다 훨씬 많고 다양하기 때문이다. 그런데 수업 모형이 수업 지도안의 고정된 형식으로 자리 잡는 순간 수업 모형은 선택 사항이 아니라 필수적으로 고려해야 할 요소가 되어 버린다. 칸을 채우기 위해서 억지로 수업 모형을 선택해야 하는 것이다. 그 결과 교과 내용에 적합한 수업 모형을 선택적으로 활용하는 대신에 수업 모형을 선택한 후에 거기에 맞게 수업 내용을 변환하는 일종의 도치 현상이 발생하게 된다.

수업 지도안의 다른 형식에서도 유사한 일이 발생할 수 있다. 풍부한 학습 자료를 교사가 미리 숙고하고 준비하도록 하는 것은 바람직하고 필요하다. 그러나 수업 지도안에 표준적으로 'ICT$^{\text{Information and Communication Technology}}$ 학습 자료' 칸을 마련하면 어떤 일이 발생할까? 이제 교사는 교과 내용을 분석한 후에 ICT 학습 자료를 제작하거나 활용하는 것이 필요한지 판단하지 않는다. 대신에 ICT 학습 자료를 만들고 그것을 활용하기 위해서 수업을 역으로 구상해야 하는 상황이 발생한다. 이 외에도 수업 목표를 명시적으로 기입하는 칸은 수업 목표가 수업 과정에서 발현되거나 구성될 가능성을 배제하는 효과를 가지며, 교수 활동과 학습 활동을 구분하여 일대일로 대응시키는 지도안 형식은 교사가 요구하는 응답이나 행동에 대해 학생들이 올바로 반응하는 것을 성공적인 학습이라고 간주하도록 만든다. 수업 목표, 도입, 전개, 정리, 평가 계획 등 수업 지도안의 익숙한 형식은 이렇게 모두가 교수-학습 활동을 특정한 방식으로 규정하는 힘을 지니고 있다.

셋째, 우리 수업 지도안이 '지식'을 가공하는 방식에 대해서 생각해 보자. 수업 지도안 작성은 가르칠 지식의 성격에 적합한 교수 방식을 구안하기 위한 활동이다. 그러나 앞에서도 언급했듯이 형식성이 높은 수업 지도안은 형식에 맞추어서 내용을 가공하며, 이를 통해 교실에서 가르치는 지식을 제한하고 한정하는 역할을 한다. 우리 수업 지도안에서 지식은 어떻게 다루어지는가? 수업에서 다루는 지식들이 모두 40~50분의 시간 단위로 분절될 수 있으며, 이렇게 분절된 지식은 다시 도입, 전개, 정리의 활동 단위로 구분되어 교수될 수 있도록 계획된다. 여기에는 지식을, 마치 건물을 구성하는 작은 벽돌처럼 균일한 블록으로 간주하는 생각이 깔려 있다. 더 큰 지식은 작은 벽돌들, 즉 유사한 중요성과 비중을 지닌 분할 가능한 작은 지식 단위들의 합이다. 그리고 이런 지식 블록들은 위계적 순차성을 가지고 누적적으로 쌓아 올릴 수 있다고 본다.

그런데 가치 있는 지식들은 하위 지식 요소들로 균일하게 분절하기가 사실상 쉽지 않다. 또, 지식 요소들을 위계적 순차성에 기초하여 누적적으로 학습하는 것이 불필요하거나 가능하지 않은 지식 영역들도 무수히 많다. 그러나 우리 수업 지도안은 지식을 특정한 방식으로 가공함으로써 교실에서 다룰 수 있는 지식의 성격에 영향을 미친다. 그것은 표준화가 가능하고 등분할 수 있으며, 사전에 계획하고 사후에 명료하게 평가할 수 있는 지식들이다. 그것도 40~50분의 시간 단위 내에 도입에서 정리까지 말끔하게 소화 가능한 지식들만이 교실수업에 포함되는 특권을 얻게 된다. 왜 일반적인 교실수업에서 탐구 활동이나 프로젝트 학습을 수행하기가 그렇게 어려운지를 생각해 보라.

물론 특정한 지식이 가공되거나 배제되는 이 모든 현상의 책임을 수업 지도안에만 돌리는 것은 본말이 전도된 주장이다. 그것을 강제하는 교육과정, 교과서, 학교 시간 편성의 경직성을 어찌 논외로 할 수 있겠는가! 다만 우리가 익숙하게 사용하는 수업 지도안이 지식을 다루는 관행화된 제도적 요구를 받아서 그것을 더욱더 촘촘하고 엄격하게 실현하는 데 조력하는 중요한 장치임에는 틀림없지 않은가. 그 점에서 수업 지도안에 대한 성찰은 그 자체로서 의미를 지닌다.

전체적으로 볼 때 우리 수업 지도안은 형식이 내용을 돕기보다는 형식에 내용을 맞추도록 강제하는 성격이 강하다. 형식성이 매우 높고 분절된 요소들의 집합으로서의 수업 지도안. 수업에서 교사가 고려해야 할 요소를 모두 추출하여 항목으로 구분하고 명시화하고 있는 수업 지도안. 여기에는 '부분의 합은 곧 전체'라는 판단이 깔려 있다. 그러나 매 수업 설계 시마다 교사가 수업 설계에서 고려해야 할 모든 요소를 일일이 다 확인할 필요는 없다. 오히려 수업의 주제나 소재에 따라서 적절한 선택과 생략을 할 수 있어야 좋은 수업 실천이 가능하다. 좋은 교사는 수업 내용에 대한 깊이 있는 이해 속에서 수업 설계에 필요한 요소들을 선택적이고 통합적으로 조망할 수 있어야 한다.

수업 지도안이
조성하는 교실 풍경

　•

현재의 수업 지도안이 만들어 내는 교실 풍경을 한번 살펴보자. 우선, 교사들이 평소에는 수업 지도안을 거의 작성하지 않는다는 사실부터 상기해야 할 것 같다. 교사들이 평소 사용하는 교안은 공식적인 수업 지도안에 비해서 훨씬 단순하고 자유롭다. 수업에서 교사가 무엇을 해야 할지는 이미 암묵적인 지식으로 교사의 몸속에 녹아 있기 때문이다. 능숙한 교사일수록 의식적으로 계획해야 할 부분은 상대적으로 줄어든다. 그러나 공식적인 수업 지도안은 이런 성장의 과정에 대해 주의를 기울이지 않는다. 그리고 발달단계와 상관없이 모든 교사에게 암묵적 지식을 명시적으로 표면화하여 상세하게 기술하도록 요구한다. 그리고 미리 만들어진 계획에 교사의 실행을 종속시키도록 요구한다. 그 결과 평소에는 물 흐르듯이 자연스러운 수업이 수업 지도안에 따라 진행될 때는 '전시 학습 상기 – 학습 동기 유발 – 학습 목표 확인 – 활동 안내 – 활동 수행……' 등 각 단계를 분절적으로 확인할 수 있는 딱딱한 수업 진행으로 변한다.

또 몇 분 단위로 촘촘하게 설계된 수업 지도안에 따라서 진행되는 공개수업은 교사 중심적일 수밖에 없다. 즉, 교사가 계획한 대로 수업이 진행되고 교사가 계획한 스케줄에 따라서 시간이 관리된다. 이런 공개수업에서 교사가 가장 두려워하는 것은 무엇일까? 짐작이 가겠지만 학생들이 예기치 않았던 질문을 하는 것이다. 예기치 않은 질문은 두 가지 점에서 교사들을 위협한다. 우선, 학생이 예기치 않았던 질문을 하면 교사가 답을 못 할 위험성이 있다. 무엇인가를 가르쳐야 하고 학생보다 더 많이 알고 있어야 하며 실수를 해서는 안 된다는 잘못된(!) 교사관이 지배하고 있는 상황에서 교사들은 참관자 앞에서 질문에 대한 대답을 못 해서 창피를 당하는 것을 두려워할 수밖에 없다. 그래서 학생들의 질문을 달가워하지 않는다.

교사가 예기치 않았던 질문을 두려워하는 또 다른 이유는 시간 스케줄 때문이다. 학생들의 궁금증에 대해서 진지하게 반응하다 보면 계획대로 수업을 진행할 수 없다. 계획대로 수업을 끝내는 것이 좋은 수업이라고 평가되는 상황이 아닌가! 그 결과 공개수업들은 대부분 원래 시간 계획대로 기계적이고 딱딱하게 진행되기 일쑤이다. 따라서 학생의 창의적이고 우발적인 질문으로 생동하는 장면과 교사와 학생이 함께 몰입하여 해답을 찾아가는 흥미로운 탐구의 여정을 적어도 공개수업에서는 찾아보기가 대단히 어렵다.

그런데 이런 수업 장면들을 잘 들여다보라. 일견 교사 중심으로 보이는 이 수업에서 교사 또한 소외된 주체임을 깨닫게 된다. 교사는 계획한 수업 지도안대로 수업을 관리하느라고 진땀을 흘릴 수밖에 없다. 극단적으로 말하면 교사는 자신의 계획에 얽매여서 전혀 융통성을 발휘할 수가 없다. 때문에 상황 속에서 학생들의 반응을 사려 깊게 살피거나 그때그때의 전문적 판단에 의해 수업을 수정하고 재구성하기가 어렵다. 즉, 수업 지도안을 계획할 때의 교사가 수업을 실행하는 교사 자신을 지배하는 현상이 발생하는 것이다. 계획에 종속되어 교사가 사라지는 소외의 장면!

그리고 이런 수업 장면에 교사와 학생이 배움과 가르침을 통해서 즐거움을 공유하는 환희의 순간은 존재하지 않는다. 대신에 수업은 하나의 노역으로 변한다. 계획대로 달성하고 성과를 내야 하는 노역! 그리고 그 노역에 동원되는 교사와 학생을 보는 것은 때로 처량하고 안쓰럽다. 이런 수업 장면의 배후에는 계획과 실행을 구분하고 전자를 우위에 놓는 공학적 사고가 전제되어 있음을 다시 한 번 상기하자.

수업 지도안의
새로운 형식을 찾아서

수업 지도안을 왜 쓰는가? 수업을 잘하기 위해서이다. 수업 지도안을 쓰는 또 다른 목적은 자신의 수업 아이디어를 다른 교사와 소통하면서 서로 도움을 받기 위해서이다. 따라서 이 두 가지 목적을 실용적으로 충족시킬 수 있다면 어떤 형식도 허용될 수 있어야 한다. 이 점에서 좀 더 다양한 수업 지도안 형식이 새롭게 모색될 필요가 있다. 우선 수업 지도안의 표준화 문제부터 검토해 보자. 수업을 위해서 사전에 계획해야 할 요소들은 매우 많다. 그런데 교사가 매 수업마다 이런 요소들을 모두 동등한 정도로 고려해야 하는 것은 아니다. 교사의 발달단계, 수업의 목표와 내용, 학습자의 특성, 교수의 환경과 맥락에 따라 여러 수업 요소 중에서 일부만을 검토하는 것이 현실적이고 때로 바람직하다. 그러나 수업 지도안을 표준화할 경우 모든 교사가 모든 수업 요소를 동일하게 매번 검토해야 하는 부작용이 발생한다. 이런 문제를 방지하려면 교사의 발달단계에 따라서 다른 형식의 수업 지도안을 사용하는 융통성이 필요하다. 예비 교사나 초임 교사라면 현재와 같은 표준적인 수업 지도안을 따라 수업을 설계해 보는 것이 필요하고 도움이 될 경우도 적지 않다. 그러나 오랜 경험을 통해서 수업의 노하우가 풍부한 교사라면 자기 스타일에 맞는 수업 지도안을 작성하는 것이 더 유용하다. 수업 설계에서 검토해야 할 사항은 교사의 발달단계에 따라 상이할 수밖에 없기 때문이다.

수업 지도안을 소통의 도구라는 차원에서 검토할 때도 마찬가지이다. 자세히 쓰면 소통하는 데는 유리하다. 그러나 표준화된 상세한 수업 지도안은 교사 개개인의 수업에 대한 안목과 실천의 역사를 담아내지 못한다. 따라서 읽고 싶지 않은 건조한 문서가 되고 만다. 수업과 관련하여 타자와 소통하고 싶은 내용은 교사마다 다를 수밖에 없다. 따라서 소통을 위해서도 다양한 수업 지도안 형식이 요구된다.

필자는 현재의 수업 지도안 형식이 바로 폐기되어야 한다고 주장하고 싶지는 않다. 하나의 양식이 전통으로 성립되는 데는 나름의 이유가 있다. 그리고 형성된 전통을 일단 존중하는 것도 필요한 삶의 자세 중 하나라고 생각한다. 그러나 전통이 전통으로 존중받고

긴 생명을 유지하기 위해서는 전통을 넘어서는 새로운 실험을 용인할 수 있어야 한다. 그런 새로운 실험을 흡수함으로써 전통의 지평은 확대되고 풍부해질 수 있다. 그 점에서 다양한 수업 지도안이 존재할 수 있음을 인정하고 그런 실험에 대해 열린 자세로 소통할 필요가 있다. 철학적으로 말하자면, 우리 수업 지도안의 '외부', 즉 다른 양식이 존재함을 인정해야 한다.

대안적 수업 지도안은 어떤 형식이어야 할까? 이에 대해서 연구가 좀 더 필요하다. 예를 들어, 미국의 수업 지도안은 대개 경우 우리 것에 비해 수업 내용과 방법이 분절적이지 않고 통합적으로 제시되는 경향이 강하다. 이런 수업 지도안은 수업이 형식주의로 흐르는 것을 방지하고 내용에 적합한 수업 방법을 구안하는 것을 상대적으로 용이하게 할 것 같다. 그러나 미국의 수업 지도안 또한 '목표 – 달성 – 평가'라는 타일러Tyler의 모델에서 크게 벗어나 있지 못하다.[55] 이와 관련하여 영미권에서도 새로운 수업 지도안을 모색하는 논문들이 산출되고 있다. 수업 지도안의 새로운 모색을 위해서는 여러 나라의 수업 지도안과 그에 대한 연구들을 검토하는 후속 작업이 필요하다.

필자가 흥미 있게 본 한국의 수업 지도안 사례를 하나 소개하고 글을 마무리할까 한다. 그것은 한 공립형 대안학교 교사의 수업안이다. 수업 자료까지 포함하여 4쪽으로 된 간단한 수업안이다. 첫 페이지에는 "제안 수업의 구상과 수업에서 관찰이 필요한 것들"이라는 제목하에 교사가 학생들과 함께 어떤 수업을 해 왔으며 이번 수업은 무엇을 염두에 두고 설계하였으니 동료 교사들이 무엇을 중심으로 관찰해 달라고 요청하는 내용을 담고 있다. 두 번째 페이지에는 단원, 제재, 수업 목표, 수업 구성이 간단히 적혀 있다. 나머지 두 페이지에는 학생들에게 배부할 수업 자료와 토론 내용이 첨부되어 있다.

얼핏 보면 불성실한 수업 지도안이다. 그러나 이 간단한 수업 지도안으로도 교사의 수업 구상을 파악하는 데 어려움이 없으며, 교사와 소통하는 데도 큰 불편이 없다. 그 이유는 이 수업 지도안이 교사가 소통하고 싶은 이야기를 중심으로 구성되어 있기 때문이다. 비록 충분하지는 않지만 이 수업 지도안을 통해서 독자들은 교사가 그동안 무엇에 관심을 가지고 수업을 진행해 왔고 학생들은 교사와 어떤 경험을 해 왔으며 그런 경험의 연장선에서 오늘은 무엇을 하려고 하는지 파악할 수 있다. 게다가 친절하게도 오늘 수업에서 무엇을 중심으로 관찰해 달라고 요청까지 하고 있지 않은가? 표주적 지도안에서 관찰자들은 대개의 경우, 명시적 혹은 암묵적 체크리스트를 가지고 교사의 실천을 판단하는 평가자의 역할을 한다. 그러나 이 수업 지도안은 동료 교사들을 교사의 고민과 실천에 대한 대화의 상대자로 초대한다. 이 점이 가장 큰 차이이다. 즉, 이 수업 지도안은 대화와 소통을 전제하고 설계되어 있다. 수업 지도안에는 교실 실천가인 교사의 수업 이야기가 담겨 있으며 교실에 방문하는 손님과 나누고 싶은 메시지들이 존재한다. 교사는 표준적인 형식을 따라서 표준적인 실천을 하는 기능인이 아니라 자신의 수업 세계를 가진 내러티브적인 실천가임을 이 수업 지도안은 암시해 준다.

이제 이야기를 정리해 보자. 이상의 성찰만으로도 수업 지도안 작성을 둘러싼 실천을 비판적으로 검토하고 수업 지도안의 새로운 형식을 모색할 필요가 있다는 데 동의할 수 있지 않은가! 수업 지도안을 새로 쓰는 일은 수업 지도안에 암묵적으로 담긴 지식에 대한 사유, 교수-학습 활동에 대한 생각, 계획과 실행의 관계에 대한 사고, 그리고 수업 참여자인 교사와 학생의 존재에 대한 가정들을 반성하고 재구성하는 활동을 수반한다. 그 반성의 결과로 도달하게 될 지점이 어디인지는 현재로서는 알 수 없다. 그리고 그 결과 우리는 얼마나 다른 수업 지도안을 사용하게 될지도 아직은 열려 있는 미래이다. 다시 말하지만 수업 지도안은 단순한 형식이 아니다. 수업 지도안을 어떻게 쓸 것인가? 그것은 당신이 해결해야 할 익숙하지만 낯선 질문인 셈이다.

수업연구대회 수업은 정말 우수한 수업일까?

— 수업연구대회에 말 걸기

평교사로 정년을 맞는다면 몇 시간 정도 수업을 할까? 어림짐작으로 한번 계산해 보자. 주당 20시간 수업을 한다고 가정하고 1년을 35주로 계산하면 약 700시간이 된다. 15년이면 1만 시간, 30년이면 2만 시간의 수업을 하게 된다. 40년 넘게 교단을 지키는 교사의 경우라면 줄잡아 2~3만 시간의 수업을 하는 셈이다. 어마어마한 시간이 아닌가?

그런데 그 많은 수업을 하는 동안에 동료 교사의 수업을 관찰하는 횟수는 얼마나 될까? 학교마다 좀 다르긴 하지만 연구학교가 아니라면 1년에 한두 차례 수업 공개를 하는 것이 고작이었다. 따라서 동료 교사의 수업을 관찰할 수 있는 기회는 많아야 100시간을 넘어서지 못할 것이다. 교원능력개발평가제도가 도입된 이후 의무적으로 수업을 공개해야 하는 횟수가 늘어나기는 하였지만 사정은 크게 달라졌다고 볼 수 없다. 자발적 수업 공개나 공유에 한정해 보면 한국의 교실은 여전히 고립적이다.[56]

2~3만 시간 VS 100시간! 이 불균형에 대해서 어떻게 생각하는가? 만약 당신이 수업에 대해서 고민하는 교사라면, 그래서 당신의 수업을 개선하고 싶은 진지한 열망을 지니고 있다면 이런 불균형에 문제의식을 느낄 것이다. 수업을 열고 동일한 교과의 내용을 가르치는 수많은 동료 교사들과 함께 소통하지 않고 수업 전문성이 신장되기는 어렵다. 고립된 교실은 수업 전문성의 신장을 가로막는 문화적 장벽이다.

수업 관찰의 새로운 통로

이런 불균형을 해결할 수 있는 길이 있다. 언제부터인가 많은 교육청에서 교사들의 수업 동영상을 인터넷을 통해 제공하기 시작했다. 다른 교사의 수업 실천을 관찰하고 이를 통해 자신의 수업 전문성을 신장해 갈 수 있는 손쉬운 통로가 확보된 셈이다. 그런데 이런 사이트에 탑재된 수업들은 대부분 일상적 수업이 아니라 수업연구대회 수상작들이다. 수업연구대회[57]는 교사들의 수업 능력을 신장시키기 위해서 교육청마다 실시하고 있다. 지역 예선과 본선을 거치는 다단계 심사 과정을 거쳐 우수 수업을 엄격하게 선발한다. 그렇다면 이런 수업 동영상들은 수업에 대해서 고민하는 교사들이 참고할 수 있는 훌륭한 텍스트가 아닐까?

그러나 정작 교사들 사이에는 수업연구대회의 우수 수업 동영상에 대해 회의적인 시선이 적지 않다. 수업연구대회가 승진을 목적으로 왜곡되어 운영된다는 것이다. 또한 보여 주기식으로 진행되는 우수 수업에서 배울 것이 없단다.[58] 정말 그럴까? 수업연구대회 우수 수업들은 좋은 수업일까, 아닐까? 사실 이 질문은 매우 중요한 질문이다. 수업연구대회의 우수 수업은 공식적인 제도적 절차를 통해서 우수하다고 공인된 수업이다. 여기에는 무엇이 우수한 수업인지를 판단하는 장학진의 집단적 안목이 녹아 있다. 만약 우수 수업이 문제가 있는 수업이라면 장학진의 집단적 안목을 신뢰할 수 없다는 이야기가 된다. 그렇게 되면 수업 장학 활동의 타당성은 근본적으로 흔들릴 수밖에 없지 않은가?

이 글은 수업연구대회 우수 수업에 대한 필자의 생각을 적은 글이다. 수업연구대회에 실제 참여한 교사들을 인터뷰하고 우수 수업에 대한 연구 논문과 몇몇 교육청의 우수 수업 동영상을 관찰하여 이 글을 작성하였다. 필자의 해석이 모든 교육청의 우수 수업 사례에 다 적용될 수 있을지에 대한 판단은 독자들에게 맡기고자 한다.

우수 수업 수상자와의
가상 대화

●

먼저 수업연구대회에서 입상한 교사와의 가상 대화를 소개한다. 사실 이 대화는 완전히 허구는 아니다. 1등급 수상 교사와 인터뷰한 내용의 일부를 재구성한 것이기 때문이다. 이 짧은 대화는 독자들이 수업연구대회의 맥락을 이해하는 데 도움을 줄 것이다.

필자 연구대회를 준비하면 주변에서 이런 식으로 준비하라고 하는 조언을 많이 하잖아요. 어떤 말을 많이 듣나요.

교사 우선, 동기 유발을 기발하게 잘해야 한다고 해요. 학생 활동도 남들이 생각하지 못했던 것을 하면 좋고⋯⋯. 그리고 수업 모형, 집단 조직, 수업 목표, 목표에 도달하는 학습 방법, 활동 내용, 형성 평가 등이 한 시간 수업에 다 들어 있어야 해요.

필자 연구대회를 준비하는 과정이 힘들지 않나요?

교사 수업 지도안 짜는 데도 굉장히 시간이 오래 걸려요. 3월 말경에 교육청에서 계획이 나오면 5월에 시·군 대회 하고 6월 중에 도 대회를 거치는데 기간도 오래 걸리고 스트레스도 좀 받는 편이지요. 그리고 아이들과 연습도 해야 하고⋯⋯. 심사위원들이 교사와 학생들의 상호작용을 많이 봐요. 학생들이 교사에게 집중해서 잘 따라오는지를 중요하게 생각해요. 그래서 주변에 있는 사람들이 리허설을 해 볼 것을 권장해요. 똑같은 내용을 우리 반 아이들 데리고 먼저 할 수는 없으니까 다른 반 애들을 데리고 연습하기도 하고, 우리 반에서도 학습 주제는 다르더라도 비슷한 수업 패턴으로 아이들과 수업을 해 보기도 해요. 이런 과정이 힘들다면 힘들지요.[59]

필자 연구대회 준비하는 것을 도와주기 위해서 멘토를 붙여 준다는 말도 있던데.

교사 어떤 교육청에서는 도 대회에 올라간 선생님들께 이전에 수업연구대회에 참여한 선배들을 멘토로 지정해 준다고 하더라구요. 멘토는 수업과 관련된 조언을 많이 해 주고요. 그리고 시·군 대회 끝나고 도 대회를 하기 때문에 최종 대회는 교육청별로 대결하는 의미도 있고 해서 해당 교육청에서 신경을 좀 쓰는 편이에요.

필자 보여 주기식 수업에 대해서 비판하는 목소리도 있던데 어떻게 생각하세요?

교사 사실 그런 면이 좀 있지요. 그런데 수업연구대회는 일상적인 수업을 보여 주는 것이 아니라 가장 이상적인 수업을 보여 주는 대회이기 때문에 어쩔 수 없다고 생각해요.

필자 그렇게 수업연구대회에 참여해서 얻은 성과와 아쉬운 점이 있다면?

교사 남들에게 내 수업을 보여 주는 데 어느 정도 자신감을 갖게 되었어요. 옛날에는 수업을 공개하기가 힘들었는데 지금은 그렇지 않거든요. 수업 준비하는 방법, 아이들에게 효과적으로 발문하는 방법, 전달할 거리를 효과적으로 전달하는 방법에 대해 배웠어요. 그리고 배운 것을 일상 수업에서도 실천하려고 노력해요. 그렇지만 준비하는 과정에서 아이들이 불쌍하다는 생각이 들었어요. 발표 연습도 시켜야 하고 발표 순서도 정해 주어야 하고……. 이런 식으로 리허설을 해야 하니까 아이들이 고생하지요.

필자 수업연구대회를 준비하는 후배들에게 도움이 되는 조언이 있으면 한마디 해 주세요.

교사 좋은 수업안과 수업 동영상을 많이 보라고 권하고 싶어요. 요즘 교육청별로 수업연구대회 동영상들을 올려놓는 사이트들이 있어요. 그런 것을 보면 좋은 수업이 어떤 것인지에 대한 경향을 알 수 있어요.

우수 수업의 전형성 묘사

여기서는 필자가 관찰한 우수 수업의 모습을 묘사해 보고자 한다. 물론, 개별 수업마다 수업이 전개되는 방식에는 다양한 차이가 존재한다. 그럼에도 필자가 관찰한 바에 의하면 상당한 정도의 전형성도 발견된다. 이런 전형성을 드러내기 위해서 하나의 수업을 치밀하게 기술하는 대신에 어느 정도 공통된 특징을 중심으로 우수 수업의 이미지를 전달하고자 한다.

수업 시작을 알리는 종이 울린다. 교사는 다소 상기된 표정으로 아이들을 마주 대한다. 칠판은 깨끗하게 지워져 있고 학습 문제 혹은 목표를 알리는 코팅지가 붙어 있다. 교사는 전시 학습을 간단히 확인한 후 동기 유발 자료를 보여 준다. 동기 유발 자료는 대부분 동영상 자료이다. 요즘은 학습자와의 친화성을 고려해서 학생이 주인공으로 나오는 UCC 자료가 많이 등장한다. 동영상을 보고 나면 교사는 학생들에게 오늘 배울 학습 문제에 대해 질문한다. 교사가 직접 학습 문제를 제시하지 않고 학생들로부터 학습 문제를 끌어내는 것이 요즘의 추세인 모양이다.

 이어서 교사는 학습 문제를 해결하기 위해 수행될 오늘의 활동을 안내한다. 세 가지 활동 과제를 수행하는 것이 일반적이며, 두 가지 혹은 네 가지 활동 과제가 수행되는 경우도 있다. 학생들은 모둠별로 활동 과제를 수행한다. 그리고 교사는 TV 모니터에 타임워치를 표시하여 학생들이 주어진 시간 안에 학습 활동을 끝내는지를 통제한다. 학생들이 활동 과제를 수행하고 나면 이어서 발표를 한다. 발표는 모둠별로 이루어진다. 발표의 방식은 상당히 다양하다. 어떤 모둠은 설문 조사 결과를, 어떤 모둠은 실험 결과를, 어떤 모둠은 탐구 결과를 발표한다. 모둠 발표가 진행되는 동안에 다른 모둠의 학생들은 "잘했다"고 칭찬하는 박수를 친다. 이렇게 활동 과제 1이 끝나면 활동 과제 2가 진행된다.

 수업의 마지막은 형성 평가이다. 형성 평가는 다양한 형식으로 이루어진다. 일부 수업에서는 형성 평가가 수준별로 이루어진다. 교사는 기본, 보충, 심화 학습지를 별도로 나누어 주고 학생들이 수준에 따라 다른 과제를 수행하기도 한다. 그리고 오늘 자신이 수업에 열심히 참여했는지를 묻는 자기평가를 하기도 한다. 모든 활동이 끝나면 교사는 마지막으로 다음 시간에 무엇을 배울 것인지에 대한 차시 예고를 한다. 차

시 예고를 전후하여 수업을 마치는 종이 울린다.[60]

우수 수업의 형식적 공통성을 간략히 묘사해 보았다. 다음 이야기로 넘어가기 전에 한 가지만 언급하고자 한다. 우수 수업에서는 한국 수업의 일상성을 찾기가 어렵다는 점이다. 그동안 교실수업을 관찰한 연구들은 대부분 한국 수업의 특징을 '전달하는 교사'와 '수동적인 학습자'의 이미지로 그려 내고 있다. 그 배후에는 교과서 진도를 나가야 하고 시험도 대비해야 하는 입시 문화의 현실이 존재한다. 교사 중심의 전달식 수업은 교사가 이런 상황 맥락에서 선택할 수밖에 없는 일종의 최적화 전략이라는 이론적 설명까지 나와 있다.[61] 수업에 대한 이런 기존의 이미지와 비교해 볼 때 수업연구대회 우수 수업은 전혀 다른 모습이다.

우수 수업을
선발하는 눈

수업연구대회 우수 수업에는 어떤 수업이 우수 수업인지를 규정하는 우리 시대 장학진의 집단적 눈이 담겨 있다. 그 눈은 한 시대의 수업 문화를 규율하는 문화적 코드이기도 하다. 필자는 그것을 몇 가지 언어로 잠정적으로 개념화해 보고자 한다.

첫째, 교사의 노력과 정성을 중시하는 눈이다. 우수 수업에 뽑히기 위해서는 엄청난 노력과 정성을 들여야 한다. 수업안을 자세히 작성하여 제출하는 데도 많은 시간이 필요하다. 학습 문제와 활동 과제를 안내하는 코팅지에서부터 시작해서 수업 동기 유발 동영상이나 UCC 자료 등 자료 제작에도 많은 노력이 필요하다. 평소 모둠 학습을 잘 안 하는 학급이라면 모둠 학습 훈련도 시켜야 하고 유사한 형태로 수업도 해 보아야 한다. 이런 유무형의 준비 시간을 합치면 실로 어마어마한 시간이 소요된다.

이런 준비 상황은 하루에 적게는 3~4시간, 많게는 5~6시간 이상 수업을 진행하는 교사의 일상에 비추어 보면 지극히 비현실적이다. 그러나 "수업연구대회는 이상적 수업을 제시해야 한다"는 일종의 강박이 수업 관찰자의 시선 속에 강하게 자리 잡고 있다. 그리고 이런 수업 관찰자의 시선은 수업을 준비하는 교사에게 고스란히 전달된다. 노력과 정성을 많이 들여라!

둘째, 표준을 강요하는 눈이다. 얼핏 수업연구대회는 교사의 창의적 수업 아이디어를 장려하는 듯이 보인다. 참여 교사들도 그런 심리적 압박을 많이 받는다. 그럼에도 필자는 수업연구대회 수업들에서 상당한 유사성을 발견한다. 그것은 필자뿐 아니라 많은 교사들도 은연중에 자각하고 있는 바이다. 예를 들어, 필자는 교사 연수를 할 때 가끔 수업연구대회 수업 동영상의 장면 한 컷을 보여 주고 "이 수업이 일상적 수업이라고 생각하시나요, 수업연구대회 수업이라고 생각하시나요?"라는 질문을 한다. 이 질문에 대해서 오답을 말하는 교사는 거의 없다. 40~50분 동안 진행되는 수업의 단 한 장면만으로

도 교사들은 이 수업이 수업연구대회 출품작임을 어떻게 간파할까? 학습 문제와 활동 과제가 색상지나 코팅지로 인쇄되어 단정하게 붙어 있는 칠판을 배경으로 모둠 배치로 활동하는 학생들의 모습! 그 장면을 보면 교사들은 자연스럽게 수업연구대회를 떠올린다. 수업연구대회 수업들의 놀라운 형식적 유사성! 그것은 관찰자의 시선이 동일한 구조와 형식을 강요하기 때문에 나타나는 현상이 아닐까?

셋째, 수업을 쪼개서 보는 분석적인 눈이다. 수업연구대회 수업들은 대부분 한 시간 수업으로서 자기 완결성을 지니고 있다. 즉, 우수 수업은 40~50분 동안에 '전시 학습 상기 – 동기 유발 – 학습 목표 상기 – 교사 설명 – 학생 활동 – 형성 평가 – 차시 예고' 등 수업이 구현해야 할 형식적 요소들을 모두 포함하고 있다. 만일 특정한 수업 모형을 채택하고 있는 경우라면 수업 모형의 각 단계들도 한 시간 수업 속에서 대부분 실현된다. 이 중 한두 요소가 빠지면 좋은 수업이 아닌 것으로 간주된다. 따라서 이 모든 요소들을 가급적이면 정해진 시간 안에 실행해야 한다.

한 시간 수업이 자기 완결성을 갖는 것은 중요하다. 그러나 더 중요한 것은 교사가 진행하는 일련의 수업에서 단위 수업이 차지하는 유의미성이다. 즉, 수업의 의미는 한 시간 수업 내에서 폐쇄적으로 결정되기보다는 교사가 긴 호흡으로 진행하는 연속적 수업에서 해당 수업이 차지하는 위상에 의해서 결정된다. 예를 들어, 탐구 수업을 할 때 가설을 설정하는 작업만으로 한 시간 수업이 온통 소진될 수도 있다. 당연히 이런 수업에서는 "전시 학습에서 차시 예고"로 이어지는 수업의 형식적 완결성이 구현되지 못한다. 그렇지만 이 수업에서 실현되지 못한 내용과 절차가 이후 진행되는 일련의 수업을 통해서 충족될 수 있다면 이 수업을 실패한 수업이라고 보기 어려울 것이다.

한 시간 수업의 자기 완결성만을 강조하면 교사의 호흡이 가빠질 수밖에 없다. 예를 들어 도입부만 생각해 보자. 전시 학습 확인하고 동기 유발 동영상 보여 주고 학생들이 이번 시간의 학습 주제를 스스로 떠올리도록 질문을 제기하고 뒤이어 학습 문제와 활동 과제를 제시하는 등의 활동이 숨 가쁘게 진행되어야 한다. 수업 종결부는 또 어떤가? 형성 평가를 위해 보충 혹은 심화 학습지를 나누어 주고 차시 예고도 해야 한다. 또 시간이 되면 학생들이 자신의 학습 활동을 점검하는 메타인지 전략까지 도입해야 한다. 왜 교사들은 이렇게 바쁘게 수업해야 할까? 수업 관찰자의 머릿속에 수업의 모든 요소들의 존재 유무와 충실성을 체크하는 분석 틀이 내재해 있기 때문이다. 그리고 이런 관찰자의 요구를 따라서 수업자 또한 그 많은 수업 요소를 단위 시간 내에 힘겹게 구현해야 한다. 어쩌면 한국 교사들은 한 시간의 공개수업에서 100년이 넘는 근대 교육학에서 좋다고 증명된 교수법들을 모두 구현해야 하는 형벌을 받고 있는 것은 아닐까?

넷째, 학습자의 경험보다는 교사의 수업 테크닉을 보는 눈이다. 필자는 이 글을 쓰기 위해서 우수 수업 동영상 여러 편을 관찰하였다. 그런데 카메라의 각도나 방향이 고정되어 있는 수업들이 제법 눈에 띄었다. 마치 먼발치에서 흐릿한 피사체를 잡고 있는 느낌이랄까? 해상도 낮은 화면을 통해 교사가 설명하는 모습과 학생들이 발표하는 모습이 쉼 없이 전개된다. 그런데 수업 동영상을 보고 있으면 왠지 답답하다. 학생들이 잘 보이지 않기 때문이다. 물론, 학생들이 교실 앞에 나와 모둠 발표를 하는 장면은 잘 드러난다. 그러나 모둠 발표를 준비하기 위해서 학생들이 모둠 내에서 진행하는 대화와 토론의 과정을 클로즈업시키는 촬영자는 많지 않다. 숨기고 싶은 비밀이라도 존재하는 것마냥 카메라는 학생들의 모둠 활동을 멀리서만 조망한다. 그리고 그런 카메라의 시선에 학생들의 생생한 얼굴과 표정이 잡히는 경우는 드물다.

이런 동영상 화면을 보면서 필자는 문득 카메라의 시선이야말로 수업을 보는 관찰자들의 시선이 아닐까 생각해 본다. 학습자에게 일어나는 학습 경험에 무심한 채 교사의 수업 진행에만 초점을 두는 시선! 거기에는 교사의 일거수일투족 수업 기법은 오롯이 담겨 있지만 학생들의 모습은 잘 보이지 않는다. 어떤 수업 동영상에는 학생들의 뒷모습만 보인다. 가장 중요한 것을 화면 밖으로 밀어내는 카메라의 시선은 곧 관찰자의 시선인가?

이 네 가지 수업 관찰의 문화적 코드들에는 각기 수업을 다르게 바라볼 수 있는 대립항이 존재한다. 가르침과 배움의 예측 불가능성을 알고 재즈 연주자처럼 수업을 연주하는 즉흥성의 가치를 볼 수 있는 눈, 관습적 표준을 넘어서는 창의적 실천의 가치를 간파할 수 있는 눈, 수업을 쪼개서 분석하는 대신에 수업 전체를 관통하는 종합적 아우라aura를 읽어 낼 수 있는 눈, 그리고 무엇보다도 교사의 소소한 수업 테크닉이 아니라 학습자의 학습 경험의 진정성에 관심을 두는 눈은 네 가지 문화적 코드와는 전혀 다른 눈이다. 이런 관점으로 수업을 바라보면 수업이 전혀 새롭게 보이지 않을까?

우수 수업에서 진정으로 보고 싶은 것

무엇이 좋은 수업인지에 대한 고정불변의 답은 존재하지 않는다. 좋은 수업에 대한 정의는 한 시대의 상황 맥락을 반영하는 문화적인 성격을 지닌다. 여기에는 좋은 교육에 대한 한 시대의 상식과 교육학적 성취가 함께 녹아 있다. 그것은 존중되어야 할 전통인 동시에 비판적 성찰을 통해서 끊임없이 갱신되어야 할 잠정적인 표준이다. 따라서 수업연구대회 우수 수업이 어떤 의미에서 우수한 수업인지에 대해 묻는 것은 우리 시대의 성취를 이해하는 동시에 이를 넘어서기 위해 필요하다. 수업연구대회 우수 수업은 어떤 의미에서 좋은 수업인가?

우리 시대의 교육적 혹은 교육학적 표준에 비추어 볼 때 교사가 일방적으로 진행하는 수업, 지식 암기와 문제 풀이 위주로 이루어지는 수업, 조용한 학생들이 칭찬과 보상을 받는 수업, 필기와 경청만 주요한 학습 활동으로 일어나는 수업이 좋은 수업이 아닌 것은 자명하다. 수업연구대회 우수 수업에서는 이런 부정적인 수업의 특징이

나타나지 않는다. 대신에 다른 특징들이 나타난다. 예컨대, 교사가 전달하는 시간보다 학생들이 활동하는 시간이 많다. 일제식 수업 대신에 다양한 형태의 모둠 활동이 나타난다. 다양한 시청각 자료가 등장하며 보충 활동이나 심화 활동과 같이 학습자의 특성을 고려하는 개별화 수업도 간간히 등장한다.

이런 수업연구대회 우수 수업의 모습은 한국 학교의 일상을 지배하는 수업과 정확히 대립되는 특성을 보인다. 암기·주입식, 교과서 해설식, 문제 풀이식 수업과 같은 일상 수업의 흔적을 수업연구대회 수업에서는 발견하기가 어렵다. 한국 수업의 고질적인 병폐들을 일거에 제거해 버린 수업 실천들! 이런 현상은 역설적으로 한국 교사들이 스스로 일상의 수업 실천을 정당화하지 못하고 있음을 방증한다. 진도를 나가야 하고 입시를 대비해야 하는 한국의 구조적 현실 때문에 어쩔 수 없이 이런 식으로 수업을 할 수밖에 없다는 많은 교사들의 볼멘 목소리가 들리는 듯하다. 현실에서 실현될 수 없는 무의식의 욕망이 꿈을 통해 발현되듯이 교사들은 이상적인 수업에 대한 열망을 수업연구대회를 통해 발현하고 있는지도 모른다. 수업연구대회 수업들은 그런 의미에서 한국 교사들이 실현하고 싶은 심층 욕망이자 무의식이 아닐까?

그런데 우수 수업을 관찰하고 있노라면 마음이 그다지 편하지 않다. 현실 수업의 비교육적인 측면을 말끔히 해소한 듯이 보이는 수업에서 정작 별로 감동을 받지 못한다. 동시에 저런 식으로 우리 수업을 바꾸어야겠다는 희망이나 열의도 생겨나지 않는다. 우수 수업이 필자에게 주는 느낌은 공허감과 위태로움이다.

왜 공허한가? 이상이 현실에 발을 딛고 있지 않기 때문이다. 저 높은 하늘에 영롱하게 빛나는 별의 이미지. 그런데 그 별로 나아갈 수 있는 어떤 사다리나 도약대도 존재하지 않는 막막함. 그러므로 그 별의 이미지는 허구요 가식이며 거짓 위안이다. 우리 모두는 이 퍼포먼스의 허구성을 안다. 사람들에게 현실 개선의 전망을 제공하는 것은 찬란하게 빛나다가 흔적도 없이 사라지는 가상의 이미지들이 아니다. 현실의 제약을 온몸에 지닌 채 그것들과 싸우면서 힘겹게 한 발 한 발을 내딛는 현실의 의미 있는 실천들이다. 철학자 김진석의 표현을 빌면 그것은 허공에 떠 있는 초월의 상상이 아니라 현실에 부단히 부딪치면서 미래를 힘겹게 열어 가는 포월匍越의 고통이다.[62] 그런 의미 있는 실천들을 현실 속에서 모색하는 교사들의 수업 장면을 우리 수업연구대회에서는 볼 수 없는 것인가?

왜 위태로움을 느끼는가? 수업연구대회 우수 수업들은 따라야 될 하나의 전형 역할을 한다. 이 수업들이 전형으로서 가치를 지니는가 하는 문제는 그것을 현실에서 구현할 수 있느냐 없느냐 하는 문제와 별개로 중요하다. 그런데 우수 수업의 교육적 가치는 위태롭다. 구조적 형식면에서 볼 때 이 수업들은 자기 완결성을 가지고 있다. 앞에서도 언급했지만 전시 학습 상기에서 형성 평가에 이르기까지 효율적 수업이 갖추어야 할 요소들을 빠짐없이 지니고 있다. 그런데 왜 이 수업들이 위태해 보일까? 이런 수업들이 가장 핵심적인 질문을 무시하거나 부차적인 것으로 취급하기 때문이다.

그 질문은 무엇인가? 가장 핵심적인 질문은 학습자들에게 진정한 의미에서 학습이 일어나고 있는가이다. 이 질문은 수업에 대한 다른 모든 질문을 압도하는 근원적인 것이다. 우수 수업에서 필자가 본 학습자들은 효과적인 수업 기법을 교사가 완벽하게 연기하는 동안에 정해진 각본을 힘없이 따라가는 풀 죽은 연기자에 가까웠다. 필자의 생각이 과도한 선입견이자 편견이라고? 그럴지도 모른다. 그러나 다시 묻고 싶다. 우수 수업에서 볼 수 없는 장면이 무엇인가? 그것은 우발성과 즉흥성이다. 학습 주제에 대한 원초적인 흥미 때문에 사전에 전혀 예상치도 못했던 질문을 교사에게 제기하는 발랄한 학생들의 모습이 보이는가? 혹은 그런 질문들을 즐기며 기지와 재치로 반응해 가는 교사의 모습은 관찰되는가? 이런 각본 없는 학습 활동이 가지는 도발과 자극과 재미가 관찰자에게도 오롯이 전달되는 체험을 해 본 적이 있는가?

그런 수업을 보는 것이 가능하려면 수업 관찰자의 눈부터 바꾸어야 한다. 그것은 표준을 강요하는 눈이 아니라 교사의 창의적 실천을 허용하는 눈이어야 한다. 수업을 분석적으로 난도질하는 좁은 의미의 과학적 눈이 아니라 수업의 총체성을 온전히 평가할 수 있는 통섭적 시선이어야 한다. 현실 수업에서는 도저히 불가능한 정성과 노력을 강요하는 눈이 아니라 일상성에 기반한 의미 있는 실천을 발견할 수 있는 안목이어야 한다.

무엇보다도 교사의 시시콜콜한 수업 기법이 아니라 학습자의 경험 세계를 경청하고 이들의 내면에서 일어나는 변화와 성장의 의미를 깊게 이해할 수 있는 눈이 필요하다. 고착화되고 화석화된 시선으로 동료 교사의 수업을 판단하는 낡은 전문성을 버리고 수업을 보는 자신의 눈을 끊임없이 성찰하며 갱신하는 새로운 자세가 우리에게는 필요하다. 언제쯤 탐구와 학습의 즐거움을 느끼는 학생들의 살아 있는 눈망울과 생생한 숨결이 존재하는 수업을 우리 수업연구대회에서 만날 수 있을까?

교실수업을 비교육적으로 만드는 주범이 과연 대학 입시일까?

— 평가 제도와 수업 방식의 관계

한국의 교실수업을 비교육적으로 만드는 주범이 무엇이냐 물으면 사람들은 머뭇거리지 않고 대학 입시를 이야기한다. 대학 입시 때문에 교과서를 달달 외우는 주입식 공부를 해야 하므로 교실에서 교육다운 교육을 하기 어렵단다. 대학 입시 제도는 고등학교 교육을 파행적으로 만드는 것으로 그치지 않는다. 고등학교 교육은 중학교 교육에 영향을 미치고 중학교 교육은 다시 초등학교에 연쇄적인 영향을 미친다. 이것이 우리가 생각하는 교실수업과 대학 입시 간의 관계이다. 물론 여기에 더하여 전국적으로 실시되는 학업성취도평가가 문제 풀이식 수업을 더욱 강화하는 촉매제 역할을 한다.

그런데 교실수업과 대학 입시 간의 관계가 정말로 그렇게 자명할까? 이를 의심하기 위해서 이런 질문을 한번 해 보자. 대학 입시 제도를 바꾸어서 주입식 공부가 불필요한 문제를 내면 초·중등학교 수업이 자동적으로 변할까? 많은 사람이 그렇다고 대답할 것이다. 그러나 필자는 이 점에 대해서 다소 회의적이다. 많은 교실의 수업 방식이 교과서 진도 나가기나 시험문제 풀이를 탈피하지 못하는 것은 그 방식이 대학 입시 문제를 푸는 데 효율적이기 때문일까? 아니면 교사나 학부모나 학생들이 관성적으로 그렇게 생각하기 때문일까? 우리는 현재의 대학 입시에도 별로 도움이 되지 않는 수업 방식을 고수하면서 대학 입시를 방편 삼아 그것을 정당화하고 있는 것은 아닐까? 이 문제를 해명하려면 한국 교실수업 방식과 평가 제도의 관계에 대해 좀 더 면밀히 검토할 필요가 있다. 이 글에서는 이 문제를 중심으로 교실수업과 평가 제도의 관계를 살펴보고자 한다. 그 전에 이 질문에 대해 대답해 보라. 학교 시험, 대학수학능력시험, 대학별고사 중에서 어느 것이 가장 나쁜 시험일까?

과거제도와
금의환향의 신화

한국의 입시 공부에 대한 열기를 이해하려면 멀리 과거제도에까지 거슬러 올라가야 할지도 모른다. 주지하다시피 과거제도의 기원은 중국이다. 중국은 일찍이 과거제도를 도입함으로써 선발에 바탕을 둔 관료 제도를 정착시켰다. 이 때문에 김경용 같은 학자는 과거제도라는 공개경쟁 국가고시 제도는 인류 사회에 근대적 질서를 전파시킨 진앙이었으며 합리적 사회질서의 표본이라고까지 주장하였다.[63] 서구에서 과거제도에 비견할 만한 공무원 고시·임용 제도는 19세기 중반 이후 비로소 등장하였다. 의회 민주주의의 본산이라고 할 수 있는 영국에서 20세기 말까지 상원의원 전체 1,165명 중 759명이 세습 의원이었다는 사실을 상기해 보자. 시험을 거쳐서 능력 있는 인재를 선발하는 제도 자체가 존재하지 않았던 당시 서양 사회의 눈으로 볼 때 문화적 교양을 갖춘 인재를 선발하는 중국의 과거제도는 매우 충격적인 제도였다. 마테오 리치Matteo Ricci와 같은 서양 선교사들이 중국의 과거제도를 보고 큰 충격을 받았다고 한다.

이러한 중국의 과거제도는 고려 때 우리나라에 수입되어 조선조에는 가장 중요한 관리 선발 방식으로 자리 잡는다. 조선시대에는 원론적으로 평민도 과거에 응할 수 있었다. 실제로 과거제도가 얼마나 개방적으로 운영되어 신분 상승에 기여했는지에 대해서는 여러 의견이 있다. 그렇지만 과거제도가 지녔던 원칙이나 실제 운영으로 미루어 보건데 일거에 지위 변동을 추구하기는 힘들지만 몇 세대에 걸친 점진적인 지위 변동은 얼마든지 가능했다고 볼 수 있다. 장원급제하여 금의환향한 후 원수를 갚거나 잘못을 바로잡는 일이 현실적으로 전혀 불가능한 일이 아니었던 셈이다. 그리고 이런 이야기들이 민간에 유포되어 과거를 통한 입신양명이라는 원형적 사고를 일찍부터 유행시켰다고 볼 수 있다.

과거제도에서 염두에 두어야 할 것은 시험문제의 형식이다. 부, 표, 책과 같은 과거제도의 형식은 모두 오늘날과 같은 객관식 시험 형태가 아니었다. 특히 과거 시험의 최종 합격자 33인을 대상으로 하는 책문策問은 지식이나 이론 위주의 시험이 아니라 얼마나 적절하고 실효성 있는 정책 건의서를 제시하여 실제 정사에 도움을 줄 수 있는지를 점검하는 것이었다. 예컨대, 책문에 제시되는 문제는 '지금 가장 시급한 나랏일은 무엇인가', '정벌이냐, 화친이냐', '교육이 가야 할 길은 무엇인가', '법의 폐단을 고치는 방법은 무엇인가', '6부의 관리를 어떻게 개혁해야 하는가' 등과 같이 정치 현안을 묻고 답하는 내용이다. 책문의 내용을 분석한 김태완은 책문이 단순한 선발 시험에 대한 답안이 아니라 젊고 싱싱한 넋을 가진 지식인이 시대의 부름에 대답하는 주체적인 결단의 절규이며 한 시대의 주인공으로서 지금까지 갈고 닦은 실력과 꿈과 야망을 펼치기 위해 이제 막 첫발을 내딛는 한 젊은이의 청사진이기도 하다고 평가하고 있다.⁶⁴

객관식 문제와
신한국인의 등장

과거제도와 달리 근대 공교육 제도의 학교 시험은 객관식이다. 객관식 문제의 등장은 측정과 평가의 과학화라는 근대 교육학의 흐름과 밀접한 관련이 있다. 측정과 평가에 관한 이론 발달은 다양한 문제 유형과 통계 기법을 결합하여 인간의 능력을 계량화하는 것을 가능하게 하였다. 그런데 이 객관식 문제는 한국 사회의 근대화와 관련하여서도 매우 중요한 의미를 지닌다. 이어령 교수는 '사지선다형 인간'이란 글에서 한국인들은 객관식 문제를 경험하면서 신한국인이 되었다고 갈파하고 있다. 다른 말로 표현하면, 한국인들은 객관식 문제를 통해 비로소 근대를 경험했다. 이어령의 글을 직접 인용해 보자.

쇠가 용광로의 불 속에서 나온 것처럼 신한국인은 입시 경쟁의 도가니에서 태어난 사람들이다. 그러니까 입시 지옥은 신한국인의 본적지가 되는 셈이다. 비록 지옥이란 말이 붙어 있기는 하나 그 치열한 입시 경쟁은 한국인이 역사상 최초로 경험한 공정하고도 공개적인 경쟁이었다. 옛날에도 우리나라에는 과거라는 것이 있었잖느냐고 말할 사람도 있겠지만 그것은 요즈음 말로 "○○○을 논하라" 식의 주관식 출제여서 채점 기준이 애매했고 그나마도 신분이나 출신 가문에 의해 응시 자격이 엄격하게 한정되어 있었다. (……) 거기에는 모략도 없고 정실도 없다. 누가 채점을 해도 한 점의 차이가 있을 수 없고 누가 쳐도 예외가 인정될 수 없다. 그래서 어떤 권력으로도 이 완강한 ○×의 자물쇠만은 부술 수 없었다. 헌법을 고칠 수는 있어도 시험문제의 오답을 정답으로 고칠 수는 없었다. 애매성이 조금이라도 생기면 그 유명한 무즙 사건 같은 것이 일어나는 것이다.[65]

다소 과장된 표현이기는 하지만 이어령 교수가 전달하려고 하는 바는 명확하다. 객관식 시험 형식은 과거의 신분적 질서를 깨고 누구에게나 공정한 사회적 선발 장치를 가능하게 하였다. 부자와 빈자, 남자와 여자, 도시 사람과 시골 사람의 구별이 객관식 시험에서는 존재하지 않는다. 어떤 사회적 신분이나 지위와 상관없이 객관식 시험에서 정답을 더 많이 맞히는 사람이 좋은 대학에 들어간다. 따라서 이런 근대적 시험 제도는 한국인들이 과거에 전혀 경험하지 못했던 것이다.

식민 통치와 한국전쟁을 통해서 과거의 관행과 전통이 거의 무너지고 모두가 맨땅에서 출발해야 하는 시점에 한국인들은 이 객관식 시험의 공정성에 목을 맸다. 입시 제도의 정답에는 다른 부정이 절대 개입해서는 안 된다. 오죽했으면 서슬 푸른 군사 정권이 헌법은 고칠 수 있어도 입시의 정답은 고칠 수 없다고 했을까? 1960년대 중학교 입시 문제에서 발생했던 '무즙 사건'이나 '창칼 사건'은 공정한 시험에 대한 대중적 열망이 표출된 대표적인 사건이라고 할 수 있다.[66]

학생이나 학부모의 편에서 보면 객관식 문제의 공정한 관리는 사회적 선발 장치의 신뢰성을 담보하는 장치였다. 그런데 대중의 이러한 요구는 시험을 관리하는 국가의 요구와도 잘 맞아떨어졌다. 국가는 객관식 시험의 정답을 통해서 학생들에게 전달되는 지식을 손쉽게 통제하고 관리할 수 있었다. 전 거창고 교장 전성은의 다음과 같은 언급은 국가가 교과서를 통해 객관식 시험에 출제되는 정답을 관리하는 이유를 잘 드러내고 있다.

국가가 주관하는 시험에서는 교과서에 나온 것이 정답이다. 정답의 독점은 암기식 수업을 낳고 암기식 수업은 주입식 교습 방법을 가져온다. 주입식 수업은 교사의 학생에 대한 지배 권위(존경 권위가 아닌)를 필요로 하고 학생에 대한 교사의 권위주의는 상명하복의 학교 문화를 만든다. 상명하복의 학교 문화는 상명하복의 정치, 경제, 사회, 문화를 낳으며 악순환을 되풀이한다. 이 악순환의 되풀이는 통치 집단에게 절대로 유리한 문화다.[67]

교과서에 나오는 것이 정답이기 때문에 이어령이 '사지선다형 인간'에서 예를 들고 있는 "'우리나라를 빛낼 일을 하려면 어떻게 해야 할까요?' ① 열심히 공부합니다. ② 용돈을 많이 씁니다. ③ 만화책을 읽습니다. ④ 열심히 장난을 칩니다"와 같은 문제가 가능하다. 그리고 전성은의 지적처럼 국가가 교과서를 통제하고 거기서 출제되는 시험을 통해 정답을 독점함으로써 상명하복의 학교 문화를 통해 지배 권력에 유리한 문화가 재생산된다.

대학수학능력시험과 객관식 문제의 진화

사회적으로 공정한 선발 장치가 꼭 교육적으로 바람직한 것은 아니다. 사지선다형의 학력고사는 교과서 위주의 주입식 교육을 만연

교실수업을 비교육적으로 만드는 주범이 과연 대학 입시일까?

시키는 부작용을 가져왔다. 그러나 학력고사는 초기 산업사회의 경제성장 단계에 적합한 단순 노동 인력을 길러 내는 데 순기능을 하였다. 교과서만 열심히 공부하면 학력고사를 충분히 잘 준비할 수 있었기 때문에 부모의 사회경제적 영향도 적게 받았다. 따라서 개천에서 용이 나는 것이 가능했다. 지방 고등학교들도 두각을 나타냈다.

그러나 한국이 초기 자본주의에서 고도 산업자본주의로 변모하기 시작한 1980년대 후반에 들어서서 학력고사식의 공부는 점차 한국 사회가 필요로 하는 인력을 길러 내는 데 실패한다. 따라서 교육정책을 입안하는 자들은 이를 개선하기 위한 방안을 모색하는데 그중의 하나가 대학수학능력시험의 등장이다. 이 시험의 등장은 1987년 교육개혁심의회가 대학학력고사를 대학교육적성시험으로 대체하자고 제안하면서 출발했다. 이후 대학교육적성시험의 성격에 대한 여러 학자들의 연구가 진행되었고 그중에서 박도순 교수의 견해가 채택이 되었다.[68]

그는 대학교육적성시험이라는 단어가 가지는 혼란을 피하기 위해서 대학수학능력시험이라는 명칭을 제안한다. 이 시험은 "대학교육 수학에 필요한 학업 적성을 측정하기 위하여 통합 교과적, 탈교과서적으로 고등학교 교육과정의 수준과 내용에 맞추어 고차적인 사고력을 측정하는 발전된 학력고사"로 개념화되었다. 여기서 주목할 것은 '통합 교과적', '탈교과서적', '발전된 학력고사' 등의 용어이다. 이 용어들은 모두 암기 위주 교육을 바꾸겠다는 생각과 연결되어 있다. 교과의 벽에 갇힌 교육, 교과서를 밑줄 치고 암기하는 수업 방식, 지식의 주입과 같은 관행화된 교육 방식을 바꾸어 보고자 했던 것이다. 그리고 그 시험이 실시된 초기에는 학교교육에 상당한 충격을 주기도 하였다.

그러나 대학수학능력시험은 학교교육의 변화를 가져오지 못했다. 교사들이 새로운 시험문제에 따라 교실수업을 변화시키는 속도에 비해서 참고서 시장이나 사교육 종사자의 적응 속도가 훨씬 빨랐다. 수능시험은 '박사 과외'와 같은 새로운 유형의 과외를 탄생시켰으며 월 1천만 원대 이상의 수입을 올리는 입시 기술자들이 등장했다.[69] 이렇게 사교육 시장이 탄력적으로 적응하는 동안에 교사들의 수업 방식은 이 제도의 도입이 의도했던 조사, 탐구, 토론과 같은 새로운 수업 방법으로 바뀌기보다는 수능형의 좀 더 비싼 새로운 참고서와 문제집을 풀어 주는 것으로 수렴되어 갔다. 새로운 평가 방식의 도입은 새로운 수업 방식을 잉태하지 못했다.

국가고시의 출제 관행에 대하여

여기서 잠시 입시 문제와 제도 자체에 대한 논의에서 출제 관리 방식으로 눈을 돌려 보자. 한국의 거의 모든 국가고시는 출제위원을 일정한 기간 동안 격리해서 문제를 출제한다. 문제 은행식의 출제 방식이 논의된 적도 있지만 아직 모색 수준에 그치고 있다. 이유는 여러 가지가 있다. 몇 가지만 언급해 보겠다. 첫째 문제의 보안 관리이다. 문제 하나로 당락이 결정되는 현실에서 시험문제를 잘 관리하는 것은 중요한 사회적 과업이다. 오답이 생기거나 문제가 유출되면 교과부 장관이나 평가위원장이 사과를 해야 하고 심한 경우 경질도 되는 상황에서 문제 은행식 출제는 꿈도 꾸기 어렵다. 그래서 국가고시 출제자들은 일정한 장소에 갇혀서 보안업체가 삼엄하게 외곽 경비를 서는 상태에서 출제 업무를 수행한다.

격리해서 출제하는 까닭이 보안 관리에만 있는 것은 아니다. 문제의 질을 관리하고 수준을 유지하기 위해서도 필요하다. 전문가들을 격리 합숙시키면서 출제하는 또 다른 이유를 짐작하게 된 것은 필자가 출제위원을 하면서다. 꽤 오래전에 수학능력시험을 처음 출제하게 되었을 때 필자는 상당한 충격을 경험하였다. 학교 중간·기말고사의 경우 하루에 20~30문제도 어렵지 않게 출제할 수 있었다. 이와 비교하여 수능 출제의 경우 겨우 3~4문제를 출제하면서 끙끙거리게 되었다. 그런 자신을 발견하는 것은 묘한 체험이었다. 이 경험을 통해서 대학수학능력시험과 같은 객관식 문제를 출제하는 데는 상당한 전문성이 필요함을 새삼 깨닫게 되었다.

일반적으로 학교 시험은 정답의 근거를 교과서에서 찾는다. 제시문도 교과서에 있는 것을 주로 활용한다. 그러나 대학수학능력시험의 경우 교과서가 정답의 근거가 될 수 없는 경우가 많다. 그 분야의 전문가들이 보아도 이견이 없는 문제를 출제해야 하는 것이다. 오답

없는 시험문제를 출제하는 것은 언어의 불명료성을 제거해 가면서 내용의 오류도 발생하지 않게 해야 하는 어려운 작업 과정이다. 사실 이런 문제 출제의 어려움은 대학수학능력시험의 형식에 본질적으로 내장되어 있다. 객관식 시험은 일반적으로 단순한 사실이나 지식을 확인하는 데 유용한 시험이다. 그러나 대학수학능력시험은 사고력을 측정하는 것을 지향한다. 즉, 객관식 문제 형식이 담보하기에 버거운 과업을 수행하고 있는 셈이다. 현실은 다양한 관점과 이해가 충돌하는 세계이며 이런 복잡성을 가능한 한 배제하고 누구나 수긍할 수 있도록 문제를 정제해 가는 과정은 불가능에 가까운 작업에 속한다. 그것은 탁월한(?) 출제 능력이 수반되어야 가능한 일이다. 물론, 대상 세계가 비교적 잘 정돈되어 있는 수학이나 과학 영역에 비해서 사회나 국어 영역이 출제하는 데 어려움이 더 크다. 그중에서 언어 영역이 으뜸이다. 언어 영역 출제자들의 작업은 항상 다른 영역에 비해 늦게 끝난다.

어쨌든 대학수학능력시험은 객관식 시험의 한계 내에서 나름대로 고차적인 사고력을 측정할 수 있는 가능성을 현실로 구체화시켰다. 그럼에도 객관식 문제라는 근본적인 한계는 남는다. 학생들은 여전히 누군가가 구획한 영토 내에서 정답을 찾아가야 한다. 창의적 인간에게 요구되는 능력, 즉 스스로 문제를 제기하고 해답을 찾아가는 능력, 다양한 이견들이 노출되는 세상에서 논리적인 근거를 가지고 좀 더 적합한 답을 찾아가는 능력들을 함양하기에는 한계가 있다. 게다가 객관식 문제인 이상 정답과 오답이 분명하다. 이로 인해서 학생들은 하나의 정답이 존재한다는 경직된 사고를 은연중에 학습한다. 이런 한계에 대한 고민들은 수행평가(논술 평가 포함)나 대학 입학 사정관 제도[70]와 같은 새로운 평가 방식의 도입을 필요로 했다.

수행평가 제도와
입학 사정관 제도의 도입

평가를 통해서 교실수업을 바꾸려는 가장 최근의 시도는 수행평가 제도와 입학 사정관 제도이다. 먼저 수행평가 제도에 대해서 살펴보자. 수행평가 제도는 대학 입시 제도와는 본질적인 관련이 없다. 오히려 학교의 통상적인 평가 방식을 바꾸기 위해서 도입되었다. 수행평가 제도는 근대 과학주의적 평가 관행이 가져온 부작용에 대한 반성에서 도입되었다. 객관적으로 측정 가능한 것만을 평가하는 관행은 객관화가 불가능하지만 더 중요한 교육적 경험들을 배척하는 방향으로 나타났다. 또한 학생들이 의미 없는 지식을 암기하도록 내몰았다. 이에 비해 수행평가는 교육적으로 타당한 평가를 지향한다. 서술형 검사, 논술, 구술시험, 실험·실습, 연구 보고서, 프로젝트 평가, 포트폴리오 등 학생들의 참능력을 나타낼 수 있는 다양한 평가가 수행평가에 속한다.[71]

수행평가는 다른 말로 참평가, 진정한 평가로 불리기도 한다. 그 이유를 짐작하기는 어렵지 않다. 농구를 잘하는지를 측정하려면 실제 농구를 하도록 해야 한다. 농구의 규칙에 대한 객관식 문제를 풀게 해서는 농구 실력을 제대로 알 수 없다. 마찬가지로 학생들의 역량을 제대로 평가하기 위해서는 참된 평가를 하여야 한다. 그런데 이런 수행평가는 교사들에게는 매우 큰 도전이다. 헌법은 바꾸어도 시험문제의 오답을 정답으로 고칠 수는 없다는 객관성과 공정성에 대한 사회적 요구를 넘어설 수 있어야 하기 때문이다. 교사의 주관적 안목에 크게 의존할 수밖에 없는 수행평가가 이런 사회적 요구를 충족시킬 수 있기 위해서는 교사들의 안목이 사회 일반의 신뢰를 얻는 전문성에 기반해 있어야 하기 때문이다.

동일한 논리가 입학 사정관 제도에도 적용된다. 입학 사정관 제도는 노무현 정부 때 시도되어 이명박 정부에 들어서서 크게 확대됐다. 학생의 가능성과 미래 역량을 가늠할 수 있는 전문적인 식견을 가진 입학 사정관이 다양한 평가 자료를 개발하여 학생들을 선발하는 제도이다. 원론적으로 보면 이런 입학 사정관 제도는 매우 바람직하다. 그러나 여기서도 입학 사정관들의 전문성과 윤리성이 문제가 된다. 좋은 대학 합격으로 너무 많은 것이 보장되는 한국 사회에서 입학 사정관들의 안목에 상당히 의존하는 선발 방식이 사회적 공정성에 대한 요구를 지속적으로 충족시킬 수 있을지는 두고 보아야 할 일이다.

동시에 교육적으로 좀 더 바람직하다고 주장되는 평가 방식에 대해 학교가 적응하는 속도는 매우 더디다. 반면에 입시 학원은 이에 신속히 적응한다. 따라서 새로운 평가 방식의 도입은 이런 학원을 마음껏 이용할 수 있는 계층에게 언제나 유리하게 작동한다. 그리고 이런 사회 계층적 효과는 다시 새로운 평가 제도를 학교에 도입하는 것이 시기상조라는 주장으로 이어진다. 교육적 타당성이 사회적 적절성으로 연결되지 않아 개혁이나 혁신이 좌초되는 악순환이 반복되는 것이다.

왜 입시는 계속 바뀌는데 교실수업은 그대로일까[72]

우리는 입시 제도 혹은 평가 방식의 변화가 교실수업의 변화를 곧바로 추동하지 않는다는 것을 확인하였다. 여기에 대해서는 여러 가지 설명이 가능하다. 사회경제적 불평등이 심각한 사회, 대학 졸업장이 사회적 자산에 접근할 기회를 결정짓는 사회에서 교육은 종속변수일 수밖에 없고 따라서 교실수업을 바꾸기 위해서는 입시 제도를 넘어서 사회 자체를 근본적으로 변혁해야 한다는 주장이 그중 하나이다. 물론 맞는 말이다. 예컨대, 상당히 이상적인 복지 제도를 갖추고 있는 핀란드의 학교는 교실수업의 일상이 사회 체제와 밀접한 관련을 지님을 잘 보여 준다. 이런 나라의 시험 제도는 학생들을 등급화하고 선발하는 사회적 기능보다는 교육 본래의 가치에 더 가깝게 운영되는 듯이 보인다. 필자는 2008년 MBC 신년기획으로 방영된 〈열다섯 살, 꿈의 교실〉에 나오는 핀란드 교실의 시험 장면을 보고 적잖이 충격을 받았다. 시험을 보는 시간인데도 학생들은 다른 학생들에게 질문을 하기도 하고 교사에게 의심나는 점을 물어보기도 하는 것이 아닌가? 그러나 이런 낯선 풍경은 인간의 계속적인 성장을 조력하고 도와주는 교육의 본질에 비추어 보면 어쩌면 지극히 정상적인 것이다.

이에 비해서 한국의 시험 풍경은 너무나 비교육적이다. 오답이 하나라도 발생하면 학교 전체가 들썩거린다. 그런데 이런 비교육성을 해결하기 위해서 좀 더 교육적인 평가 방식을 도입하면 학교는 이를 제대로 감당하지 못한다. 교사들은 새로운 평가 제도가 현실을 반영하지 못한다고 시기상조를 외친다. 그러는 동안 입시 학원은 재빠르게 변신하여 학생들을 끌어들인다. 그리고 계층적으로 유리한 위치에 있는 학생들이 차별적 보상을 받는다. 교육적으로 좀 더 타당한 평가를 학교와 사회가 감당하지 못하는 상황이 반복적으로 연출되는 것이다.

이런 현실을 어떻게 해결할 수 있을까? 교사로서 우리는 어떻게 해야 할까? 사회제도라는 거시적인 구조가 바뀔 때까지 무기력하게 기다려야 할까? 필자는 교사의 수업 실천, 나아가서 학교의 교육 관행이 사회구조의 단순한 반영물이라는 입장을 별로 반기지 않는다. 어쩌면 우리는 사회구조를 핑계로 우리가 해야 할 책임을 방기하는 것은 아닐까? 대학 입시 제도가 계속해서 바뀌어도 우리의 학교가 바뀌지 않는 이유가 무엇일까? 오랫동안 입시 학원에서 학원 강사로 있었던 현직 교사의 눈에 오늘날 학교의 모습이 학원보다 더 입시 교

교실수업을 비교육적으로 만드는 주범이 과연 대학 입시일까?

육에 경도되어 있는 것처럼 보이는 이유는 무엇일까? 민주화운동으로 구속된 전력 때문에 발령을 받지 못해 오랫동안 학원 강사를 해야 했던 이기정은 학교 시험, 대학수학능력시험, 대학별고사 중에 학교 시험이 가장 나쁜 시험이라고 말한다.[73] 왜 우리는 수행평가는 고사하고 대학수학능력시험만도 못한 학교 시험을 출제하여 학생들을 잘못된 암기식 공부에 묶어 두면서 그 탓을 대학 입시에 돌리고 있을까? 이에 대한 책임의 일단은 분명히 교사로서 우리들 자신에게 있는 것은 아닐까?

필자는 이 문제를 설명하는 데, 정치학이나 행정학에서 새로운 혁신이나 제도의 도입이 실패하는 것을 설명하기 위해서 사용하는 경로의존성[74]이라는 용어를 활용해 볼까 한다. 경로의존성이란 쉽게 설명하면 우연한 초기 사건으로 인해 하나의 관행이 제도화되면 이를 바꾸기가 쉽지 않다는 것이다. 제도의 관성, 매몰 비용, 학습 효과, 네트워크 효과 등이 이런 경로의존성을 설명하는 데 동원된다. 예컨대, 교과서 진도를 나가는 식의 한국 교사들의 수업 방식도 이런 경로의존성에 기반하고 있다. 우리는 아주 어릴 때부터 전달 중심의 수업에 길들여져 있고 스스로 수업을 준비할 때도 그런 방식으로 수업을 준비하는 데 상당한 노력을 들인다. 따라서 다른 방식으로 바꿀 수 없는 제도의 관성 혹은 매몰 비용이 존재하는 것이다. 그리고 이런 수업 방식은 일종의 문화적 관습으로 공유되고 있기 때문에 학교 안에서는 이런 수업 방식을 변화시켜야 할 실질적인 압력을 느끼지 못한다. 말하자면 현재의 교과서 중심의 전달식 수업 방식은 입시와 연동되어 있는 것 같지만 사실은 자체의 관성과 제도화된 규범으로 독립적으로 존속해 간다. 최초의 연동성을 탈피하여 자기 생명력을 가진 문화적 관행이 되는 것이다. 그래서 새로운 평가 방식이나 입시 제도의 도입으로 수업 방식이 쉽게 바뀌지 않는다. 수행평가가 도입된 이후에 수행평가에 적합하도록 교실수업 방식이 바뀐 것이 아니라 교실수업은 수업대로 진행하고 수행평가는 별도로 부가되는 현상이 나타난 것은 결코 우연이 아니다. 기존의 경로의존성을 탈피하려면 실체적인 위기가 발생하거나, 변화에 대한 강력한 동력이 생기거나 모방할 수 있는 사례들이 출현해야 한다. 그 점에서 한국 학교에는 기존의 경로의존성을 탈피할 만한 실체적 위기나 강력한 모방 사례가 아직 존재하지 않는지도 모른다.

글을 마무리하면서 필자의 이야기도 잠깐 해야 하겠다. 대학 강의실은 초·중등학교의 국가교육과정이나 교과서, 객관식 평가로부터 비교적 자유롭다. 그래서 필자는 자유롭게 교육과정을 짜고 자유롭게 수업을 진행한다. 그리고 필자의 수업에 대해서 학생들은 대체로 만족하는 편이다. 그러나 학기 말이 되면 어쩔 수 없는 고민에 빠진다. 어떻게 평가를 할 것인지에 대해서 별로 고민을 하지 않고 수업을 하기 때문이다. 대학이라고 해서 모든 학생에게 A를 줄 수는 없다. 어떻게 평가해야 할지를 깊게 고민하지 않고 수업을 하다 보니 필자가 내는 시험은 암기 서술형 문제로 귀결되는 경우가 적지 않았다. 수업과 평가를 연동시켜서 사고하지 않아서 딜레마에 빠지는 것이다. 이 반복적 습관에서 필자는 아직도 자유롭지 못하다. 그리고 학생들은 필자의 수업과는 별 상관없이 평가를 위해서 무엇인가를 또다시 외워야 한다. 이런 필자의 딜레마가 초·중등학교 평가의 딜레마와 아주 다른 것일까?

　수업도 하나의 경로의존성을 가진 독자적 실천 영역이고 평가도 경로의존성을 가진 또 다른 실천 영역이라고 생각한다. 따라서 이 독자적 실천 영역들을 각각 더 교육적으로 변화시키고 양자를 유기적으로 조화시키고 화해시키기 위한 노력이 우리에게는 더 필요하다. 좋은 수업에 대한 고민과 연구 못지않게 좋은 평가에 대한 고민과 연구가 요구된다. 어쩌면 평가에 대한 연구는 수업에 대한 연구보다 더 중요한지도 모른다. 당신이 학교에서 내는 시험문제는 대학수학능력시험이나 대학별고사에 비추어 더 교육적인가?

교육공학이 교사를 대체하는 일은 가능할까?

― 테크놀로지와 교실수업의 변화

　교사들이 교과서와 분필만으로 수업을 하던 시절이 있었다. 오래된 과거는 아니다. 아니 지금도 많은 교실에서 현재적 잔존물로 관찰할 수 있는 교실의 풍경이다. 오랜 세월 동안 교사들이 주로 사용하던 수업 방식은 교과서를 설명하면서 칠판에 판서를 하는 것이었다. 학생들은 교사의 설명을 들으면서 공책 필기를 하였다. 따라서 교사의 수업 준비는 교과서의 내용을 잘 구조화하여 판서할 교안을 작성하는 일이었다. 이 과정에서 학생들이 지루하지 않도록 들려줄 이야기를 마련하는 것도 수업 준비의 중요한 부분을 차지했다. 이렇게 준비한 내용을 이야기를 곁들여서 칠판에 한가득 풀어 놓으면 그날의 진도가 마무리되었다.

판서와 필기가 가장 보편적인 수업 방식이었으므로 교사는 분필을 든 직업인으로 상징되었다. 교사의 삶 자체가 분필로 은유되기까지 하였다. 그런데 교과서와 분필만으로 수업을 하던 시절에도 공개수업을 하면 좀 색다른 방식으로 수업하도록 요구받았다. 그래서 공개수업 때 다른 자료를 준비하지 않고 수업을 하면 '맨손 수업'을 한다는 비난을 들어야 했다. 이런 비난으로부터 자유로우려면 최소한 괘도라도 만들어서 했다. 그런데 왜 분필로 판서하는 수업을 맨손 수업이라고 했을까? 분명히 맨손이 아니라 도구를 사용하고 있는데 말이다.

이 질문과 관련하여 다음과 같은 상상을 한번 해 보자. 지금으로부터 10년쯤 지난 어느 공개수업 장면! 교사는 파워포인트를 열심히 준비해서 멋있는 동영상과 잘 정리된 텍스트 자료를 가지고 수업을 진행하였다. 그리고 모종의 칭찬을 기대하고 수업협의회에 참여하였다. 그런데 수업 참관을 한 사람들이 모두 맨손 수업이라고 한마디씩 하는 것이 아닌가? 분명히 멋있는 파워포인트를 만든다고 꽤 고생을 했는데도 말이다. 그렇다면 맨손 수업의 의미는 시대마다 달라지는 것일까? 이런 가벼운 상상은 우리를 교실수업과 교육공학의 관계에 대해 생각하도록 이끌어 간다. 판서와 필기를 넘어서서 다양한 멀티미디어 기기가 일상화되고 있는 오늘날 교실에서 일어나는 교수-학습 방법의 의미를 이해하기 위해서 테크놀로지의 측면에서 교실수업을 살펴보자. 테크놀로지는 교수-학습 방법에 어떤 영향을 미쳤으며 미래의 교수-학습과 교실 상황을 어떻게 바꾸어 놓을까?

낭송을 통해
몸으로 배우던 서당 교육[75]

오늘날의 교실 테크놀로지를 이해하기 위해서 칠판과 분필이 존재하지 않았던 서당 교육으로 돌아가 보자. 그리고 유명한 김홍도의 〈서당도〉를 떠올려 보자. 여기에 묘사된 서당은 지금의 교실 크기보다 훨씬 작았다. 훈장님 앞에서 훌쩍이고 있는 학동의 모습이 스냅사진처럼 서당의 일상을 잘 포착해 내고 있다. 서당의 교육 방법은 오늘날과는 사뭇 달랐는데, 일반적으로 책을 함께 읽는 암송의 방식으로 이루어졌다. 한자 하나하나를 음독한 후에 구문을 읽히고 전체 글의 뜻을 이해하는 식으로 진행되었다. 이해가 되고 나면 학생의 능력을 감안하여 일정한 범위를 정한 후에 암기할 때까지 반복 암송하였다. 그리고 암송한 내용을 이해하고 있는지 질문하고 답하는 방식으로 수업이 이루어졌다.

이런 수업 방식으로 인해 서당은 학동들의 책 읽는 소리로 항상 시끄러웠다. 그러나 서당 주변의 이웃들은 별로 항의하지 않았다고 한다. 아기 우는 소리, 다듬이질 소리와 함께 책 읽는 소리는 세 가지 좋은 소리三好聲라고 하여 밖으로 새어 나가는 좋은 소식이라고 여겼기 때문이다. 서당 교육은 학동들의 개인차와 능력에 따라 교육 내용도 다르고 진도도 달랐으며, 수시 입학이 가능한 무학년제이며 월반도 가능하였다. 훈장의 강독 이후에는 학생 스스로 반복하여 읽고 외우고 터득하는 식의 개별화된 학습이 이루어졌다. 동시에 동문 수학하는 학동들끼리도 가르쳐 주고 배우는 식으로 학습이 이루어졌다.

낭송의 대상이 되는 책은 천자문이나 동몽선습과 같이 몸으로 익히는 경전의 성격을 띠고 있었다. 즉, 지식과 정보를 얻기 위한 오늘날의 공부와 달리 몸으로 새기고 행동으로 실천하기 위한 공부를 했던 셈이다. 몸으로 새기고 행동으로 실천하는 공부의 중요한 수단으로 낭송이 행해졌다.

김홍도의 풍속화로 다시 돌아가 보자. 우선 모든 아이들이 앉아서 수업을 받는 장면이 친숙하면서도 낯설다. 오늘날의 교실이 우리의 전통인 좌식 문화를 잃어버린 탓이리라. 원근법을 무시하고 크게 그려진 훈장의 모습도 인상적이다. 그런데 테크놀로지의 측면에서 이 풍속화를 보면 무엇이 보이는가? 학동들의 앞에는 책자가 놓여 있다. 이 풍속화에서 발견할 수 있는 유일한 교구인 셈이다. 오늘날의 교육공학과 비교해 보면 매우 고전적이다. 그러나 이런 서당의 모습도 인류의 긴 역사에서 보면 과거 시대와 획을 긋는 혁명적인 테크놀로지를 반영하고 있다. 책의 보급은 문자의 발명, 종이의 발명, 인쇄술의 보급과 같이 하나같이 인류의 역사를 바꾼 테크놀로지들의 결합물이기 때문이다. 서당 교육 또한 이런 교육공학적 토대 위에서 이루어졌다.

하나 의문이 드는 것은 붓과 벼루, 종이와 같은 필기도구가 학동들 옆에 보이지 않는다는 점이다. 물론 서당에서 학동들은 붓으로 한자를 필사하여 글자를 익히는 활동도 하였다. 그러나 김홍도가 필기도구를 굳이 그리지 않은 것은 아마도 서당의 가장 중요한 학습 방법이 몸으로 암송하는 공부였기 때문이 아닐까 한다. 교육공학적으로 보면 종이 부족도 한몫을 했으리라 추측된다.[76]

칠판과 분필로 상징되는
신식 교실의 등장

신식 교실의 모습을 풍속화로 그린다면 아마도 책걸상이 딸린 교실에서 칠판을 배경으로 서 있는 교사와 그 맞은편에서 열심히 필기를 하고 있는 학생들의 모습이 아닐까 한다. 근대 교실의 상징물은 단연 칠판과 분필이다. 이 칠판과 분필은 근대 공교육이 처음 발원된 프랑스에서 본격적으로 도입된 후 다른 나라로 전파되었다고 한다. 칠판과 분필은 그 기능적 상호 의존성 때문에 유사한 시기에 교실에 도입되었다. 칠판과 분필이 보편화된 것은 교실의 크기가 커지면서 많은 학생에게 한 번에 정보를 전달해야 될 필요성이 생겨났기 때문이다. 거꾸로 큰 칠판과 분필, 그리고 학생들이 사용할 수 있는 있는 공책이 대량으로 보급되기 전에는 교실의 크기를 크게 할 수 없었다. 종이의 보급이 원활하지 않아서 종이를 찢지 않고 잘 사용할 수 있는 연령이 되기 전까지는 학생들도 교실에서 작은 칠판과 분필을 사용했다고 한다. 그 당시는 종이가 헝겊으로 만들어져서 매우 비쌌기 때문이다.

분필은 소석고나 탄산칼슘을 원료로 해서 만들었다. 처음에는 자연 상태의 분필을 사용했으며 주로 미술가들이 작품 활동에 이용하였다. 교실에서 분필을 사용하게 된 것은 1800년대부터이다. 이때부터 공장에서 제작한 분필을 사용하기 시작하였다. 칠판과 분필은 1870년대에 프랑스에서 일본으로, 그 이후에 우리나라에 전해졌다고 한다. 1915년 경 이화학당의 수업 장면을 찍은 사진을 보면 교단 앞에서 바른 자세로 학생을 주시하는 교사의 모습과 칠판 앞에 나가 문제를 푸는 여학생들의 모습을 볼 수 있다. 오늘날의 교실과 크게 다르지 않은 공간 배치이다. 입식 생활에 기초한 책상과 의자 배치, 그리고 교실 전면에 설치된 커다란 칠판과 분필은 한국의 근대 교실을 상징하는 가장 일반적인 이미지로 거의 한 세기 이상 지속되어 온 셈이다. 이 기간 동안 교사의 가장 일반적인 직업적 이미지는 분필을 손에 든 어른이었다. 교사는 분필로, 분필은 교사로 상징되었다. "분필 가루에 실려 간 꽃다운 이내 청춘"(《늙은 교사의 노래》)과 같은 노래 가사가 학생들을 가르치는 교사의 고단한 삶을 표상하였다. 그리고 칠판에 판서할 내용을 잘 구조화하는 능력과 칠판 글씨를 깔끔하게 쓰는 능력은 교사의 기본적인 교수 능력으로 간주되었다.

그런 와중에도 분필은 계속해서 진화하였다. 인터넷을 검색해 보면 먼지가 없는 신종 칠판과 분필이 현재도 많이 소개되고 있다. 분필의 진화는 여기에서 그치지 않는다. 아니 기술의 발달은 전자 칠판의 등장 등 종국에는 분필 그 자체의 소멸을 예고하는 지점에까지 도달해 있다. 이제 근대 교실수업의 지배적인 수업 방식으로 자리 잡은 판서와 필기는 새로운 테크놀로지의 발달과 함께 점차 낡은 것으로 인식되기 시작하였다. 맨손 수업이라는 비난은 새로운 시대를 예고하는 신호탄인 셈이다. 근대 공교육의 탄생과 밀접한 관련을 가지는 표준적인 지식의 전달로서 수업은 점차 그 효용성을 상실해 가고 있으며 그런 수업을 구현하는 수단으로서 판서와 필기 또한 낡은 교수 방법으로 치부되기 시작했다. 교수-학습에 대한 새로운 관념과 함께 그것을 가능하게 할 새로운 교육공학은 또 다른 교실 풍속화를 예고하고 있다.

교단 선진화 기기의 보급으로
변화하는 교실[77]

칠판과 분필로 상징되던 교실은 1980년대 중반부터 서서히 변화하기 시작한다. 먼저 TV와 카세트가 보급되어 시청각 교육이 가능하게 되었고 1990년대 초반에 들어와서는 OHP, 실물 화상기, 대형 TV가 등장하였다. 이런 개별적 보급을 넘어서 한국에서 이른바 교단 선진화 기기가 체계적으로 도입되기 시작한 것은 1996년경부터이다. 당시 교육부는 〈교육정보화촉진시행계획〉을 발표하여 체계적으로 교육 정보화 기반을 구축하려고 하였다.[78] 이를 계기로 교실에 멀티미디어 세트라고 하는 교단 선진화 기기가 대대적으로 보급되게 되었다. 즉, 거의 모든 교실에 컴퓨터, 실물 화상기, VCR, 대형 TV, 프린터 등이 하나의 세트로 보급되게 되었다. 또한 이 기기들이 PC 통신 및 인터넷과 연결되어 다양한 멀티미디어 정보를 검색하고 이용할 수 있게 되었다. 교단 선진화 기기의 보급과 더불어 교육부는 교무실에도 1인당 한 대의 컴퓨터를 보급하였다. 교실수업의 형태를 변화시키기 위해서 대대적인 정보화 연수도 실시하였으며, 수업을 공개할 때는 ICT 자료를 필수적으로 사용하도록 권장하였다.

교육부가 이런 멀티미디어 기기를 도입한 취지는 주입식 위주의 수업에서 탈피하여 문제 해결력을 기르는 자기 주도적 학습으로 교실수업의 패러다임을 전환하기 위해서다. 교사 중심이 아닌 학생 중심, 개별적이고 획일적인 수업 방식이 아닌 학생들 간의 상호 협동에 바탕을 둔 수업 방식이 권장되었다. 그러나 멀티미디어 기자재의 보급이 교실수업을 곧바로 바꾸어 놓지는 못하였다. 물론, 수업 방식에 전혀 변화가 없었던 것은 아니다. 판서와 필기 대신에 다양한 동영상 자료가 활용되고 인터넷을 통한 조사 발표 수업도 많이 등장했다. 실물 화상기 등을 이용하여 학생들이 스스로 작성한 자료들을 학급 내에서 표현하고 공유하는 것도 시도되었다. 그러나 전체적으로 볼 때 멀티미디어 기기는 변화된 교육 패러다임에 맞게 교육 방법을 바꾸기보다는 기존의 교육 방법을 효율화시키는 방향으로 작동하였다. 예컨대, 이전에는 칠판이나 OHP로 제시하던 내용을 컴퓨터와 모니터로 전달할 뿐 수업 방식 자체가 근본적으로 변하지는 않았다. 이런 현상은 부분적으로는 교단 선진화 기기를 사용하는 교사들의 인식이 전통적인 패러다임에서 벗어나지 못한 것이 그 원인이다. 다른 한편으로 변화를 위해 도입된 교단 선진화 기기 자체의 문제도 있었다. 2000년대 초반에 보급된 교단 선진화 기기들은 교사의 내용 전달을 효율적으로 돕기 위한 기능을 중심으로 설계되어 있었다. 학생들의 자기 주도적이고 능동적인 학습을 보조하도록 설계되어 있지 않았던 것이다.

이러한 현실 인식을 바탕으로 학생 모두에게 디지털 교과서와 태블릿 PC와 같은 스마트 기기를 지급하고 네트워크에 연결된 학습을 하도록 하는 스마트 교육이 새롭게 추진되고 있다. 교육과학기술부는 2011년 〈스마트 교육 추진 전략〉을 발표하였다.[79] 주요 추진 과제를 보면, 디지털 교과서 개발 및 적용, 온라인 수업 활성화, 온라인을 통한 학습 진단·처방 체제 구축, 교육 콘텐츠 자유 이용 및 안전한 이용 환경 조성, 교원의 스마트 교육 실천 역량 강화, 클라우드 교육 서비스 기반 조성 등이다. 가까운 장래에 모든 교실의 학생들이 네트워크로 연결된 스마트 기기를 바탕으로 모든 학습 정보들이 통합 연계되어 있는 클라우드 서비스의 도움을 받으면서 좁은 교실의 벽을 넘어서서 새로운 학습을 하는 모습을 보게 될 전망이다.

곧 다가올
새로운 교육공학들

●

잠시 눈을 돌려서 교육공학이 교실을 어떻게 바꿀지를 세계적인 시야에서 살펴보자. 오늘날 공학의 변화 속도는 더욱 빨라지고 있다. 이에 따라서 교실수업의 모습도 끊임없이 변모해 갈 것이다. 먼 미래 이야기가 아니다. 아주 가까운 장래에 교실에는 어떤 공학들이 도입될까? 이에 대한 답을 제공하는 보고서가 있다. 뉴 미디어 컨소시움New Media Consortium이 매년 발행하는 〈지평선 보고서The horizon report〉이다.[80] 이 컨소시움은 전 세계적으로 수백 개의 유수한 대학과 박물관들이 회원으로 참여하고 있으며, 주로 고등교육 분야에서 향후 5년 내에 도입될 공학들을 전 세계의 자료를 바탕으로 예견한다. 이 보고서는 교육공학의 핵심 경향, 주요 도전, 향후 도입될 주목할 공학들을 소개한다. 특히 1년 미만/ 2~3년/ 4~5년의 세 가지 범주로 나누어 교실에 도입될 교육공학을 소개하고 있어 흥미롭다.

2011년 보고서에 소개되어 있는 교육공학 관련 네 가지 핵심 경향을 우선 살펴보자. 첫째, 인터넷을 통해서 접근할 수 있는 자료들이 증가하면서 교육자들의 역할 재정립에 대한 도전이 증가하고 있다. 둘째, 사람들은 그들이 원할 때, 어디서든 일하고 배울 수 있기를 기대한다. 셋째, 직업 세계는 점점 더 협력적으로 바뀌고 있으며, 그런 경향은 학생들의 학습이 조직되는 방식에 대한 성찰을 요청한다. 넷째, 사용되는 공학들은 점점 클라우드 기반으로 바뀌고 있으며, 정보 공학 지원에 대한 관념도 탈중심화하고 있다. 이런 경향들은 교사가 교실수업을 설계할 때 중요하게 참고해야 할 사항들이다.

향후 5년 내에 도입이 예견되는 공학들은 어떤 것인가? 1년 내에 도입될 공학은 전자책electronic books과 모바일mobile이다. 이런 기기로 인해서 유비쿼터스 환경에서 정보 접근이 가능해지고 있다. 2~3년 내 도입이 예상되는 공학은 증강 현실augmented reality과 게임 기반 학습game-based learning이다. 4~5년 내에 도입이 예측되는 공학은 동작 기반 컴퓨팅gesture-based computing과 학습 분석learning analytics이다. 지평선 보고서는 이들 각각에 대해서 기본 개념을 소개하고, 교육적 활용에 대한 논의, 이를 실제 적용하고 있는 고등교육 기관의 사이트들도 함께 소개하고 있다.

이 보고서 전체가 흥미로웠지만 특히 필자의 관심을 끈 것은 '증강 현실'과 '학습 분석'이다. 증강 현실을 이해하려면 영화 〈마이너리티 리포트〉에서 손으로 공간에 떠 있는 디스플레이를 조작하는 인상적인 장면을 떠올리면 된다. 영화에서 주인공 역을 맡은 톰 크루즈 앞에는 모니터도, 키보드도, 마우스도 없다. 대신 그는 센서가 달린 검은 글러브만으로 빈 공간에 가상의 작업대를 만들어 영상을 열고, 닫고, 확대하고, 축소하고, 편집한다. 현실과 가상의 층위가 중첩되어 나타난 이런 증강 현실은 최근에는 〈아바타〉를 비롯한 많은 영화에 등장하는 단골 소재가 되었다. 현실 세계와 가상의 디지털 정보가 겹쳐지면서 하나의 영상으로 보이는 이 기술이 교실에 상용화되면 학생들은 이해하기 어려운 추상적인 개념들을 가상의 현실로서 조작하고 체험할 수 있게 될 것이다. 과학 시간에 학생들이 원자핵과 전자를 손으로 조작하고 실험하는 상황을 가정해 보라. 즉, 추상적인 개념들을 시각적이고 상호작용적인 형태로 구현하면서 학습자가 능동적으로 체험하는 것이 가능하게 되는 것이다. 곧 도입될 동작 기반 컴퓨팅도 이와 유사한 학습을 가능하게 해 줄 것이다.

다음으로 학습 분석을 살펴보자. 학습 분석은 학생들이 산출해 내는 엄청난 자료들을 체계적으로 수집하고 분류하고 해석하여 학습자를 유형화하는 기술을 말한다. 그리고 이 정보들은 학습자 개개인에 적합한 교수 전략을 마련하는 데 활용될 전망이다. 학습 분석이 어떻게 활용될지에 대한 상상을 돕기 위해서 최근 번역된 책을 사례로 들어 보겠다. 《포르노 보는 남자, 로맨스 읽는 여자》라는 다소 점잖지 못한 제목이다.[81] 이 책을 소개한 신문은 '디지털 킨제이 보고서'라는 부제를 달고 있다. 〈킨제이 보고서 Kinsey reports〉는 연구하기 어려운 성 문제를 무려 1만 8천 명을 면접 조사해서 과학적으로 밝힌 최초의 혁명적인 책이 아니었던가? 보수적인 당시 상황에서 이 책의 출간으로 킨제이 박사는 공산주의자 혹은 악마로 몰리기까지 하였다. 그렇지만 학문하는 입장에서 보면, 1만 8천 명이라는 경이적인 숫자를 인터뷰하기 위해서 얼마나 많은 땀을 흘렸을지 가히 상상이 잘 되지 않는다. 그런데 《포르노 보는 남자, 로맨스 읽는 여자》의 저자들은 킨제이 박사가 했던 엄청난 고생을 하지 않고도 더 많은 사람들에 대한 정보를 손쉽게 얻을 수 있었다. 인터넷 덕분에 너무나 쉽게 자료에 접근할 수 있었기 때문이다. 10억이 넘는 인구가 사용하는 인터넷을 통해 저자들은 사람들이 무엇을 검색했는지를 실시간으로 추적할 수 있었다. 이를 이용해서 저자들은 세계 남녀 50만 명이 검색한 10억 건의 웹 검색 내용과 수천 편의 디지털 로맨스 소설, 4만 개의 성인 웹사이트를 조사해서 인간의 성에 대해서 연구할 수 있었던 것이다.

학습 분석의 기능은 아마도 이와 유사하지 않을까? 학습 분석이 일상화되면 수천수만 개의 교실에서 학생들이 쏟아내는 학습에 대한 다양한 반응, 다양한 학습 활동의 결과물들이 디지털 형태로 변환되어 축적되고, 알고리즘에 기초하여 분류된 후 학생들의 학습을 진단하고 개선하는 데 활용될 것이다. 이 기술이 상용화되면 우리는 교실에 있는 다양한 학생들이 보이는 반응들을 엄청난 데이터베이스의 도움을 받아 적절하게 해석한 후 학생들을 개인적으로 도울 수 있는 교육 방법에 응용할 수 있게 된다. 어떤가? 불과 5년 안에 이런 공학들이 교실 현장에 도입된다는 것이 실감이 나는가? 이 보고서의 예측이 맞는다면 우리는 가까운 장래에 교육공학의 세례 속에 근대 교실의 낯익은 풍경들이 쇠락해 가는 것을 목도하게 될지도 모른다.

미디어는 메시지이다!
테크놀로지는 메시지인가?

특징적인 몇 시기를 예시하면서 교육공학의 변화를 더듬어 보았다. 다시 최초의 질문으로 돌아가 보자. 왜 분필을 사용하는 수업을 맨손 수업이라고 부르는가? 혹은 파워포인트만으로 수업하면 이를 맨손 수업이라고 부르는 현상이 가까운 장래에 실제로 나타날 수도 있을까? 기술과 도구는 인간의 확장이기 때문이다. 사회학자들 중에는 인간이 만든 도구나 기술을 인간의 신체와 감각기관의 확장으로 보는 견해가 다수 존재한다. 예컨대, 자전거나 자동차는 다리의 확장이며 문자는 시각의 확장이며, 의복은 피부의 확장이다. 그렇다면 분필은 손의 확장인 셈이다. 처음 발명되었을 때는 아마도 분필은 인간의 신체 바깥에 있는 첨단 테크놀로지로 여겨졌을 것이다. 그러나 오랫동안 사용되어 익숙한 일상이 되고 나면 그것은 자연스러운 손의 일부로 간주된다. 일종의 신체 내재화 현상! 이런 신체 내재화는 아마도 모든 테크놀로지에 공통적으로 적용되는 언어적 관습이 아닐까 한다. 지금은 첨단으로 간주되는 기기들도 언젠가는 몸의 일부처럼 여겨지는 낡은 전통이 될 것이다.

유명한 미디어 학자인 마샬 맥루한Marshall McLuhan도 도구와 기술을 포함하는 미디어를 인간의 확장으로 보는 견해를 취하고 있다.[82] 맥루한은 "미디어는 메시지이다"라는 중요한 말을 남겼다. 즉 미디어는 내용을 전달하는 중립적인 도구가 아니라 내용 자체를 결정하는 독립적인 힘을 지닌다는 것이다. 따라서 미디어가 인간의 사고방식과 생활양식을 근본적으로 결정하기도 한다. 이런 관점에 바탕을 두고 맥루한은 지배적인 커뮤니케이션의 종류에 따라서 인류의 역사를 구술에만 의존하던 원시 부족사회, 문자 발생으로 시작된 문자 시대

혹은 필사 시대, 구텐베르크의 발명 이후 인쇄술에 의한 의사소통에 의존하던 시대, 20세기의 전기 매체 시대로 구분하고 있다.

구술로 의사소통을 하던 단계는 시각, 청각, 후각 등 인간 오감을 동시에 사용하는 복수 감각이 지배하던 시대였다. 문자 발명 이후에 사람들은 점차 시각형 인간으로 변화하지만 문자 해독자가 적었기 때문에 전체적으로는 여전히 복수 감각형 인간이 지배적이었다. 인쇄물이 대량 보급된 세 번째 단계에 들어서면서 비로소 사람들은 주로 시각에 의존하게 된다. 또한 인쇄술의 발달은 혼자서 책을 읽는 것을 가능하게 함으로써 개인주의를 촉진하였다. 이런 맥루한의 설명은 암송 중심의 서당식 공동체 학습에서 근대 교육의 보급 이후에 개인주의적인 학습으로 이행하는 우리 교육을 이해하는 데도 중요한 통찰을 제공한다. 참고로 한국에서 낭독이 아니라 묵독이 보편화된 시기는 서울의 도시화가 진전되고 기존의 필사본을 대체해서 대량생산이 가능한 방각본이 등장한 18세기였다고 한다.[83]

전기 매체가 등장한 마지막 네 번째 단계에는 다시 구전 문화가 우세해지는 동시에 사람들 또한 시각형 인간에서 복수 감각형 인간으로 되돌아가게 된다고 맥루한은 주장한다. 이처럼 미디어가 단순한 도구를 넘어서서 인간의 사고방식과 생활양식까지 결정한다는 맥루한의 주장은 교실의 테크놀로지를 이해하는 데도 중요한 질문을 제기한다. 테크놀로지는 기존의 교육을 더욱 효율화하기 위한 수단인가? 아니면 테크놀로지 자체가 교수–학습 방법을 변화시키고 새로운 시대를 잉태하는 독자적인 힘을 지니고 있는가? 이 질문에 대한 답은 일단 유보하고자 한다. 대신에 테크놀로지의 활용이 야기할 수 있는 놀라운 교육적 가능성에 대한 사례를 하나 제시하고자 한다.

바로 인도의 교육학자 수가타 미트라 Sugata Mitra가 인도 뉴델리의 슬럼가를 비롯한 여러 곳에서 반복적으로 한 유명한 실험이다.[84] 수가타 미트라는 교사들이 근무하기를 회피하는 열악한 지역에 방치되어 있는 아이들에 주목하였다. 그리고 이들이 교사 없이 스스로 학습할 수 있는지를 알아보는 실험을 고안하였다. 그것이 바로 '벽 속의 구멍' 프로젝트이다. 문자를 배울 수 없는 척박한 지역에 미트라 박사는 벽에 구멍을 뚫어서 인터넷이 연결되어 있는 윈도우 영어 운영 체계로 작동하는 컴퓨터를 설치해 두었다. 이 신기한 장치를 보고 아이들은 호기심을 가지고 몰려든다. 그리고 3개월 후에 어떤 일이 생겨났을까? 한마디로 놀라운 일이 발생한다. 아이들은 아무도 가르쳐 주는 사람이 없는데도 호기심과 상호 협동을 통해서 컴퓨터로 할 수 있는 작업들 대부분 — 기본적인 윈도우 활용 기능, 인터넷 탐색하기, 그림 그리기, 채팅과 이메일 보내기, 자료 다운로드 등 — 을 스스로 터득한다. 호기심과 상호 협동만으로 아이들은 배운다! 수가타 미트라의 이 충격적 실험은 교사가 학생에게 무엇인가를 가르쳐야 교육이라고 보는 교사 중심의 근대 교육의 낡은 공리에 도전하는 혁명적인 실험인 동시에 테크놀로지가 가진 교육적 가능성에 대한 충격적인 연구라 하지 않을 수 없다. 뉴 테크놀로지들은 중립적 도구이기를 넘어서 교사 없는 교육이라는 새로운 세대의 도래를 알리는 전령인 것인가? 수가타 미트라 박사의 실험은 가르치는 것을 업으로 삼는 우리가 대면하고 싶지 않은 불편한 진실이다.

가르치는 자로서 우리는 교육공학을 어떻게 대해야 할까?

•

우리는 교육공학을 어떻게 대해야 할까? 첨단 교육공학에 대해서는 두 가지 극단적인 입장이 존재한다. 하나는 공학에 대한 혐오감이다. 그것은 기술 문명에 대한 디스토피아적 상상력과도 연결되어 있다. 이런 견해를 가진 교사들은 가급적 새로운 기기를 도입하는 것을 싫어하는 경향이 있다. 필자가 이 글을 쓰고 있는 동안에도 오늘 발행된 신문의 한 면에는 컴퓨터를 구비하지 않았을 뿐 아니라 휴대폰, 아이패드, 노트북 등 다른 디지털 기기도 전혀 사용하지 못하게 하는 미국의 실리콘밸리 한복판에 위치한 사립학교에 대한 기사가 소개되고 있다. 디지털 제로에 도전하는 미국의 발도르프 학교 이야기이다. 그리고 다른 극단에는 테크놀로지야말로 낡은 교육을 일소하고 새로운 교육을 잉태할 전령이라고 생각하는 사고가 존재한다. 스마트 교육을 추동하는 한국의 학자나 관료들은 이런 입장에 가까운 사람들임에 틀림없다. 그리고 그들은 기술 문명이 가져다 줄 유토피아적 환상에 열광하는 존재들이다. 현실의 우리들은 이 극단의 어느 지점에서 불안한 균형을 유지하고 있으리라 짐작된다.

그런데 교육공학과 기술 문명에 대해서 필자는 이데올로기적으로 분명한 입장을 지니고 있지 못하다. 따라서 미흡하지만 한국의 현실에 비추어 두 가지 이야기만 언급하고자 한다. 첫째는 새로운 교육공학이 낡은 교육공학을 대체하는 것이 바람직하다는 단선적인 진보관을 극복해야 한다는 것이다. 사실 교단 '선진화' 기기라는 명명에는 이런 진보관이 도사리고 있다. 이런 진보관 대신에 우리는 과거의 지혜에 귀를 기울일 필요가 있다. 인류가 오랜 세월 동안 축적해 온 다양한 교육공학들은 가르치고 배우는 활동을 더 풍부하게 할 수 있는 다양한 가능성을 우리에게 제공해 준다. 예컨대, 필사본을 함께 읽으며 성대를 공명시키던 집단적 학습의 경험, 교사와 학생의 필체가 묻어나는 판서와 필기의 경험, 파워포인트로 현시되는 이미지와 텍스트의 조합, 그리고 현실과 가상의 경계에 서서 학습자의 상상력을 자극할 증강 현실 등, 모두가 교실에서 교사와 학생이 인류이 삶의 경험을 성찰하여 새로운 미래를 열기 위한 교수-학습 방법으로 훌륭하게 활용될 수 있다. 시대를 가로지르는 다양한 공학들을 과거와 현재의 맥락에서 폭넓게 이해하고 이를 학습을 위해서 적절히 활용하는 안목을 지닐 때 교사는 기술적 진보에 대해 맹목적으로 거부하거나 맹신하는 것으로부터 탈피하여 기술과 더불어 유구한 역사를 일구어 온 인간 역사를 이해하는 속에서 학습자를 새롭게 대면할 수 있지 않을까 한다.

교육공학에 대한 태도로서 또 하나 고려해야 할 것은 세대 경험을 넘어서는 교류 문제이다. 테크놀로지는 우리의 삶을 구성하는 일상이다. 그런데 나이 든 세대일수록 테크놀로지에 둔감하다. 이것은 지체의 문제를 넘어서서 삶의 방식의 차이를 만들어 내고 세대 간 소통의 한계를 설정한다. 새로운 교육공학을 교사들이 주의 깊게 이해하고 활용해야 할 필요성은 이런 세대 경험의 벽을 넘어서서 학습자와 소통하기 위해서이다. 오늘날의 학생들은 다양한 모바일 기기들에 일상적으로 노출되어 있다. 아이팟을 통해서 그들만의 음악 세계에 접속하고 스마트폰을 통해서 엄청난 양의 문자와 정보를 주고받으며, 컴퓨터를 통해서 다국적 문화를 소통하는 능력은 어른들과 비교할 수 없다. 이렇게 모바일에 익숙한 학생들이 이런 모바일 문화에 익숙하지 않은 교사들과 교실에서 문화적 전선을 형성하며 마주하게 되는 것이 오늘날 교실의 현실이다. 따라서 제대로 된 소통을 위해서도 교사들은 새로운 공학, 그리고 그런 공학이 만들어 내는 사회적 관계와 문화적 연대의 네트워크에 귀를 기울일 필요가 있다. 새로운 공학에 대한 감수성! 그것은 세대 단절을 넘어서고 교육의 가능성을 여는 우리 시대의 생존 조건인지도 모른다.

다시 수가타 미트라의 실험으로 돌아가 보자. 그는 유명한 지식 공유 사이트인 테드^{TED}에서 자신의 실험 결과를 바탕으로 "교육공학은 소외된 지역에 우선 보급되어야 한다", "학생들은 스스로 학습할 수 있다", "학습은 자기 조직적이고 창발적인 현상이다", "학생들이 지식과 기능을 교육공학을 통해서 배울 수 있으나 가치를 학습하지는 못한다" 등의 결론을 제시하면서 교육공학의 교육적 활용 방안에 대한 제안들을 하고 있다. 그의 말을 들어 보면 그가 결코 교육공학에 대한 단순한 예찬론자가 아님을 알 수 있다.

수가타 미트라는 '교사가 필요 없는 교육'이 가능해지는 시대에 역설적으로 필요한 교사의 역할 내지 교육의 역할에 대한 풍부한 함의를 준다. 학생이 스스로 학습할 수 있고 협동적인 네트워크를 통해서 놀라운 창발성을 발휘할 수 있다는 사실. 이것은 현재의 한국 교육이 까마득하게 잃어버린 전설이다. "학생들은 원래 공부하기 싫어한다"는 낡은 생각에 우리는 얼마나 완고하게 사로잡혀 있는가. 학생들은 스스로 학습한다. 동시에 수가타 미트라는 설문 조사를 통해서 학생들이 이런 협동적인 학습을 하는 동안에도 사회적으로 중요한 가치 문제에 대해서 공통된 가치를 형성하지 못하는 점에 주목한다. 즉, 학습을 통해서 배운 지식과 기능으로 어떤 세계를 만들어 갈 것인지에 대해서는 별도의 교육이 필요하다. 따라서 학생들은 여러 가지 가치 문제에 대해서 직면하고 다양한 대립적 가치들에 대해서 토론하고 사고할 수 있는 풍부한 기회를 제공받아야 한다. 마지막으로 수가타 미트라는 컴퓨터, 파워포인트, 인터넷 등이 최초에 교육적 필요에 의해서 만들어진 공학이 아니라는 점을 상기시킨다. 그리고 교육적 전문성에 기반한 교육 기술과 교육학의 필요성을 역설한다. 그의 결론은, 우리가 교육공학을 낡은 근대 교육을 효율적으로 작동하게 만드는 기능적 도구로 인식할 것인지, 아니면 새로운 교육의 시대를 잉태하는 기술적 전령으로 활용할지에 대한 고민을 제공한다. 테크놀로지는 그 자체로 교실과 교육과 세상을 '좋은' 방향으로 바꾸지 않는다. 테크놀로지의 단순한 활용을 넘어서는 새로운 교육적 상상력이 우리에게는 필요하다.

3부

새로운 성찰과 실천을 위하여

교과는 고정불변의 가치인가?

— 교과를 넘어서는 상상력

교사들은 교육 활동을 통해서 교과를 가르친다. 그런데 교과는 단순히 가르쳐야 할 내용을 의미하지 않는다. 많은 교사들이 자신의 정체성을 특정한 교과에 정초하여 형성하기 때문이다. 말하자면 한국의 교사들은 그냥 교사가 아니라 국어 교사, 영어 교사, 수학 교사, 음악 교사, 미술 교사인 것이다. 이런 특정한 교과에 대해 정체성을 지니고 교과에 대한 깊은 연구를 하는 교과모임이 많이 존재하는 것은 바람직하고 권장할 만한 일이다. 그러나 한편으로는 교과에 붙박인 교사의 정체성은 교육과정 개정 시마다 소위 '교과 이기주의'로 표상되는 대립과 갈등을 야기하며 지나치게 분절적으로 쪼개져 있는 현재의 교과 구성을 넘어서는 새로운 시도를 불가능하게 만들기도 한다. 필자는 이 글을 통해서 당연하게 주어진 것으로 간주되는 교과가 무엇이며 교과와 학문의 관계를 왜 비판적으로 성찰하여야 하고 나아가서 현재의 교과를 넘어서는 새로운 사유가 왜 필요한지를 논해 보고자 한다.

교과와 관련되는 몇 가지 일상적 상황들

먼저, 우리가 교과 현상과 관련하여 자주 혹은 종종 접하는 일상의 모습과 그와 관련된 고민을 몇 가지 묘사해 보는 것에서 시작해 보자.

〈상황 1〉

얼마 전 한 선배와 식사 자리를 같이하였다. 그 선배는 한국교육과정평가원에서 꽤 오랫동안 교육과정, 교과서, 평가 등의 업무를 맡아 온 베테랑이다. 이런저런 이야기를 나누는 중에 선배는 자신이 만약 정책을 책임지는 자리에 있다면 수학 교육과정을 대대적으로 손질하고 싶다고 하였다. 중학교만 들어가도 학생들의 대다수가 따라가기 어려운 수학 내용을 왜 가르치는지 모르겠다는 것이다. 수학을 잘하는 몇몇 학생들을 제외하고 대부분의 학생들을 좌절하게 만들고 엄청난 사교육도 유발하는데다가 막상 대학에 들어가고 나면 전공하는 학생들 일부를 제외하고는 대부분의 사람들이 일상에서 별로 사용하지도 않는 그 어려운 수학을 도대체 왜 그렇게 많이 배워야 하는지 모르겠다는 요지의 말씀이었다. 그 말을 들으면서 나도 선뜻 대답하기가 쉽지는 않았다.

수학 교과만 그러할까? 내가 가르치는 사회 교과는? 혹은 다른 교과는? 우리는 도대체 왜 현재의 교과를 가르치며 그것을 왜 그만큼 가르쳐야 할까? 그것을 정당화하는 논리는 무엇일까?

〈상황 2〉

수업 연구가 내 연구 분야 중 하나이기 때문에 나는 비교적 자주 수업 관찰을 하는 편이다. 그런데 교사들이 수업하는 장면을 보면 고민스러울 때가 적지 않다. 객관주의를 넘어서서 구성주의를 지향하는 교육 이론이 소개된 지도 20년 가까운 세월이 경과하였으나 교실수업은 정답으로서의 지식을 전수하는 것에서 크게 바뀌지 않았다. 교과의 내용을 전달 가능한 지식으로 구조화하고 문제 풀이식 수업 형태로 진행하는 모습은 아직도 중·고등학교 수업에서 자주 관찰된다. 그리고 초등 수업에서도 많이 관찰된다. 그리고 이런 수업에 참여하는 것을 학생들은 점점 더 힘들어한다. 당연히 교사와 학생들의 관계도 그다지 평화롭지 못하다. 그럼에도 불구하고 교사들은 입시 제도와 교과서와 교육과정만 탓하면서 좀처럼 수업 방식을 바꾸려고 하지 않는 듯하다. 교과를 가르치는 방식을 바꿀 수 있는 힘은 어디서 생겨날 수 있을까?

〈상황 3〉

한국에는 열심 있는 교사들이 만든 교과모임이 많이 있다. 전국국어교사모임, 전국수학교사모임, 전국사회교사모임 등 '전국'이란 이름을 지니고 있는 많은 교과모임들은 대부분 전교조운동과 함께 태동하였으며 현재는 20년이 넘는 역사를 지니고 있다. 그리고 이런 전국 단위 교과모임의 연구 역량은 상당한 수준이다. 그런데 교과를 열심히 연구하고 현장에 대한 애정을 가지고 있는 이런 교과모임들이 교육과정이 바뀌는 시기에는 서로 평화롭지 못하다. 그동안 서로 협력하던 교과모임은 어떤 교과를 얼마나 가르쳐야 하는지를 결정하는 순간에 자신의 교과를 수호하거나 확장하기 위하여 대립하는 적대적인 관계로 변화한다. 그 싸움은 생각보다 치열하다. 물론 이 전선에는 교사들뿐 아니라 대학의 학자들까지 가세한다. 이 싸움의 성격은 무엇이고 어떻게 극복될 수 있을까?

〈상황 4〉

어느 사범대학의 교수 채용을 위한 회의 장면이다. 회의 분위기는 처음부터 자못 심각하다. 교과교육 전공자를 한 명 더 늘리는 것을 둘러싸고 갈등이 생겨났기 때문이다. 내용학 전공자가 다수인 이 학과에서 교과교육 전공자를 한 명 더 늘리자는 주장에 대해서 내용학 전공자들 대다수는 별로 반가워하지 않는 분위기이다. 이들은 내심 교사가 되어서 잘 가르치기 위해서는 무엇보다도 내용학 지식을 충실히 공부해야 한다는 생각을 가지고 있는 사람들이다. 동시에 교육학이나 교과

교육학을 많이 배우는 것이 그다지 높은 유용성을 가지고 있지 않다고 본다. 당연히 회의는 난항을 겪고 대부분의 경우에 교과 전공자가 아니라 내용학 전공자를 뽑는 것으로 귀결되는 경우가 많다. 사범대학의 교과교육학과에서 내용학 전공자와 교과교육 전공자의 비중은 어떻게 되는 것이 좋을까?

교과에 대한 여러 가지 불만들

우리 생활 주변에서 일상적으로 일어날 만한 현상들을 기술하는 것에서 출발한 것은 교과에 대한 논의를 할 때 우리가 문화적 진공 상태에 있지 않음을 새삼 상기시키고자 함이다. 우리는 빈 공터에다가 집을 짓는 상황이 아니다. 그것이 정당하건 정당하지 않건, 바람직하다고 보건 불만스럽게 생각하건 간에 교과에 대한 우리의 논의는 역사적 문화적 맥락 속에서 형성되고 전승되고 변화되어 온 현존의 교과 현상을 하나의 실체로서 인정하면서 진행할 수밖에 없다.

그런데 현재 학교에서 가르쳐지는 교과에 대해서 우리는 여러 가지 불만을 가지고 있다. 예컨대 위의 〈상황 1〉은 초·중등교육에서 가장 중요하게 여기는 수학 교과에 대한 불만의 일단을 보여 준다. 학생들의 삶에 별로 도움도 되지 않는 수학을 왜 그렇게 많이 가르쳐야 하는 것인가? 사실 이 물음은 수학뿐 아니라 모든 교과에 동일하게 제기할 수 있는 질문이기도 하다. 우리는 특정한 교과를 왜 가르치는가? 이에 대해서 이홍우 교수는 교과의 가치를 흔히 의식주라는 말로 대표되는 생산적인 활동 또는 일반적으로 유목적적인 활동을 더 잘하기 위해서가 아니라 일종의 '관조', 즉 모종의 태도나 마음가짐을 함양하는 것으로 이해하고 있다.[85] 그런데 교과를 실용적인 가치로 이해하든, 모종의 태도나 마음가짐의 함양으로 이해하든지에 상관없이 우리는 학교교육이라는 제한된 시간 안에서 무엇을 얼마만큼 가르쳐야 하는지에 대한 실제적인 결정을 해야 한다. 그리고 교육과정의 핵심적인 의사 결정인 이 문제에 대해서 우리는 어떤 합리적인 기준이나 바람직한 합의의 전통을 지니고 있지 못하다. 수학을 학교에서 가르치지 말아야 한다고 극단적으로 주장하는 사람은 아마 거의 존재하지 않을 것이다. 그러나 수학을 대부분의 학생들이 어렵고 힘들고 재미없어함에도 불구하고 학교에서 그 많은 시간 동안 그 어려운 수학 내용을 배우는 것이 어떻게 정당화될 수 있는지에 대해서 누구도 자신 있게 말하기는 어렵다. 수학만 그럴까? 우리가 특정한 교과라는 이름으로 어떤 내용을 얼마만큼의 시간을 들여서 가르친다고 할 때 그것을 어떻게 정당화시킬 수 있을까?

〈상황 2〉는 이와 달리 교과들이 교수되는 방식에 대한 문제 제기와 불만을 드러낸다. "한국 학생들은 세계에서 가장 재미없는 공부를 세계에서 가장 오랫동안 하고 있다"는 말이 회자될 정도로 한국 학생들이 공부하는 방식의 비효율성은 계속 문제시되고 있다. 교실 수업을 변화시키기 위한 노력들이 간단없이 전개되고 있지만 여전히 한국의 교수-학습 관행은 교사 중심의 전달식 수업에서 크게 달라지지 않았다. 특히, 중·고등학교 수업이 그러하다. 그에 대한 현장 교사들의 일관된 반응은 가르칠 내용이 너무 많다는 것이다. 교과서 진도를 나가야 하기 때문에 새로운 방식의 수업을 시도하기가 어렵다는 것이다. 이런 상황에서 학자들이 흔히 하는 말은 교육과정이나 교과서를 재구성해서 가르치라는 것이다. 그러나 현장 교사들은 교과서를 재구성하는 것은 힘도 많이 들 뿐 아니라 재구성 자체가 쉽지 않다고 호소한다. 교과서에 나오는 내용은 다 다루어야 한다는 오랜 문화적 관행과 학업성취도평가와 같은 평가 관행 탓이다. 이런 상황이니 교사들을 탓할 수만도 없는 것 아닌가? 그런데 의문스러운 것은 우리가 교육과정을 개정할 때마다 내용의 적정화를 강조하고 교과서의 쪽수를 통제하는 등의 방법을 동원하여 가르치는 교과의 내용을 줄이려고 노력해 왔음에도 불구하고 현장에서 느끼는 진도 부담은 별로 줄어들지 않았다는 점이다. 분량 축소라는 정책적 목표가 매번 좌절되는 배경에는 특정한 내용을 신성시하고 그것을 꼭 가르쳐야 한다는 신화가 여전히 지배하고 있기 때문은 아닐까?

〈상황 3〉은 교사들이 교과에 대해서 지니는 일종의 애정과 정체성을 드러낸다. 국제 비교 연구를 하지 않았지만 필자는 전국 단위 교사모임의 연구 수준이 세계적일 것이라고 판단한다. 이들은 대학의 연구자들이 관심을 가지지 못한 현장에 대해 혹은 대학의 연구자들이 관심을 가졌다고 하더라도 충분히 들여다보지 못해 온 현장에 대해서 많은 실천적 연구를 생성해 냄으로써 현장 교육을 개선하고 교과교육학을 발전시키는 데 공헌해 왔다. 이런 전국 단위 교사모임은 크게 보면 이념적 지향성도 서로 유사하고 현장 개선과 관련하여서도 비슷한 지향성을 지니고 있다. 서로 간에 연대 활동도 많이 한다. 그런데 이런 교사모임조차도 교육과정 개정기에는 다른 교과에 대해서 우호적일 수가 없다. 자기 교과의 지분을 지키고 확장하기 위한 활동들을 해야 하기 때문이다. 이런 노력들은 때로 정당한 면도 있지만, 때로는 새로운 교과의 탄생 혹은 기존 교과의 합리적 조정을 가로막는 장애 요인이 된다. 물론, 이 갈등 과정에는 해당 분야의 내용학과 교과교육학 교수들도 함께 참여한다. 문제는 이런 전선이 대개 학문적으로 세분화되어 있는 기존의 교과를 재생산하는 데 기여한다는 점이다. 이로 인해서 한국 학생들은 다른 나라에 비해 상대적으로 세분화된 많은 교과(과목)를 배우는 현실에서 벗어나기가 좀처럼 쉽지 않다.

〈상황 4〉는 교과를 연구하고 재생산하는 데 관여하는 교과교육학계의 사정을 보여 주는 사례이다. 교과교육학이 한국에서 역사적으로 늦게 형성되었기 때문에 그 전까지 한국의 사범대학, 그리고 일부 교육대학교의 교과교육학과는 내용학 전공자들로 채워졌다. 그동안 학생들은 내용학자들로부터 교과의 배경이 되는 내용 지식을 배우고 교직 과목을 통해서 교육학자들로부터 교육학적 소양과 교수법에 대한 일반 이론을 배운 후에 이 두 가지 지식을 스스로 결합하여 교과를 잘 가르치는 교사로 성장해야 했다. 그러다가 교과교육학이 성장하면서 교과 현상 자체를 연구하고 이를 바탕으로 교과 특수적 지식을 생산하는 학자들이 생겨나게 되었다. 그런데 학과 내부를 살펴보면 내용학자들과 교과교육학자들 간에는 교과에 대한 이해를 둘러싸고 상이한 지향성이 존재한다. 내용학자들은 대체로 내용을 잘 알면 좋은 교사가 될 수 있다고 생각하는 경향이 있다. 이에 반해서 교과교육학자들은 내용교수지식$^{PCK : Pedagogical Content Knowledge}$과 같이 교과가 교수되는 상황 맥락에서 생겨나는 교과 특수적 지식에 관심을 가지며 교과 현상에 더 많은 관심을 기울인다. 이 상이한 지향성이 교과 현상을 이해하고 그 발달을 가져오는 데 기여하는 역할은 서로 다를 것이다. 그리고 하나의 학과 내에서 그 비중이 어느 정도 되는 것이 바람직한지에 대한 이론적이거나 실제적인 논의를 하는 것도 쉽지 않다.

다만, 필자는 현장에 대한 한국 교육학계의 오랜 무관심과 맞물려서 사범대학에 소속된 많은 내용학자들, 심지어 일부 교과교육학자들조차도 교과 현상 자체에 대한 관심을 별로 기울이지 않고 있음을 지적하고 싶다. 특히 내용학자들 다수는 내용학을 가르치는 것이 본인들의 역할이라는 고정관념에서 탈피하지 못하고 있다. 그리고 이 고정관념을 넘어서 교과가 교수되는 현상을 연구하고 내용학의 의미를 교과교육적 안목 혹은 교육적 안목에서 새롭게 이해하려는 노력을 잘 하지 않는다. 사범대학에 많은 교수들이 있지만 정작 우리는 교과 현상에 대해서 잘 모르고 있다. 관심을 가지고 연구를 하는 학자들의 숫자가 명목상의 숫자에 비해서 너무 적은 것이다. 많은 내용학 전공자들은 사범대학이나 교육대학교에 소속되거나 인문대학이나 자연대학에 소속된 교수들이 하는 연구와 크게 구별되지 않는 연구를 수행한다.[86] 대학원에서 박사학위를 받는 것은 단순히 자신이 공부할 영역을 정하는 차원을 넘어서서 세상을 보는 인식과 정체성의 형성과 깊게 관련되기 때문에 어쩌면 이는 당연한 태도일지도 모른다. 그러나 이런 내용학자들의 자기 정체성과 학문적 경향성은 교과 현상을 이해하고 연구하는 활동을 더디게 만든다. 더 나아가 교과가 교수되는 상황을 불만족스럽게 만들며, 교과교육학의 발전도 더디게 할 뿐 아니라 새로운 교과의 출현도 어렵게 만드는 한 요인이 되는 것 같다.

교과는 학문 혹은 학문의 단순화라는 통념에 대해서

우리가 주변에서 꽤나 익숙하게 관찰할 수 있는 장면이나 상황을 몇 가지 기술하고 그와 관련된 문제들을 넌지시 언급하였다. 필자는 한국에서 아직도 교과 현상에 대한 깊이 있는 연구들이 축적되지 못하고 있으며 교과의 교육적 실천들도 개선해야 할 많은 문제점을 안고 있다고 본다. 이런 문제의 밑바탕에 하나의 통념이 자리 잡고 있는데 그것은 교과를 학문에 종속돼 있다고 보는 입장이다. 필자는 현재 교과와 관련된 여러 문제들이 교과와 학문의 관계에 대한 우리의 전통적 이해로 인해서 파생된다고 생각한다. 학문은 교과를 구성하는 매우 중요하고 기초적인 원천이기는 하지만 교과 자체는 아니다.[87] 그러나 교과가 학문이거나 혹은 학문을 교육적 목적으로 단순화한 것이라는 생각은 워낙 일반화되어 있어서 좀처럼 반성의 소재로 떠오르지 않는다. 교과가 학문이어야 한다는 생각은 때로는 규범적인 지향으로 때로는 현실적인 묘사로서 여전히 통용되고 있는 강력한 메타포이다. 교과가 학문이어야 한다는 생각은 학문 중심 교육과정에서 강력하게 표출되었다. 그리고 학문 중심 교육과정기가 아닌 다른 시기에도 교과의 중요한 원천은 현실적으로도 학문인 경우가 많았다. 교과가 제대로 교수되는지를 판단하는 데도 학문적 지식이나 학문의 고유한 탐구 방법이 학습자에게 전수되고 있는지가 중요한 판단의 준거가 된다.

아주 구체적인 일상의 예를 통해서 교과와 학문이 관계 맺는 방식을 생각해 보자. 수학이나 과학과 같이 학문의 구조화가 비교적 분명하고 그 논리적 체계 또한 비교적 분명한 학문의 경우 학문과 교과의 관계는 상당히 명료하다. 즉, 수학과 과학을 학습자의 발달단계에 맞추어서 단순화시키는 것이 학교의 교과 내용을 구성한다. 그래서 교과목의 명칭도 수학, 과학으로 학문과 대체적으로 대응 관계에 있다. 그리고 교과와 학문이 일대일 대응 관계가 성립하는 경우에 교육과정이나 교과서의 내용은 학문의 논리적 구성을 따라서 이루어질 가능성이 높다. 당연히 교육과정이나 교과서 집필에도 해당 분야의 학문적 권위자의 영향력이 강하게 미칠 수밖에 없다. 이때 교과교육학 내지 교과교육학자의 역할은 해당 학문의 논리적 체계를 잘 연구하여 학습자의 발달단계에 맞게 번역해 내는 일이다. 이런 역할을 맡는 교과교육학은 해당 학문의 응용 학문 성격을 띨 수밖에 없다. 간략하게 묘사한 수학과 과학의 예는 해당 학문과 교과의 관계에 대한 치밀하고 정확한 묘사가 아닐 수도 있다. 그러나 아주 왜곡된 현실 인식은 아닐 것이다. 동시에 교과와 학문의 관계를 생각할 때 우리 머릿속에 떠오르는 소박한 이미지들도 이와 유사하지 않을까 한다.

그런데 이런 교과와 학문의 현실적인 관계 내지 상상적 이미지는 교과와 교과교육학의 바람직한 발전을 저해하는 몇 가지 부정적인 효과를 낳는다. 이런 부정적인 효과를 세 가지만 언급하고자 한다. 첫째는 교과 현상에 대한 연구를 협소하게 만들고 연구 관점을 왜곡시킨다. 교과를 학문의 성공적인 전수 내지 학문적 안목의 형성이라고 개념화할 경우 교사가 학생과 만나서 상호작용을 하는 수업을 진단하고 평가하는 관점은 일종의 전달 내지 습득의 패러다임에 의해서 지배당할 가능성이 매우 높다. 즉, 학문으로서의 과학이나 수학이 제대로 가르쳐지고 있는가를 살펴보는 것이 교실 학습 상황을 관찰하는 중요한 관점이 되며 이에 기반하여 진단과 처방이 이루어진다. 그러나 이런 관점은 학습 내용이 학습자의 발달단계에 적합한지 혹은 그것을 넘어서서 근본적으로 과연 가르칠 만한 가치가 있는 것인지에 대한 질문을 방기하도록 만든다. 이것은 특정한 학문이나 지식 체계에 선험적인 정당성을 부여하고 그것에 집착하는 잘못된 이데올로기 효과를 발휘한다. 이처럼 특정 지식의 체계를 절대화하는 태도야말로 한국의 교실에서 교사와 학생이 행복하게 만나는 것을 방해하는 요인일지도 모른다. 예컨대, 앞의 〈상황 1〉에서 필자의 한 선배가 언급한 것처럼 한국의 학생들 대부분은 중·고등학교 단계에서 자신의 흥미와 적성과 별로 상관도 없는 어려운 수학 내용을 엄청나게 많은 시간을 들여서 반복적으로 풀어야 한다. 그러한 사태는 수학 교과에서만 나타나는 것은 아니다. 정도의 차이는 있지만 거의 모든 교과에서 유사하게 등장한다. 그것을 학문이라고 명명하든, 지식이라고 명명하든 하나의 구획되고 구조화된 내용 체계 자체가 가치 있고 꼭 가르쳐야 할 대상이라는 생각을 강하게 가지면 가질수록 학습자의 학습 준비도, 발달단계, 흥미와 적성을 고려하지 않고 주어진 내용을 전달하고 습득시키기 위한 효율성 위주의 교수법이 득세할 수밖에 없다.

둘째, 학문과 교과를 동일시하는 생각은 학문이라는 미리 만들어진 경계를 따라서 교과가 세분화되도록 하는 효과를 만들어 낸다. 대체적으로 우리가 학교에서 다루는 학문들은 근대 서양의 대학 체제를 배경으로 하고 과학주의적 학문 풍토에 영향을 받아서 형성된 것들이다. 그리고 이런 학문들은 독자적으로 세상을 보는 관점과 철학, 고유한 연구 방법, 개념이나 일반화와 같은 지식 체계를 지니고 있다고 여겨진다. 이런 학문들은 별 다른 수정 없이 교과의 분류 체계로 전환되어 왔다. 영국의 교육과정학자 굿슨^{Goodson}은 역사적으로 학문에서 연유하지 않은 교과들이 많이 존재하였다고 주장한다.[88] 그에 의하면 학교 교과에는 이론적·추상적 지식을 추구하는 학문적^{academic} 교과, 실제 생활에의 유용성을 중시하는 실용적^{utilitarian}

교과, 아동의 개인적·사회적 지식을 중시하는 교수 방법적 pedagogical 교과의 세 유형으로 구분되며, 근대 교과의 형성 초기에는 실용적 교과와 교수 방법적 교과가 적지 않았다. 그러나 대학 제도가 보편화되고 사물을 객관적으로 설명하는 추상적이고 이론적인 학문이 권위 있는 지식의 형태로 간주되면서 개별 교과들은 교과의 지위와 위상을 확보하기 위해서 이런 학문적 지식을 차용하여 교과의 성격 변화를 꾀하게 된다. 교과의 지위를 확보하는 과정은 대학의 학문적 전통을 가르쳐야 할 핵심적인 내용으로 받아들이는 대신에 교사들이 가지고 있는 교과 내용에 대한 자율적인 결정권을 양도하는 과정이기도 하다. 이러한 굿슨의 역사적인 분석을 통해서 우리는 교과의 배경이 학문이 아닌 시대도 있었음을 아는 동시에 분절된 학문의 체계에 따라서 세분화된 교과를 넘어설 수 있는 역사적 상상력을 제공받는다.

셋째, 교과와 학문의 관계에 대한 통념은 교과와 교과교육학의 독자적인 발전을 어렵게 만든다. 교과를 학문의 교육적 단순화라고 생각하는 사고는 교과의 내용이나 교수 방법을 결정하는 과정을 끊임없이 배경 학문에 종속시킨다. 초등학교 학생들에게 경제와 관련된 내용을 가르치는 상황을 가정해 보자. 이때 경제학자라면 경제학적 내용 체계를 전수해야 한다는 가정하에서 초등학교 수업을 관찰하고 초등학교에서 가르치는 경제 내용이 경제학의 개념이나 내용 구성 체계와 다를 경우 교육이 잘못되었다고 판단할 가능성이 높다. 이런 학문 우위의 사고는 교과의 고유한 관심에 따라서 학문이 새롭게 구조화되거나 재조직되는 현상 자체를 매우 부정적으로 파악할 위험성이 높다. 그리고 이런 사고야말로 교과를 끊임없이 학문 체계에 종속시키는 서자의 위치로 만든다.

사회교육학자로서의 경험

왜 필자는 교과와 학문의 관계에 대한 이런 비판적인 생각을 갖게 되었을까? 그것은 필자가 사회 교과, 더 정확히 이야기하면 일반사회라는 전공을 택하여 공부하고 성장하였기 때문이 아닌가 한다. 사회 교과의 내부에는 흔히 지리, 역사, 일반사회라는 세 가지 하위 교과(혹은 과목)가 존재하는 것으로 간주된다. 이 중 지리 교과와 역사 교과는 교과와 학문의 관계가 대체로 일대일의 대응 관계를 가진다. 이에 비해 일반사회 교과는 학문과 교과의 관계가 일대일의 대응 관계를 갖지 않는다. 정치학, 경제학, 사회학, 법학, 문화인류학 등 여러 학문들이 일반사회 교과의 배경 학문을 이룬다. 따라서 일반사회 교육 전공자들은 지리교육이나 역사교육 전공자와 비교하여 볼 때 교과의 배경이 되는 내용학에 대한 소속감이 훨씬 약한 편이다. 심리적 소속감뿐 아니라 배경이 되는 내용학과 교과교육학자 간의 유대나 교류, 그리고 영향력 관계도 다른 교과 영역에 비해서 상대적으로 약한 편이었다.

그런 일반사회교육학자의 입장에서 볼 때 지리나 역사 영역의 경우, 지리학과 지리교육학자, 역사학과 역사교육학자의 관계가 상대적으로 긴밀해 보인다. 뿐만 아니라 교육과정 개정 시 시간 배분을 둘러싼 싸움에서도 내용학과 교과교육학 간의 연합적 대응이 훨씬 유기적으로 잘 되는 것 같다. 또한 이런 협력의 반대급부로 교과의 내용 구성이나 교육과정에 대한 의사 결정에서 내용학자들의 간섭을 상대적으로 많이 받는 것처럼 보인다. 자세히 모르긴 하지만 내용학과 교육학 간의 이런 유기적 관계는 수학과 과학에서도 유사하게 나타날 것 같다. 수학이나 과학 교과는 교과의 내용 구성이나 교육과정의 개발과 관련하여 순수 내용학자와 교과교육학자 간에 주도권을 장악하기 위한 명시적이거나 암묵적인 대립이 존재하고 상호 간의 간섭도 많은 것으로 알고 있다.

이에 비해 일반사회 교과는 그 배경이 되는 학문 영역이 잡다하기 때문에 간섭도 상대적으로 적으며 자율성도 그만큼 큰 편이다. 적어도 현재까지는 그러하다. 일반사회 교과의 이런 특수성은 교과학자로서 필자의 고민과 정체성에도 영향을 미칠 수밖에 없었다. 학문과 교과 간에 일대일의 대응관계가 성립하지 않는다는 사실은 끊임없이 필자가 종사하는 교과의 정체성에 대한 고민을 하도록 만들었다. 학문과 교과가 상응하는 다른 교과들이 무엇이 가르칠 만한 가치가 있는 내용인지를 결정하는 문제를 모(母)학문 내지 기반 학문의 권위를 빌어서 비교적 쉽게 해결할 수 있는 데 비하여, 일반사회교육학자들은 좀 더 많은 고민을 해야 하는 위치에 있다. 즉, 일반사회교육학자로서 필자는 혹은 우리는 개별 학문의 내용이 계속해서 팽창하고 새로운 학문이 다기^{多岐}하는 상황에서 학문과 교과의 경계에 서서 양자의 관계를 조망하면서 교과의 내용을 선정하고 그것을 가르치는 순서를 계열화해야 하는 작업을 하지 않을 수 없다. 그런 작업을 실질적으로 잘 수행했는가 하는 평가의 문제와는 별개로 일반사회 교과가 처한 이런 상황은 학문은 무엇이고 교과는 무엇이며 양자의 관계는 어떠해야 하는지에 대해서 고민하고 회의하도록 했다.

'한 지붕 세 가족'이라고 흔히 불리는 사회과의 내부 사정 또한 학문과 교과란 무엇인가에 대한 여러 가지 고민을 하도록 만들었다. 사실 한 지붕 몇 가족이라는 표현은 사회과에만 적용되는 것은 아니다. 거의 모든 교과가 교과 내에 뚜렷이 구분되는 하위 영역들을 가지고 있기 때문이다. 예컨대, 과학은 물리, 화학, 생물, 지구과학이라는 뚜렷이 구분되는 하위 영역을 지니고 있다. 실과의 경우에도 농업, 공업, 상업, 가정과 같이 매우 이질적인 하위 영역을 내포하고 있다. 심지어는 상당히 균질적일 것이라 생각되는 국어 교과의 경우에도 문법, 작문, 독서, 문학 등 이질적인 하위 영역들이 존재한다. 그리고 이런 하위 영역 간에는 교육과정이나 교과서 개정 시 더 많은 비중을 차지하기 위한 경쟁이 수시로 벌어진다.

하위 영역 간의 대립이라는 차원에서 볼 때도, 사회 교과는 상당히 독특한 위치에 있다. 예컨대, 과학의 경우에 뚜렷이 구분되는 네 가지 하위 영역(혹은 교과)이 존재하지만 이 하위 영역들이 과학이라는 상위 영역에 포함되는 것을 거부하지 않는다. 물리, 화학, 생물,

지구과학이 모두 과학인 것이다. 이는 국어나 수학도 마찬가지이다. 그러나 사회 교과에 오면 사정은 미묘해진다. 지리, 역사, 일반사회를 통칭하는 '사회' 교과라는 명칭을 지리와 역사 영역에서는 그다지 달가워하지 않는 편이다. 이런 사정은 한국에서 사회 교과가 탄생한 배경을 살펴보면 이해하기가 쉽다. 사회 교과라는 명칭은 미국의 Social studies를 우리말로 번역한 것이다. 처음에는 듀이^{Dewey}의 아동 중심, 생활 중심 아이디어를 반영한 교과라는 뉘앙스를 살리기 위해서 '사회생활'이라는 용어로 번역했다가 나중에 '사회'로 바꾸었다. 미국에서 수입된 이 교과는 한국에서는 이전에는 존재하지 않던 교과였다. 사회 교과는 민주시민 양성을 목적으로 하는데 이런 목적을 가진 교과는 과거에 존재하지 않았다. 동시에 이런 목적에 상응하는 단일한 학문도 존재하지 않았다. 즉, 사회 교과는 민주 국가 탄생이라는 새로운 생태 환경 속에서 학생들을 교육하기 위해서 새롭게 발명된 교과이다.

그런데 대개의 발명이 완전히 새 것을 창안하는 것이 아니라 기존의 것들을 새로운 방식으로 결합하고 약간의 새로운 것을 덧붙이는 것처럼 사회 교과의 발명도 일제시대부터 존재하던 지리, 역사, 공민(수신修身 과목)을 통합하고 민주시민교육이라는 목적하에 재편성함으로써 이루어졌다. 그런데 통합의 과정은 출발부터 순조롭지 못하였다. 특히 역사 교과는, 민주시민교육이라는 목적하에 사회라는 교과의 하위 교과로 역사가 포섭되는 것에 대한 저항감이 매우 강하였다. 이런 초기의 대립은 지금도 진행형이다. 교육과정 개정 때마다 사회 교과 내 영역 싸움은 과학 교과처럼 '과학'이라는 우산 언어에 합의한 상태에서 내부 지분을 분배하기 위한 투쟁이기보다는 '사회'라는 우산 언어를 벗어나서 독립을 얻기 위한 성격을 띠곤 한다.

교과 내 하위 영역간의 대립, 나아가서 교과간의 대립을 흔히 우리는 교과 이기주의라고 부른다. 필자는 '자교과 중심주의'라고 표현한 적도 있다. 그런데 교과 이기주의라는 말은 도덕적이고 윤리적인 판단의 성격이 강하다. 즉, 교과의 지분을 넓히는 것이 자기 집단에 유리하므로 자기 집단의 이익을 수호하거나 확대하기 위해 이기적인 행동을 한다는 뜻이다. 그러나 교과의 영역 확장을 위한 노력의 배경에는 이기적인 동기 이전에 교과 관련 집단의 집단적 정체성이 존재한다. 특정한 교과를 전공하고 학위를 받고 이를 가르치는 일에 종사하는 사회화 과정은 특정한 실천공동체에 속하여 그 공동체의 문화와 규범을 배우며 성장해 가는 일종의 정체성 형성 과정이기도 하다. 여기서 정체성이란 세상을 보는 특정한 안목의 형성과 관련되어 있다. 자신이 속하고 양육된 특정한 실천공동체의 일원으로 자신이 배운 안목을 소중하게 여기고 이를 교육을 통해서 재생산하려고 하는 욕망은 매우 자연스럽고 또 권장할 만한 일이다. 그런데 왜 그것이 교과 이기주의라고 지탄받는 잘못된 효과를 발휘할까?

문제는 세상을 의미 있게 이해하고 해석할 수 있는 안목, 그리고 그 안목의 생산과 재생산에 관여하는 실천공동체가 복수로 존재한다는 것이다. 그리고 그 안목들의 가치를 상대적으로 비교하고 측량할 수 있는 객관적인 지점을 확보하는 것이 쉽지 않다. 그런 상황 속에서 특정한 안목의 세계를 존중하고 거기에 헌신하는 것은 다른 안목의 세계를 폄하하고 배제하는 논리로 작용할 가능성이 많다. 어쨌든 사회 교과라는 다학문적인 배경을 지닌 교과에 속하여 학문 활동을 하게 된 경험을 통해서 필자는 단일 학문에서 유래하는 교과, 그리고 그런 대응 관계에 기반하여 특정한 내용 영역의 고유한 가치를 수호하려는 노력들이 정당하기보다는 의심스러우며 어쩌면 심각하게 반성되고 재구성되어야 할 낡은 습속일지도 모른다는 생각을 하지 않을 수 없었다.

유기체로서의 교과

•

교과와 학문의 관계에 관한 낡은 생각을 비판하고 사회교육학자로서의 경험에 터하여 필자가 주장하려고 하는 것은 교과가 학문과는 구별되는 하나의 유기체일 뿐 아니라 교과교육학이 배경 학문과 구별되는 자율적인 생태계이며 또 자율적인 생태계여야 한다는 것이다. 교과를 유기체로 이해하고 교과와 교과교육학을 상호 역동적인 생태계로 이해하기를 시도한 학자는 박인기이다.

교과(또는 교과교육학)를 유기체적인 존재로 보고 교과가 자신을 둘러싼 각양의 생태학적 여건과 더불어 동화와 조절을 부단히 해 나가는, 어떤 주체로 파악할 필요가 있다. 이는 개별 교과를 개별 종種의 차원에서 유추하여 그 진화적 양상을 살펴보는 방식을 요청한다. 따라서 특정의 교과가 지식생태계 또는 교육생태계에서 특정의 종의 자리에 놓일 수 있다는 인식은 특정 교과의 지식 생태, 교육 생태, 문화 생태 등 생태적 총체를 보다 더 입체적으로 읽고 분석하여 교과의 변화와 미래를 읽게 하는 데 기여할 수 있다. (……) 교과를 종의 자리에 설정함으로서 현재로서 탐색이 되어 있지 않지만, 개별 교과가 지식 생태와 교육 생태에 대응하는 양상을 어느 정도 천착해 볼 수 있다. 교과를 유기체적 현상으로 보고, 교과가 자신을 둘러싼 각양의 생태학적 여건과 더불어 동화와 조절을 부단히 해 나가는 어떤 주체로 파악할 필요가 있다.[89]

박인기의 주장에 따르면 민주시민교육으로서의 사회과는 하나의 유기체로서 교과가 어떻게 탄생하고 변화하며 진화해 가는가를 보여 주는 좋은 예라고 할 수 있다. 예컨대, 후속 세대들을 바람직한 민주시민으로 성장하도록 하기 위해 어떤 내용을 어느 시기에 어떤 방식으로 가르쳐야 하는지를 고민하는 '사회' 교과의 관심은 어떤 학문 영역으로 환원될 수 없는 고유하고 독특한 관심이라고 할 수 있다. 그리고 이런 고유한 관심에 터하여 교사와 교과교육학자들은 여러 학문적 지식을 포함하여 인류의 지적 경험과 전통, 그리고 끊임없이 변화하는 현실과 세계를 조망하면서 교과의 내용을 주조하고 교수 방법을 가다듬으며, 교과가 학습되고 교수되는 현상을 관찰하여 학습자의 의미 있는 성장에 대한 지식을 축적해 간다. 이런 교육 실천과 교육 연구를 통해서 교과는 끊임없이 재구성될 뿐 아니라 교과에 대한 해석과 설명의 체계로서 교과교육학도 진화해 간다. 물론, 이런 사회 교과의 진화 과정은 진공 상태에서 이루어지지 않는다. 지리, 역사, 일반사회의 오랜 경쟁과 협력 관계는 하나의 새로운 교과가 탄생하고 성장해 가는 과정이 얼마나 지난한가를 잘 보여 준다.

그리고 이런 예는 사회과에만 한정되지 않는다. 초등 1, 2학년에 국한되기는 하지만 슬기로운 생활, 즐거운 생활과 같은 교과 또한 교과의 탄생과 변화 과정을 연구할 수 있는 좋은 사례이다. 기존 교과가 점유하고 있는 한정된 공간 안에서 탄생한 새로운 교과는 기존 교과와의 협력, 대립, 갈등의 관계를 경험하고 교과들 내에서 상대적인 위상을 다투면서 자신의 존재를 정립해 간다. 이러한 교과의 진화 과정에는 해당 교과에 대한 정체성과 소속감을 지닌 교사와 교과교육학자뿐 아니라 다양한 내용학 전문가와 일반 교육학자들이 부단히 관여하며, 더 넓게는 교육에 관심을 가지는 다중들이 직간접적으로 연관되어 있다. 즉, 하나의 교과는 인접 생태계와 부단히 영향을 주고받으면서 성장하고 변화해 간다. 그리고 해당 교과가 주변 환경에 성공적으로 적응하면 교과로서의 영속성을 누리며 진화해 갈 수 있다. 그러나 교과가 사회적 유용성을 증명해 내지 못하고, 독자적인 지식 체계와 자기 정당성을 구축하지 못하고, 학습자에게 유의미한 성장의 경험도 생산해 내지 못하면 영속성을 보장받지 못하고 소멸할 수밖에 없다.

이렇게 교과를 유기체로 보고 교과와 교과교육학을 상호 연관된 하나의 생태계로 파악할 때 그 자율성의 정도는 교과마다 상이하다. 교과가 사회적 유용성이라는 외재적 가치와 교과 자체의 내재적 가치를 충분히 인정받을 경우 교과공동체가 교과의 운명을 스스로 결정할 수 있는 자율성의 정도는 상대적으로 커진다. 그러나 교과가 그 외재적 가치와 내재적 가치를 충분히 인정받지 못할 경우 해당 교과공동체의 자율성은 상당히 줄어든다. 어쨌거나 교과와 교과교육학을 생태계, 혹은 자율적 생태계라는 은유로 이해하려는 시도는 학문을 중심에 놓고 교과를 종속적으로 보는 기존의 관행적 시선과 달리 교과 현상을 중심에 놓고 그 탄생과 변화 과정을 인접 생태계와의 부단한 교섭 작용 속에서 살필 수 있는 새로운 시선을 제공해 준다.

교과의 바람직한 발전을 위하여

앞에서 교과를 유기체이자 자율적 생태계라는 은유로 바라보는 것의 유용성에 대해서 말하였다. 필자는 자율적 생태계라는 말이 현실을 기술하거나 설명할 수 있는 틀도 되지만 동시에 규범적인 틀도 될 수 있다고 생각한다. 특히 자율성과 관련하여서 그러하다. 교과가 스스로를 이해하고 설명하고 정당화할 수 있는 개념들을 생성해 내지 못하고 배경 학문의 논의에 종속될 경우에 교과는 충분히 진화한 것이라고 보기 어렵다. 현재 제기되는 교과의 여러 문제를 해결하고 교과를 학문의 서자가 아니라 자기 생성적인 유기체이자 자율적인 생태계로 발전시키기 위해서는 새로운 실천과 연구가 필요하다. 예컨대, 박인기는 교과의 진화와 교과교육학 담론의 방향으로 ① '지식의 가치'에 대한 이론화 노력, ② 타 교과(학문)와의 상호성 확충하기, ③ 교과의 작용 가능성 모색하기, ④ 교과와 문화의 관계를 살피는 연구, ⑤ 교과와 기술technology의 관련 양상에 대한 메타 연구, ⑥ 새로운 교과교육학 패러다임 만들기를 제안하고 있다.[90] 이런 연구 영역들은 그동안 많이 간과되었던 부분으로 이런 연구가 심화되면 교과의 자율성과 자기 생성력은 지금보다 훨씬 강화될 것으로 판단된다.

박인기가 언급한 연구 분야를 포함하여 교과의 바람직한 발전을 위해서는 다양한 연구와 실천이 충실하게 이루어져야 하지만 필자는 우리 교과교육학의 현실에 비추어서 세 가지를 중요한 연구 영역으로 제안하고자 한다. 첫째는 학습자의 배움과 성장에 대한 연구가 깊이 있게 수행될 필요가 있다. 그동안 교과가 교수되는 현상에 대한 많은 연구들이 있었다. 그러나 대부분의 연구들이 교과 내용을 주어진 것으로 가정하고 그것을 효과적으로 가르치기 위한 교수 방법 위주로 이루어졌다. 그러나 교육주의의 패러다임에 입각하여 전달의 효율성을 다루는 연구만으로는 학습자가 특정한 교과 지식을 어떻게 경험하고 어떻게 성장해 가는지를 이해하고 설명을 하는 데는 한계가 있을 수밖에 없다. 오늘날처럼 교육학의 관심이 교수에서 학습으로 전환되는 상황에서 우리는 학습자의 경험에 대해서 너무 모르고 있다고 해도 과언이 아니다. 교과교육학의 차원에서는 학습자들이 교과의 특수한 내용들에 대해서 어떤 선이해의 구조를 가지고 있으며 학습의 과정을 통해서 이런 기존 관념을 어떻게 재구성하고 의미를 해석해 가는지에 대한 체계적인 지식을 축적해 갈 필요가 있다. 구성주의적 학습 이론의 관점에서 볼 때도 학습자에 대한 이해는 매우 중요하다. 학습자에 대한 정확한 이해를 축적하지 못한 교과교육학은 기초가 부실한 고층 빌딩처럼 위험하다.

둘째, 교과의 자기 이해를 심화시킬 수 있는 메타 연구가 필요하다. 교과에 대한 메타적인 이해를 추구하는 연구로는 교과 자체의 형성 및 정당화와 관련된 철학적 논의, 교과의 기원 및 전개, 변화 등과 관련된 역사적 논의, 교과와 교과 형성을 둘러싼 사회문화적 맥락을 다루는 논의, 해당 교과와 다른 교과 및 학문과의 관계성을 밝히는 논의, 교과의 내적 구성 원리와 내용의 위계성과 관련된 논의들이 포함될 수 있다. 이런 교과의 메타적 이해와 관련된 연구들은 현재까지 별로 수행되지 못하였다. 그 이유는 교과교육학이 '교직학'의 관심하에서 주로 발달해 왔기 때문이다. '내용학' 중심의 교과교육학이든, '교수법' 중심의 교과교육학이든 기존의 교과교육학 연구는 '교직학'의 범주를 크게 벗어나지 않는다는 점에서는 유사하다. '교직학'의 범위를 넘어서서 해당 교과 자체를 학문적 탐구의 대상으로 설정하고 이에 관한 이해와 설명을 심화시키는 교과의 메타 연구들이 더 많이 수행되어야 교과와 교과교육학의 선순환적인 발전에도 도움이 될 것이다.

셋째, 비교교과교육학적 연구가 활성화될 필요가 있다. 많은 교과교육학자들이 자기 교과에 대한 이해가 부족할 뿐만 아니라 다른 교과에 대해서도 무지한 편이다. 그리고 이런 무지는 자기 교과에 대한 이익 추구 활동을 더 강화시키는 효과를 작동시킨다. 비교교과교육학적 연구는 다른 교과를 이해하고 소통할 수 있는 계기를 마련해 줌으로써 자기 교과에 매몰된 협소한 시각을 극복하고 학교교육이라는 넓은 지평 속에서 여러 교과들의 역할을 균형 있게 이해하게 한다. 그 속에서 자기 교과의 기능과 역할도 이해할 수 있는 안목을 제공해 줄 것이다. 또한 이런 비교교과교육학적 연구는 현재의 교과를 넘어서서 새로운 교과를 태동해 낼 수 있는 상상력의 지평도 제공해 줄 것이다.

교과를 넘어서는 상상력

글의 부제에 관한 이야기를 잠시 언급하는 것으로 글을 마무리하고자 한다. '교과를 넘어서는 상상력'이란 말을 처음 떠올렸을 때 필자는 교과가 아닌 그 무엇의 출현을 구체적으로 기대하고 이 말을 사용한 것은 아니다. 교과의 국어사전적인 뜻을 살펴보니 "학교에서 교육의 목적에 맞게 가르쳐야 할 내용을 계통적으로 짜 놓은 일정한 분야"

라고 규정되어 있다. 공교육 제도가 존속하고 공교육 체제 내의 학생들에게 무엇인가를 가르쳐야 한다면 우리는 학생들이 배워야 할 내용을 체계적으로 조직하는 활동으로부터 벗어날 수 없다. 그것을 실용적인 성격으로 규정하든 학문적인 지식으로 규정하든 또 다른 무엇으로 규정하든 현실적으로 교과는 굿슨의 언급처럼 거시적인 사회·정치·경제적 맥락의 제약 속에서 다양한 이해-관심을 가진 교과 내지 교육공동체 간의 타협과 절충의 산물로, 사회문화적으로 구성된다. 그 결과 중세의 7자유과 — 문법, 수사, 논리의 3학과 산수, 기하, 천문, 음악의 4과 — 와 현재의 교과가 달라졌으며 미래의 교과 또한 달라질 것이다. 따라서 긴 역사의 안목에서 보면 현재의 교과를 보존하려는 노력은 기껏해야 현존 질서를 유지하려는 보수적인 시도에 다름 아니다.

교과에 대한 사회구성주의적 관점을 받아들일 때 비로소 우리는 현재의 교과에 대한 집착으로부터 벗어나서 인류가 직면한 현재의 위기들을 극복하고 더 바람직한 삶을 잉태해 낼 수 있는, 더 나은 교과를 향한 여정에 즐겁게 참여할 수 있는 힘을 얻는다. 물론, 이 여정은 아무것도 없는 빈 공간에 멋진 건축물을 쌓아 올리는 것 같은 합리적 공학과는 거리가 멀다. 오히려 인류의 오랜 전통과 시행착오가 퇴적되어 있는 미로를 헤치고 나아가면서 새로운 길을 열어 가야 하는 더디지만 흥미진진한 모험에 가깝다. 그리고 그 길을 지혜롭게 나아가기 위해서 우리에게는 전체를 조망할 수 있는 합리적인 기획과 함께 현실의 미로를 이해할 수 있는 현미경적인 시선도 필요하다. 교육과정학적인 용어로 표현하면 교과에 대한 설계와 교과 현상에 대한 이해가 상호 융합되고 변증법적인 상승작용을 해 나갈 때 비로소 우리는 낡은 교과의 벽을 뚫고 시대의 요청에 답할 수 있는 새로운 교과들을 잉태해 낼 수 있을 것이다.

그리고 그런 작업은 하나의 교과에 속박된 폐쇄적인 정체성을 가진 존재들이 아니라 여러 교과와 학문 영역을 넘나들고 기웃거릴 수 있는 복합적이고 열린 정체성을 지닌 존재들을 요청한다. 바람직한 교과교육학의 생태계는 자율적일 뿐 아니라 개방적이고 소통적이어야 한다. 그 점에서 현장 교사, 내용학자, 교과교육학자, 교육학자들 — 이 구분은 생활 세계의 민속학적 분류를 인용해 본 것이다 — 은 자신의 일차적 정체성으로부터 벗어나서 영역을 자유롭게 가로지를 수 있는 유쾌한 분열자가 되어야 한다. 그리고 그런 새로운 정체성을 지닌 자들에 의해서 학생과 교사가 더 행복하게 만나고, 그런 행복한 학습의 결과로 더 윤리적이고 더 사려 깊은 후속 세대가 성장하며, 인류의 삶이 더 나아지는 미래를 기획하는 데 기여할 수 있는 새로운 교과가 탄생하리라 기대해 본다.

가르치는 활동은 과학인가, 예술인가?

— 수업의 과학성과 예술성

가르치는 활동을 어떻게 이해해야 할까? 가르치는 활동의 본질을 둘러싸고 그것을 과학으로 보는 은유와 예술로 보는 은유가 대립하고 있다.[9] 이 대립을 이해하는 것은 수업 실천의 성격을 이해하는 데 중요한 시사점을 제공해 준다. 이 대립의 성격을 이해하기 위해서 우리의 일상적 수업 관행에서 출발해 보자. 우리는 어떻게 수업을 하는가? 먼저 교육과정이나 교과서를 검토하여 수업(학습) 목표를 확인한다. 그리고 목표에 도달하기에 가장 효율적이라고 가정하는 학습 경험을 조직하여 수업을 한다. 수업이 끝나면 평가를 해서 수업 목표의 도달 여부를 확인한다. 물론, 평소에는 이런 절차조차도 의식하지 못할 수도 있다. 교과서를 따라서 수업하기도 바쁘니까. 그러나 수업 공개나 연구수업을 할 때면 이런 타일러^{Tyler}류의 수업 절차가 다시 명료하게 드러난다.

  수업을 관찰할 때는 어떤가? 우선 수업을 도입부, 전개부, 정리부로 나눈다. 도입부에서는 전시 학습을 확인하는지, 목표 제시가 명료한지, 동기 유발은 적절한지를 묻는다. 전개부에서는 교사의 설명이 적절한지, 질문과 대답의 상호작용은 원활한지, 학생 통제는 잘 이루어지는지, 교수 자료는 효과적으로 제시했는지 등을 관찰한다. 마지막에는 요약 및 정리가 잘 이루어지고 수업의 핵심 내용을 잘 평가했는지 등을 살펴본다. 한마디로 수업 전체를 잘게 쪼개서 분석적으로 바라본다.

  이렇게 수업을 하고 관찰하는 관행은 우리에게 굉장히 익숙하다. 그래서 낯설게 보기가 어렵다. 왜 그런 식으로 행동하는지 우리 자신도 잘 알지 못한다. 교단에 입문하였을 때 선배들이 그렇게 살고 있었고 그런 문화 속에서 자연스럽게 사회화된 결과이지 왜 그렇게 해야 하는지를 스스로 묻고 탐구한 것이 아니기 때문이다.

  그런데 곰곰이 생각해 보면 이런 관행의 배경에는 '가르치는 활동은 과학'이라는 시대정신이 깔려 있다. 과학주의는 주어진 수업 목표를 추구하는 데 효율적인 방법이 있다고 가정한다. 효율적인 방법은 실험과 관찰이라는 객관적 탐구를 통해서 확인할 수 있다. 그리고 효율적인 교수 방법이 한번 알려지면 교수 행위는 그에 따라서 과학적으로 관리되고 통제되어야 한다. 이런 과학적 관리라는 아이디어는 우리의 일상적 관행 밑바탕에 깊게 뿌리박혀 있다. 그리고 이런 집단 무의식은 다른 방식의 수업 실천이나 관찰을 가로막는다.

학교는 효과를 만들어 내지 못한다

이런 수업 관행의 뿌리를 더듬다 보면 근대 교육학의 흐름과 만난다. 수업의 과학성을 추구하여 보편적 법칙을 발견하려는 흐름은 근대 자연과학의 눈부신 성장에서 기인한다. 이로 인해 사람들은 인간과 사회현상조차 과학적인 언어를 빌어 설명하려고 하였다. 교육 분야도 예외는 아니다. 초창기 미국 교육심리학자인 손다이크Thorndike나 스키너Skinner는 가르치는 활동도 자극-반응의 관계로 보았다. 교육 활동은 바람직한 반응을 산출하기 위한 관찰 가능한 자극행위로 단순화되었다. 그리고 이런 과학주의적인 사고는 교수와 학습에 대한 사람들의 생각에 많은 영향을 주었다.

과학주의의 성장과 더불어 가르치는 활동이나 학교가 효율적이어야 한다는 생각이 광범위하게 확산되었다. 그리고 연구자들은 가르치는 활동을 효율적으로 만드는 요인들을 찾으려고 노력하였다. 교실에서의 학습 시간 연구나 교사 특성 연구 등은 이런 효율성에 관한 초기 연구들이다. 교수 활동의 효율성에 관한 이런 연구의 흐름을 미국의 맥락 속에서 살펴보면 흥미롭다. 그중 중요한 한 가지 논쟁이 학교의 효율성에 관한 것이다.

잠시 타임머신을 타고 미국으로 여행을 떠나 보자. 최근 미국은 최초의 유색인종 대통령 오바마의 탄생으로 미국의 역사를 새롭게 썼다. 그러나 1950년대의 미국은 지금과 판이하였다. 특히 남부에는 견고한 인종차별의 벽이 존재하고 있었다. 당연히 공립학교도 흑백 분리 교육이 대세였다. '분리하되 동일하게 separate but equal'라는 연방대법원의 판례가 그것을 정당화해 주었다. 그런데 인권운동의 신장 속에서 1954년 연방대법원이 브라운 판결 Brown v. Board of Education을 통해 인종 분리 교육이 위헌임을 선언하였다. 통합 교육의 전기가 마련된 것이다.[92]

그러나 인종 통합 과정은 순조롭지 않았다. 브라운 판결이 있은 지 1년 후에 남부 앨라바마주 몽고메리에서 로자 파크스 여사는 버스에서 백인 좌석에 앉았다가 경찰에 연행되었다. 이 사건은 그 후 381일 동안 몽고메리 버스 보이콧 운동으로 이어졌고, 인종 분리에 저항하는 미국 흑인민권운동의 단초가 되었다. 1957년에는 아칸소주 리틀록에서 흑인 학생 아홉 명이 자신들이 배정받은 백인 학교에 등교를 시도하다가 이를 저지하려는 백인들에 의해 안전을 위협받는 사태가 벌어졌다. 당시 아이젠하워 대통령은 고민 끝에 정의를 위해 리틀록 센트럴고등학교에 연방군 공수부대를 투입하였다. 건국 이래 최초로 연방군이 흑인 권리 보호를 위해 남부에 파견된 것이다. 아홉 명의 학생들은 연방군의 호위를 받으며 당당하게 정문을 통과하였고 국민들은 결국은 정의가 실현됨을 배웠다.

이런 일련의 사건으로 미국 내에서는 소수 인종의 빈곤과 무지 퇴치를 위한 학교의 역할에 대한 관심이 높아졌다. 이런 관심은 1960년대 중반에 최고조에 달하였다. 특히 1964년 제정된 민권법은 여러 인종간의 교육 기회 균등에 대한 연구를 시행하도록 명령하였다. 이를 계기로 1966년에 발표된 보고서가 이른바 〈콜만 보고서Coleman report〉이다.[93] 이 보고서는 교육 성취와 다양한 요인간의 상호작용을 연구하였다. 60만 명 이상의 학생과 4천 개의 학교를 표집 대상으로 한 대규모 연구였다. 이 보고서의 결과는 충격이었다. 한마디로 학교는 차이를 만들어 낼 수 없다는 것. 보고서는 학교보다는 가정 배경이나 또래 집단이 학업 성취에 더 큰 영향을 미침을 드러냈다. 이 결론은 교육자들을 매우 곤혹스럽게 했다. 공교육에 대한 정부 투자의 기반을 무너뜨리는 연구 결과였기 때문이다.

교사는 효과를 만들어 낼 수 있다!

콜만 보고서에 충격을 받은 학자들은 그 연구의 결함을 찾아 나섰다. 그리고 이들은 변수를 찾아냈다. 바로 교사의 수업 행위이다. 콜만 보고서는 교실의 물리적 시설이나 도서관의 장서 수와 같은 교육의 투입 요소들만을 주로 살펴보았지 교사의 수업 활동에 주목하지 않았다. 우리가 수업을 하거나 교실 관찰을 할 때 명시적·묵시적으로 많이 의존하는 교사 효과성 연구, 혹은 과정-산출 연구$^{Process-product\ research}$는 이런 배경 하에서 조명을 받게 된다. 이제 연구자들은 교사의 수업 행위를 교실에서 직접 관찰하기 시작했다. 그리고 교사의 특정한 수업 행위와 학생의 학업 성취와의 상관관계를 밝히고자 했다. 이를 위해서 관찰자들은 체계적 체크리스트를 만들어 교사들의 행동을 관찰하였다. 그리고 연구 결과 교사의 몇 가지 교수 행위와 학생의 학업 성취와의 상관관계가 발견되었다.

이런 연구들이 발견한 결과들을 몇 가지 살펴보자. 수업을 방해하는 학생은 무시하는 것이 좋을까, 즉시 제재하는 것이 좋을까? 즉시 제재하고 적절히 처벌하는 것이 효과적이다. 정보를 제공할 때는 어떻게 해야 할까? 내용을 구조화하여 반복적으로 제시하고 배운 내용을 간헐적으로 요약해 주어야 한다. 교사 효과성 연구를 오랫동안 한 보리히^{Borich}에 의하면 수업의 명료성, 수업 방법의 다양성, 순수 수업 활동에의 전념 정도, 학생의 적극적인 참여, 학생의 학습 성공률 등 다섯 가지 핵심 행동이 학습의 효율성을 높인다.[94] 이렇게 교사 효과성 연구는 학생의 학업 성취에 유의미한 교사 행동 변인을 찾아냄으로써 수업 설계와 교실 관찰에 영향을 미쳤다. 또 학생의 학업 성취에 영향을 미칠 수 있는 변인을 발견함으로써 교사 교육을 과학화하였다는 찬사도 받았다.

교사 효과성 연구의 성공이 가져온 역설

교사 효과성 연구는 한동안 가르치는 활동을 설명하는 주된 연구로 위세를 떨쳤다. 어떤 교사를 양성하려고 하느냐는 세간의 질문에 대해 '아이들을 사랑하는 교사' 혹은 '사명감이 투철한 교사'라고 하면 얼마나 막연하게 들리는가? 이에 비해서 과학적 접근을 통해 학생들의 학업 성취를 높일 수 있는 효과적인 교사의 행동 목록을 확보하였다면 훨씬 대중적인 설득력을 갖는다. 이 때문에 이 연구 결과는 교사교육에서 광범위하게 활용되었다.

교수 방법에 대한 과학적인 법칙이나 원리의 발견으로 교직의 전문성은 높아졌다. 그런데 이런 교직의 전문화가 교사의 전무성과 일치하는 것은 아니다. 교수 활동을 과학적 법칙에 종속시키면 교사 스스로 무엇이 좋은 수업이며 어떻게 하는 것이 올바른 수업 방법인지를 고민할 필요성이 줄어든다. 대신에 보편적인 수업 방법에 맞게 자신의 몸을 훈련시키면 된다. 이제 교사는 점점 더 근대 공장의 공인工人을 닮아 가게 된다. 즉, 교사의 탈전문화와 탈기능화가 촉진되는 것이다. 그것은 효율성을 추구하는 분업화, 기계화, 자동화 등이 노동자들을 탈기술화시키는 과정과 크게 다르지 않다. 직업의 전문화와 그 직업 내 종사자가 가진 전문성 사이의 불일치 현상![95]

이제 교사는 스스로 고민할 필요가 없다. 객관적 연구 결과에 의해서 밝혀진 원리를 충실히 따라가기만 하면 된다. 아마도 그 극단적인 형태는 효율적인 수업 모형에 따라서 설계된 교재나 CD를 들려주는 소극적 교사의 모습일 것이다. '티나라'나 '아이스크림'을 클릭하는 교사의 모습을 떠올려 보라! 과학주의적 접근은 결코 교사를 과학자로 대우하지 않는다. 오히려 과학적 원리를 맹목으로 따라야 하는 꼭두각시로 전락시킨다. 그러나 교사는 주어진 법칙을 기계적으로 적용하는 자동인형일 수 없다. 이론과 실천의 관계는 훨씬 더 복잡하다. 이론을 실천 현장에 적용하는 교사는 나름의 판단으로 주체적으로 행동하는 존재이다. 이런 통찰을 바탕으로 과학-기술적 합리성에 도전하는 많은 학자들이 생겨났다.

실천적 지식은
이론적 지식과 다르다

과학주의적 접근은 교사의 교수 활동을 보편적 원리를 교실에 적용하는 수동적인 행위로 변화시켰다. 그러나 실천은 밝혀진 이론을 기계적으로 적용하는 행위가 아니다. 어렸을 때 자전거나 수영을 배웠던 기억을 떠올려 보라. 자전거가 넘어지는 쪽으로 핸들을 꺾으라든가 물속에서 어떤 식으로 호흡하라는 등의 가르침을 몸으로 구현하는 과정은 결코 기계적이지 않다. 나름의 시행착오와 익힘의 과정이 필요하다. 모든 실천은 고유한 맥락성과 숙달의 과정을 필요로 한다.

단순한 자전거 타기도 이러하거늘 이보다 훨씬 복잡한 교수 활동은 일러 무엇하리요. 많은 교사들이 교수 방법론 교재에 나오는 특정한 수업 방법을 교실에 적용할 때의 어려움들을 알고 있다. 보편성을 확보해서 수업 방법 교재에 수록된 내용들이 자신의 교실에서는 전혀 먹혀들지 않는 황당한 경험을 많이 해 보지 않았는가? 여러 가지 과학적인 근거를 가진 수업 모형의 경우도 마찬가지이다. 수업 모형을 교실에 적용하는 많은 교사들이 그 모형대로 진행되지 않는 현실을 발견한다. 그래서 많은 교사들은 이론에 대해서 냉소적이 된다.

왜 이런 현상이 발생할까? 이에 대해 교육학자 쇤^{Schön}은 이론적 지식과 실천적 지식의 근본적인 차이를 주장한다.[96] 실천은 이론을 단순히 적용하는 응용과학이 아니다. 물론, 이론이 불필요한 것은 아니다. 그러나 이론은 언제나 실천 현장에서 재해석되어야 한다. 실천은 언제나 맥락 의존적이다. 실천가들은 일상의 복잡한 상황 속에서 나름의 판단하에 행동하고, 그 실천 과정을 성찰하면서 새로운 실천의 길을 개척해 간다. 그리고 이런 실천적 지식의 성장 과정에는 자신의 실천에 대한 반성과 숙고가 핵심적 요소로 작용한다. 실천에 대한 지혜는 미리 알려진 매뉴얼을 따라가는 안정된 여행 행로가 아니다. 상황과 호흡하면서 나름의 길을 개척해 가는 복잡한 여정이다. 그리고 실천가의 성찰과 숙고 속에서 앎과 행위, 이론적 지식과 실천적 지식은 매번 새롭게 조우한다.

가르치는 행위는
예술이다

•

실천적 지식은 행위 중에서 일어나는 성찰을 강조한다. 여기에서 한 발을 더 내딛으면 우리는 자연스럽게 가르치는 행위는 예술이라는 주장과 조우한다. 가르침의 예술성은 듀이^{Dewey}, 하이트^{Highet}, 아이즈너^{Eisner} 등 많은 학자들이 일찍부터 주장해 왔다. 심지어 교수 활동을 과학적으로 설명하는 입장에 가까운 게이지^{Gage} 같은 학자도 "나를 포함해서 많은 학자들이 가르침은 예술^{art}이라고 말해 왔다. 가르치는 일을 "예술"이라고 하는 것은 무엇을 의미하는가? 가르치는 일은 미술$^{fine\ art}$이 아니고, 도구^{instrumental} 혹은 실용 예술$^{practical\ art}$이다. 도구 예술이기 때문에 가르치는 일은 처방들, 공식들, 알고리즘들과는 거리가 멀다. 그것은 즉각적 대응, 자발성, 형태·스타일·속도·리듬과 같은 수많은 요소에 대한 고려, 그리고 적절성을 매우 복잡하게 요구하기 때문에 마치 엄마들이 5살 자녀를 다루는 것을 컴퓨터가 따라 할 수 없는 것처럼 컴퓨터조차 감당해 내지 못한다"라고 말하면서 예술성에 관한 언급을 하고 있다.[97]

가르침은 예술이라는 말은 하나의 은유이다. 이 은유는 가르침의 어떤 측면에 주목하는 것일까? 우선, 전통과 관습에 얽매이지 않는 창의적 수업 실천에 주목한다. 알려져 있는 수업 모형에 만족하지 않고 새로운 길을 찾아 나서는 교사는 예술가다. 그리고 많은 다른 예술가의 삶처럼 이런 교사의 실천에는 열정과 교육적 상상력이 넘치도록 흘러나온다. 둘째, 가르침은 예술이라는 은유는 목적과 수단의 분리를 거부한다. 수업 목표는 학생과의 만남 이전에 미리 설정되지 않는다. 수업의 방향과 목표는 교사와 학생의 만남에서 발현된다. 마치 조각가가 최종 조각품을 완성하기까지 자신이 무엇을 만들려고 하는지를 알지 못하듯이. 이 말을 준비 없이 무책임하게 수업하는 것으로 오해해서는 안 된다. 뛰어난 공연처럼 예술적 수업은 철저한 준비가 필요하다. 그러나 준비한 바를 완벽하게 재현하는 데 수업의 성패가 달려 있지 않다. 학생들의 미세하고 풍부한 반응에 공명하는 것. 즉흥성과 우연성에 개방되는 것. 기다림과 여백에 익숙해지는 것. 이런 분위기 속에서 수업의 목표와 수단은 상호 혼용되어진다. 셋째, 이런 수업에서 교사는 자연스럽게 수업의 미세한 질적 특성에 주목한다. 학생과 상황에 대한 민감성, 즉각적이고 사려 깊은 행동 능력, 교육적 주의력과 배려 등 과학적 관리나 목적–수단적 방법론에서 놓치기 쉬운, 계량화가 불가능한 것들에 교사는 관심을 갖는다. 마지막으로 예술적 수업은 학생과 교사 모두에게 미적 체험을 불러일으킨다. 이 말은 설명하기가 다소 어렵다. 그러나 뛰어난 공연을 볼 때 우리의 마음속에 자연스럽게 떠오르는 미적 감흥을 기억해 보라. 뛰어난 수업을 경험할 때도 교사와 학생의 마음속에 동일한 체험이 가능하지 않을까? 교사는 가르침에 몰입하고 학생들은 가르침에 아름답게 전염되는 지적 유대와 정서적 융합의 체험!

  이와 같은 수업의 예술적 측면은 우리에게 무척 낯설다. 우리의 눈이 수업의 과학성 측면에 오랫동안 훈련되어서 새로운 것을 받아들일 준비가 되어 있지 않기 때문이리라. 수업의 예술성에 익숙해지려면 우리에게는 새로운 감성과 지각력이 필요한지도 모른다. 그러나 우리가 잘 지각할 수 없다고 해서 수업의 예술성 측면이 소멸되는 것은 아니다. 교사와 학생이 교과를 통해 높은 수준의 지적·정서적 유대를 맺어 가는 극적인 순간들을 기억해 보라. 그런 순간은 어떤 다른 종류의 아름다움으로 환원될 수 없는 '아름다움 자체'이기도 하다. 문제는 우리가 이런 아름다움을 구현하는 수업 능력과 그런 수업을 발견하고 소통할 수 있는 능력을 어떻게 계발할 것인가에 있다.

다시 우리의
수업 관행을 성찰하며

새로운 수업은 기존 수업 관행에 만족하지 못하는 예술적 실천가를 통해서 개척된다. 예술적 실천가는 숨겨진 빙하의 풍부한 가능성을 탐색하는 사람들이다. 그리고 그런 수업 실천의 행로는 다시 그 수업의 의미를 읽고 해석해 줄 수 있는 감식안과 비평 능력을 가진 비평가를 요청한다. 예술적 실천가가 예술적 수업 관찰자를 호명하는 셈이다. 그리고 수업비평가의 해석 작업을 통해서 전위적 수업 실천은 그 의미가 명료화되어 함께 공유할 수 있는 공적 실천의 지위를 획득하게 된다.

다시 우리의 수업 관행으로 돌아와 보자. 우리가 수업을 어떻게 바라보느냐에 따라서 수업을 하는 방식도, 수업을 관찰하는 방식도 영향을 받는다. 수업은 과학인가, 예술인가? 이에 대해 필자는 양자택일을 강요하고 싶지는 않다. 일면 수업은 과학이다. 수업의 과학성 측면은 전문직이 갖추어야 할 공유된 지식의 토대이다. 그러나 수업의 과학성은 교사의 교수 활동의 매우 적은 부분만을 설명해 줄 뿐이다. 거대한 몸체를 수면하에 숨긴 빙산의 일각이라고 해야 할까. 교직에 입문하는 교사들을 위해 우리는 이 빙산의 일각을 가르쳐 주어야 한다. 시행착오와 방황을 줄이기 위해서. 그러나 그 일각에 매몰되어서는 곤란하다. 알려진 지혜에 머무는 것은 유아기의 체험에 머무는 퇴행에 불과하다.

학습자 중심 교육의
진정한 의미를 알고 있는가?

― 학습자 중심 교육에 대한 성찰

    학생 중심 혹은 학습자 중심 교육은 교실 개혁과 관련하여 가장 많이 회자되는 말 중 하나이다. 학습자 중심 교육을 하라는 요청은 하나의 당위로 받아들여지고 있다. 교사들도 이상적인 수업의 이미지로 학생들의 요구에 민감한 수업, 학생들의 흥미를 유발하는 수업, 학생들의 개별성을 존중하는 수업 등을 즉자적으로 떠올린다.

    그러나 지향해야 할 이상이기는 하지만 이 용어를 접하면 부담스럽고 당혹스럽기까지 하다. 한국의 교실 상황에서 학습자 중심 수업을 실현하기가 너무 어렵다고 느끼기 때문이리라. 강력한 국가교육 과정, 차시 단위로 설계된 표준적 교과서, 평균 30여 명이 넘는 학급당 학생 수를 고려할 때 어떻게 학생 중심 수업을 할 수 있을까? 게다가 학업성취도평가와 같은 객관식 시험 형식이 표준적 교과 내용을 모두에게 전수하도록 강요하지 않는가?

이런 현실을 딛고 학습자 중심 수업을 시도하기도 어려울 뿐 아니라 시도해도 잘 되지 않는다. 무엇이 학습자 중심 수업인지도 합의하기가 쉽지 않다. 누군가는 교사가 말을 적게 하면 된다고 생각하고, 또 누군가는 활동 중심 수업이 학습자 중심 수업이라고 간주하기도 하고, 혹자는 개별화 수업을 학습자 중심 수업이라고 생각한다. 그러나 학습자 중심 교육은 이런 수업 기법이나 전략을 넘어서는 교육에 대한 새로운 성찰을 요구하는 개념이다. 학습자 중심 교육이 의미하는 바는 무엇이며 우리의 수업 실천에 어떤 변화를 요청하고 있는가?

학습자 중심 교육 관련 용어의 정리[98]

우선, 유사한 용어들의 의미를 정리해 보자. 아동 중심, 학생 중심, 학습자 중심, 수요자 중심, 배움 중심 등의 용어는 때로 유사한 의미로 때로 다른 의미로 사용되고 있다. 먼저, 아동 중심 교육은 아동의 필요, 흥미, 목적에 근거하여 실시하는 교육이다. 아동 중심 교육은 코메니우스Comenius와 로크Locke의 영향을 받아서 18세기 루소Rousseau에 의해서 체계적으로 주장되었으며 이후 엘렌 케이Ellen Key, 페스탈로치

Pestalozzi, 듀이Dewey, 프뢰벨Fröbel 등 여러 학자들에 의해서 더욱 발전하였다. 각기 강조하는 점에 차이가 있기는 하지만 아동 중심 교육을 주장하는 학자들은 대체로 아동의 흥미와 욕구를 존중하고 개성 계발에 주안점을 두고 아동의 자연스러운 성장을 돕기 위해 교육이 행해져야 한다고 생각하였다. 아동 중심 교육이란 용어는 관례적으로 유아나 아동을 대상으로 하는 유아교육에서 많이 사용된다.

학생 중심 혹은 학습자 중심 교육은 영어의 Student centered education 혹은 Learner centered education을 우리말로 번역한 것이다. 학습자에게 지식, 가치, 기능을 전달하는 교육이 아니라 학습자 스스로 학습을 계획하고 실행하고 평가하는 형태의 교육이라고 할 수 있다. 학습자 중심 교육은 학습의 주도권이 학습자에게 주어지는 교육, 개별화 수업을 지향하는 교육, 학습자를 신뢰하고 존중하는 교육, 내용과 경험의 통합을 강조하는 교육, 인간의 자연스러운 심리 발달 과정과 일치하는 교육 등을 의미했다. 학생 중심 교육과 학습자 중심 교육은 일반적으로 동일한 의미로 사용되지만 전자는 주로 학교교육에서, 후자는 평생교육에서 더 많이 사용된다.

수요자 중심 교육이란 용어도 살펴볼 필요가 있다. 이 용어는 과거 김영삼 정부의 교육개혁안에서 등장한 말이다. 1996년 당시 교육개혁위원회는 5.31교육개혁안에서 우리 교육 체제가 교육 공급자 중심에서 교육 수요자 중심으로 바뀌어야 한다고 주장하였다. 여기서 교육 수요자는 교육 서비스를 이용하는 학생, 학부모, 기업 등을 지칭하고, 교육 공급자는 교원, 학교, 교육 당국 등을 지칭한다. 따라서 수요자 중심 교육은 학생이나 학부모의 선택을 존중한다는 의미에서 아동 중심, 학생 중심, 학습자 중심의 논리를 일정 정도 이어받고 있다. 그러나 공급자와 수요자라는 경제학적 용어를 차용함으로써 교육 활동을 경제 논리에 종속시키려는 의도가 강하다.

몇 년 전부터는 혁신학교를 중심으로 배움 중심 교육이라는 말이 많이 사용되고 있다. 이 용어는 일본의 사토 마나부佐藤学 교수가 사회적 구성주의 학습 이론에 기반하여 정립한 수업 실천의 양태를 주로 지칭하는 말이다.[9] 대상과의 만남과 대화, 타자와의 만남과 대화, 자기와의 만남과 대화라는 배움의 세 가지 차원을 강조하고, 도구에 매개된 협동적 배움과 도전 과제를 통한 도약을 강조하는 사토 마나부의 수업 실천에는 사회적 구성주의와 상황 인지 이론의 여러 아이디어들이 많이 반영되어 있다.

이 글에서는 아동 중심, 학생 중심, 학습자 중심, 수요자 중심, 배움 중심 등 여러 용어 중에서 가장 일반적으로 통용되는 학습자 중심 교육이라는 말을 주로 사용하고자 한다.

일상의 교수 경험에 대한 묘사

학습자 중심 교육을 이해하기 위한 방편으로 일상생활에서 자녀에게 학교 공부를 가르칠 때 직면할 만한 사태를 묘사하는 것에서 시작해 볼까 한다. 교실수업 상황보다 더 단순한 일대일의 교습 장면을 떠올려 보자. 어린 자녀에게 국어나 수학을 가르친 적이 한 번쯤은 있을 것이다. 그런데 대부분의 경우 가르치고 배우는 장면이 별로 평화롭지 못하다. '왜 이 쉬운 내용도 모르는 것일까?' '누구를 닮아서 그런가?' 도무지 이해가 안 되는 부모는 참지를 못한다. 성미가 급한 사람이라면 험한 말이 튀어나오거나 자녀를 밖으로 쫓아내기도 한다.

그러다가 감정이 가라앉고 나면 일종의 교육학적 반성이 시작된다. 내가 쉽다고 해서 어린아이에게도 쉬운 것은 아니지! 그렇다면 어떤 식으로 설명해 볼까? 그리고 이런저런 궁리를 통해 비유도 만들어 보고 도구도 사용해서 설명을 시도해 본다. 다행히 이런 노력이 성공해서 자녀가 내용을 이해하게 되면 해피엔딩이다. 그런데 여러 가지 교수 방법을 동원해도 어린 자녀가 끝끝내 이해를 못 하는 경우도 있다. 아니 이런 경우가 더 많을 것이다. 그러면 다시 볼썽사나운 장면이 연출된다. 아이는 눈물을 흘리고 부모는 씩씩거리는……. 이런 일을 몇 번 겪고 나면 다시는 가르칠 엄두를 내지 못하게 된다. 그리고 그런 경험의 와중에 좀 더 심각한 교육적 성찰에 다다르기도 한다. 즉, 내가 알고 있는 것은 아이도 쉽게 알 것이라는 성인 위주의 편견에서 출발하여 그렇지 못한 현실을 직면하고 적합한 교육 방법을 찾아보려고 시도하고 종국에는 가르치는 내용 자체가 자신과 자녀의 관계를 힘들게 하면서까지 가르칠 만한 가치가 있는지에 대한 의문에 다다르게 된다. 꽤 심각한 반성 모드에 접어드는 셈이다.

일상적 교습 장면에서 우리가 조우할 만한 이런 교육적 반성들은 교실의 교사들에게도 유사하게 나타난다. 교사는 적성, 흥미, 능력이 다른 학생들을 대상으로 잘 가르치기 위한 방법도 고민하고, 누구에게 더 관심을 가지고 지도할지도 고민하면서 다양한 시도를 하다가 심한 좌절을 겪는 장면에서는 왜 이 내용을 가르치고 있는지 회의하는 자신을 발견하곤 한다. 교실의 경우 일대일의 교습 장면과 비교할 수 없을 정도로 교수 활동의 복잡성이 증가하여 교사의 고민은 더 깊을 수밖에 없다. 게다가 가르치는 활동을 남에게 이양하고 포기할 수도 없으니!

교육주의가 지배하는 근대 학교교육

위의 일상 사례를 보면 부모나 교사나 처음에는 학생에게 가르쳐야 할 내용이 가치 있다고 생각하고 가르치려고 한다. 그리고 이런저런 시도가 좌절되어야 비로소 가르치고자 하는 내용이 정말 가르칠 만한 의미를 지니는가에 대한 반성이 생겨난다. 이렇게 가르칠 만한 내용이 있고 그것을 누군가가 다른 누군가에게 가르쳐야 한다는 생각은 우리 시대에 너무나 보편적이라서 좀처럼 사유와 반성의 대상으로 떠오르지 않는다. 근대 학교교육이 이런 생각에서 제도화되었기 때문이다. 교육학자 김신일은 근대 교육제도를 싹 틔우고 키우고 지켜 온 교육철학을 '교육주의'라고 명명한다.[100] 교육주의는 인간은 가르쳐야만 학습하는 존재라고 믿고, 교육하지 않으면 학습도 없다고 생각한다. 이런 생각은 우리 시대의 지배적인 사고인 동시에 국민교육제도와도 밀접하게 연결되어 있다. 19세기와 20세기에 서양에서 국민국가 형성과 산업화가 중첩되어 진행되는 과정에서 국민 양성과 인력 양성이라는 두 가지 목표를 위해 모든 아동들을 국가의 관리하에 가르치는 국민교육제도가 세계적으로 보편화되었다. 그는 국민교육제도의 특징을 여덟 가지로 정리하였다. ① 예비 국민인 남녀 모든 아동이 대상이다. ② 일정 기간은 취학을 의무화한다. ③ 성인기를 위한 준비다. ④ 기성 사회의 핵심 문화를 가르친다. ⑤ 학교 설립과 교사 자격은 국가가 관리한다. ⑥ 교육의 목표, 내용, 방법의 결정권은 국가, 학교, 교사에게 있다. 학생에게는 없다. ⑦ 교육의 실천은 학교에서 교수 활동을 통해 이루어진다. ⑧ 학생은 지도의 대상이므로 객체적 존재로 규정한다. 김신일은 그리스와 유대기독교의 전통 속에도 교육주의를 발견할 수 있다고 주장한다.[101]

이런 교육주의에 대비하여 인간의 학습 능력과 학습 자발성을 신뢰하고 존중하며 학습자의 주체적 학습 활동을 정당화하는 철학으로 '학습주의'를 김신일은 내세운다. 학습주의는 인간은 적극적인 학습 동물이며 학습의 목표는 학습자의 삶에 내재해 있고 교육은 학습을 위한 보조적 활동이라고 본다. 이런 학습주의 철학은 가르치고 배우는 현상을 학습자의 관점에서 바라보기 때문에 교육자의 관점에 묶여 있는 종래 교육학의 시각을 확장시키고 서양에서 발전한 교육주의적 근대 교육철학과 제도가 직면한 한계를 극복할 수 있는 대안적 요소를 가지고 있다. 이런 학습주의적 사고는 유교나 불교와 같은 동양의 사고에 풍부하게 내재되어 있다. 동양의 경전이나 고전에는 가르침, 즉 교육 활동에 대한 철학과 원리 및 방법을 제시하거나 논의한 것보다 배움, 수양, 수신에 대한 철학, 원리, 방법에 관한 논의가 더 큰 부분을 차지하고 있다는 사실을 김신일은 증거로 든다.[102]

뒤바뀐 동서양의 교실수업 모습

위의 논의에서 보듯이 우리의 일상과 교실에서 익숙한 가르치는 풍습은 우리의 고유한 것이라기보다는 서양 교육의 산물임을 알 수 있다. 예컨대, 동양의 전통 교육에서는 학습자에 따른 개별화 교육을 당연시하였다. '인재시교因材施敎'라는 말이 이를 상징한다. 인재시교라는 말은 학생의 특성에 따라서 다르게 가르친다는 말로 공자의 교학의 기본 사상 중 하나였다. 이 말은 논어의 〈선진편先進篇〉에 등장하는 이야기를 배경으로 하고 있다. 어느 날 한 제자가 공자에게 "좋은 말을 들으면 바로 행동에 옮겨야 합니까?"라고 물었다. 공자는 "어떻게 바로 행동에 옮기려 하는가. 좀 더 신중을 기하라"고 답한다. 다음 날 다른 제자가 찾아와 똑같은 질문을 했다. 그런데 공자는 전날과 달리 "그렇지. 실천이 중요한 것이다"라고 답했다. 이를 의아하게 여긴 또 다른 제자가 공자에게 물었다. "선생님, 어찌하여 같은 질문에 서로 다른 답을 주십니까?" 제자의 질문에 공자는 첫 번째 제자는 너무 덜렁대니 신중하라고, 두 번째 제자는 너무 소극적이니 과감해지라고 그리 답을 주었다 했다. 수많은 제자를 양성한 공자이지만 저마다의 타고난 소질과 성품을 고려하여 그에 맞는 최상의 가르침을 준 것이다. 공자의 철학과 지혜가 담긴 이 교육법을 인재시교라고 한다. 인재시교라는 말은 지금은 힘을 잃어버린 과거의 유산만은 아닌 듯하다. 필자는 2012년에 한·중·일 삼국 교육학자가 함께하는 국제 컨퍼런스에 참여한 적이 있다. 삼국의 교육 전통을 주제로 한 학회였다. 이때 중국 측 주제 강연을 맡았던 베이징사범대학교의 부총장은 중국의 교육 전통으로 인재시교를 중요하게 언급하였다. 중국 교육이 인재시교를 여전히 중요한 가치로 여기고 있는 셈이다.

그러나 불행하게도 학습자를 중시하며 개별적 배려를 하는 전통은 현재의 아시아 학교교육에서는 찾아보기가 쉽지 않다. 한국을 비롯한 아시아의 학교 교실에서는 일제식 수업을 많이 하고 영미권 국가들에서는 개별화 수업이 많이 나타난다는 것은 국제 비교 연구의 대체로 일관된 결론이다. 예컨대, 1980년대에서 1990년대 초반까지 비교적 긴 기간에 걸쳐서 일본, 중국, 대만 등 아시아 국가들의 수업을 미국과 대비하여 연구한 스티븐슨Stevenson과 스티글러Stigler는 아시아와 달리 미국 교사는 학급 전체의 학습을 돕기보다는 학생 개개인의 학습을 돕고 학습 분위기를 유지하는 데 더 많은 시간을 보낸다고 파악하였다.[103] 흥미로운 것은 그들이 양쪽의 차이를 노력과 능력이라는 개념으로 대비시킨 대목이다. 아시아의 학부모와 교사들은 노력을 강조하는 문화를 지니고 있기 때문에 누구나 노력하면 성공할 수 있다는 가치에 터하여 학생들을 교육하는 경향을 띤다. 그 결과로 개별화된 수업보다는 모든 학생들을 일률적으로 대하는 성향이 더 강하게 나타난다고 이들은 보았다. 이에 비해 능력을 중시하는 문화에서는 능력이 같은 학생들을 한데 묶고 능력이 다른 학생들은 따로 떼어 교육해야 한다는 생각으로 인해 개인 혹은 그룹별로 다른 교육이 행해진다는 것이다. 이들은 능력을 중시하는 미국 교사들의 경우 능력이 낮다고 판단되는 학생들에게 실패를 무릅쓰고 어려운 문제를 해 보라고 격려하지 않고 쉬운 문제를 주는 경향이 있으며, 그 결과 공부를 잘하는 학생들은 더 많이 배우게 되고 그렇지 못한 학생들은 더 적게 배우는 학력 격차가 발생하게 된다고 미국 교육을 비판한다. 남의 떡이 커 보이는 걸까?

다양성을 존중하는 개별화 수업의 이면에는 학력 격차가 구조적으로 발생하는 문제도 있다. 그럼에도 불구하고 모든 학생들에게 일률적으로 동일한 내용을 선택 없이 강요하는 현재의 학교교육이 정당화되기는 어려울 것이다. 역설적인 것은 사토 마나부의 다음 진단처럼 서양 교육은 이미 상당히 달라져 있는데 아시아 교육은 서양이 전해 준 교육 방식을 답습하고 있다는 점이다. 서양의 교실이 변화하는 동안에 아시아 교실에서는 교육주의에 터한 전달식 수업이 화석화된 채로 지속되고 있는 셈이다.

　일본의 교실만 보고 있으면 알아차리기 힘들지만, 지난 30년간 세계 여러 나라의 교실은 조금씩 변모하고 있다. 이제 많은 나라들에서 초등학교 교실은 물론 중등교육 단계의 교실에서도 분필과 교과서로 진행하는 수업, 칠판과 교탁을 앞에 두고 한 방향으로 책상과 의자를 줄지어 늘어놓은 풍경은 박물관 자료실에서나 볼 수 있다. 새로운 교실에서는 20여 명의 학생들이 몇 개의 탁자에서 협동 작업을 통해 서로 배우고 있다. 수업은 일제一齊 수업이 아니라 주제를 중심으로 탐구하는 단원 학습으로 조직되어 있고 많은 자료가 활용되고 있으며, 교과서는 이제 자료의 하나에 지나지 않는다. 수업에서 교사가 학생들 전원에게 설명하는 장면도 볼 수 있지만, 그럴 경우 교실 한편의 양탄자에 원을 그리고 모여 앉는다. 거기서도 협동적인 탐구가 기본이 된다. (……) 아직 일제 수업이 지배적인 수업 형태이고 한 학급에 많은 아이들을 통조림 상태로 밀어 넣는 것은 동아시아 국가의 학교들만 가지는 특징이다. 학급 정원이 40명 이상인 나라는 지구상에서 한국, 북한, 일본, 중국, 대만, 홍콩, 싱가포르 등 동아시아 국가들에 한정되어 있다. 이러한 나라들의 학교에서는 어느 곳 할 것 없이 망라적인 지식과 기능을 효율적으로 전달하는 수업과 암기를 중심으로 학습을 조직하고 있다. 그리고 획일적인 수업 아래 경쟁에 의해 동기를 부여받는 개인주의적인 학습을 하고 있는 것이 공통점이다.[104]

행동주의와
학습자 중심 교육

서양의 경우 교육주의의 정신에 정초한 근대 공교육 시스템 내에서 학습자 중심 교육의 흐름을 만들어 내는 데 강한 영향을 미친 것은 듀이로 대변되는 진보주의 교육 사조이다. 듀이의 사상이 학습자 중심 교육에 주는 함의는 너무나 광범위하여 별도의 논의가 필요하기 때문에 이 글에서는 자세히 다룰 수 없다. 다만, 듀이가 학습을 학습자가 가치 있는 내용을 습득해 가는 과정이 아니라 경험의 지속적인 재구성 과정이라고 본 것은 학습과 교육에 대한 낡은 관점을 바꾸는 매우 혁신적 상상력이라는 점은 기억해 두자.

진보주의 교육 사조를 비롯하여 대부분의 학습자 중심 교육 사조는 학생의 흥미, 적성, 욕구에 따라서 다른 교육을 제공해야 한다는 생각을 공유하고 있다. 그런데 다른 교육을 제공하는 것과 관련하여 두 가지 다른 양상이 존재할 수 있다. 첫째, 학생의 흥미, 적성, 욕구에 따라서 전혀 다른 교육 내용을 제공하는 방식이다. 예컨대, 학생들의 흥미와 적성에 따라서 다른 과목을 수강하거나 다른 교육과정을 이수하게 하는 경우를 상상할 수 있다. 둘째, 동일한 교육 내용을 다루되 학생들의 특성에 따라서 다른 학습 방법을 적용하는 경우를 생각할 수 있다. 공교육의 초기에는 이 두 가지 접근법 중에 주로 두 번째 접근법이 많이 시도되었다. 국민 국가의 형성이나 동질적 산업 노동력의 재생산과 같은 사회적 요구뿐 아니라 학생들의 개별성에 대응할 수 있는 교수 방법이나 교과서를 개발할 수 있는 물적 토대가 갖추어지지 못했기 때문이다.

그런 환경하에서 학생들의 흥미, 적성, 욕구를 고려하는 학습자 중심 교육의 초기 논의는 행동주의와 결합한다. 행동주의 교육 이론은 20세기 전반의 지배적인 교육심리학이었을 뿐 아니라 당시의 교육적 요구와도 잘 조응했다. 그리고 이런 행동주의의 자극-반응 이론에 근거하여 수업을 개별화하려는 시도가 이루어졌다. 여기서 가르친다는 것은 학생이 바람직한 행동의 변화를 일으키도록 조건화하는 과정을 뜻하고 개별화는 서로 다른 단서나 자극을 사용하여 학생들이 기대된 반응을 일으키도록 노력하는 것이다. 그러나 우리가 흔히 이해하듯이 교사 중심 수업과 수동적 자료의 수용과 같은 전통적 교실수업 관행이 행동주의의 책임이라고 보기는 어렵다. 오히려 프로그램 학습programed instruction과 같은 교수 설계를 구안한 학자들은 여러 종류의 매체와 테크놀로지를 결합하여 학생들이 개별적으로 행하고 배우는 학습 환경을 설계함으로써 교사 중심의 강의와 같은 전통적인 방법을 개혁하려고 하였다. 행함을 통해 배움, 개별 학생의 반응에 민감한 피드백 제공, 피드백과 보상 체계를 통한 학습자의 수행 지원과 같은 행동주의의 프로그램들은 오늘날 우리 교육에도 여전히 함의를 지닌다.[105]

그럼에도 불구하고 행동주의 영향하의 개별화 수업은 학습자 중심 교육의 관점에서 볼 때 여러 가지 한계를 지닌다. 교사가 구체적인 행동 목표를 미리 정하고 측정 가능한 결과에 초점을 맞추어 수업을 진행하도록 한다는 점에서 그러하다. 행동주의는 인간의 정신과 의식 작용에 대한 설명을 회피하고 관찰 가능한 행동에 초점을 맞추고 그것을 변화시키려는 교육자의 의도를 앞세움으로써 학습자의 수동성에 기초한 교육 프로그램을 구안할 수밖에 없었기 때문이다.

인지주의의 대두와 학습자 중심 교육

인지주의 내지 인지과학의 등장은 학습자 중심 교육에 새로운 의미를 더하였다. 1950년대 후반에 등장한 인지주의 패러다임은 인간의 정신 작용을 컴퓨터와 유사한 정보처리 체계로 개념화함으로써 행동주의를 넘어서서 인간의 마음에서 일어나는 표상 작용을 이해할 수 있는 길을 열었다. 인지주의 학습 이론은 인간이 세상을 어떻게 인식하는지에 대한 연구를 통해서 인간이 세상과 자기 자신에 대한 의미를 어떻게 구성하고 창출하는지를 밝히고자 하였다. 이를 통해 인간이 대상 세계를 마치 사진기가 바깥 세계의 피사체를 있는 그대로 재현하듯이 그렇게 이해하지 않는다는 매우 상식적인 사실이 확인되었다. 인간은 자신이 가지고 있는 관념이나 인식 틀에 비추어 대상 세계를 적극적으로 해석하는 존재이다. 심지어 아주 어린 아이조차도 자신의 관점을 지닌 적극적인 학습자임이 밝혀지고 있다.

인간의 인식 작용을 이해하기 위해서《학습과학》이라는 책에 예시되어 있는 사례를 인용해 보겠다. 지구가 평평하다고 생각하는 학생에게 지구가 공처럼 생겼다는 것을 이해시키는 과제가 있다고 생각해 보자. 교사가 지구가 둥글다는 이야기를 들려주면 학생은 어떻게 이해할까? 학생은 지구가 공 모양이라고 생각하기보다는 팬케이크 모양이라고 생각할 가능성이 높다. 지구가 둥글다는 새로운 정보를 지구는 평평하다는 자신의 기존 관점을 바탕으로 재해석하기 때문이다. 《학습과학》에 인용된 《물고기는 물고기야》라는 이야기책도 인간의 인식에 대한 유사한 통찰을 보여 준다. 이 이야기책에는 육지에서 일어나는 일에 대한 깊은 흥미를 지니고 있는 물고기가 나온다. 그러나 이 물고기는 물 밖으로 나갈 수가 없다. 그래서 친구인 올챙이가 개구리로 성장해서 육지를 여행한 후에 자신에게 들려준 이야기를 바탕으로 바깥 세계를 이해한다. 개구리는 새, 소, 사람 등 자신이 본 모든 것을 물고기에게 설명한다. 이 이야기책에는 개구리의 설명을 들은 물고기가 이해한 동물들이 그림으로 제시된다. 그런데 동물들이 모두 약간 변형된 물고기 모양으로 되어 있다. 즉, 사람들은 지느러미로 걷는 물고기로, 새는 날개를 가진 물고기로, 소는 소젖을 달고 있는 물고기로 묘사된다. 이 두 사례는 인간의 인지에 대한 중요한 진리를 드러낸다. 어린아이뿐 아니라 모든 연령의 학습자에게 학습은 자신의 사전 지식, 경험, 관념을 바탕으로 새로운 정보를 해석하는 적극적인 구성의 과정이다.[106]

그리고 이런 인간의 인지 작용에 대한 통찰은 교육자들에게 행동주의와는 전혀 다른 도전을 던져 주었다. 학습자의 선행 지식과 그 변화 과정에 대한 이해 없이 행동의 변화만으로는 진정한 학습이 이루어졌다고 보기가 어렵게 된 것이다. 그 결과 학습자의 선행 지식을 정확히 이해하고 이를 변화시킬 수 있는 적절한 교수 전략에 대한 관심이 높아졌다. 인지주의에 기반한 교수 설계에서는 학생들을 능동적인 학습자로서 파악하고 이들이 적극적으로 다양한 정보에 의미 있게 접근하여 과제를 수행하고 자신의 학습과 사고를 반성적으로 성찰하여 새로운 이해에 도달할 수 있도록 하는 학습 환경을 강조한다. 자연히 학습자가 자신의 학습 과정을 반성적으로 돌아보는 메타인지 전략 또한 강조된다. 그리고 초보자와 전문가의 문제 풀이 전략이나 인지적 도식망의 비교를 바탕으로 초보자가 전문가와 같은 사고에 도달하도록 학습의 방향을 설정한다.

인지주의는 행동주의가 블랙박스로 남겨 놓은 인간의 의식에 주목하고 그 내부 메커니즘을 드러냄으로써 학습자를 이해하는 데 엄청난 기여를 하였다. 적어도 교사가 가르치기 이전에 학생들이 그 주제에 대해서 어떤 사전 이해를 지니고 있는지를 파악하고 그것을 새 해석하고 변화시킬 수 있는 의미 있는 학습 과제를 제시해 주어야 함을 인지주의는 알려 주었다. 이와 함께 교수적인 변인이 학습자의 인지에 어떠한 영향을 미치는지, 학습자가 지식을 어떻게 구성하는지, 인지 양식의 차이와 같은 학습자 변인이 학습에 미치는 영향이 무엇인지에 대한 연구들이 중요하게 부각되고 있다.

그러나 객관적 지식을 전달하는 관행에 깊게 사로잡혀 있는 한국의 교실수업에서는 학생들의 선행 지식과 그 변화 과정에 대한 의미 있는 지식은 현재 거의 생산되지 못하고 있는 듯하다. 교과서의 지식을 전달하는 데 몰두하다 보니 학습자들의 선행 지식과 그 변화 과정을 확인할 수 있는 계기 자체가 수업에서 생겨나지 못하고 있다. 예컨대, 수업 중에 교과서 지식과 다른 반응이 표출되는 순간들은 학습자의 인식 구조가 드러나는 섬광과도 같은 소중한 장면들이다. 그러나 우리들은 이런 순간들을 학습자의 인식과 세계 이해를 해석할 수 있는 창으로 활용하지 못하고 있다. 정답이냐 오답이냐의 이분법적인 사고에 젖어서 맞고 틀리고를 판별할 뿐 학생들이 구성해 내는 인식 세계를 진지하게 기록하고 이해하려고 시도하지 않기 때문이다. 인지주의가 주는 통찰력은 우리 교실의 학습자를 이해하는 도구로 아직 충분히 활용되지 못하고 있다. 물론, 이는 교사 개개인의 잘못이나 능력 부족 때문만은 아니다. 표준화된 국가교육과정과 교과서, 평가 체제는 정답과 오답이라는 이분법적인 사고 구조를 강요하는 틀로 작용한다.

사회적 구성주의와 학습자 중심 교육

행동주의와 인지주의는 학습자 중심 교육에 대해서 서로 다른 처방을 내놓고 있다. 그럼에도 불구하고 이 양자가 공유하고 있는 지점이 있다. 그들은 행동의 변화이든 사고의 변화이든 학습을 기본적으로 개인 차원에서 일어나는 변화라고 생각한다. 탈맥락적이고 추상적인 지식이나 기능이 전달되거나 습득되는 것이 학습이라는 생각 또한 공유하고 있다. 이에 비해서 사회적 구성주의 혹은 상황 인지 이론은 기본적으로 지식이 사람들 사이의 상호 교섭을 통해서 함께 구성되는 것이라고 본다.

이런 변화를 좀 쉽게 설명해 보자. 앞에서 인지주의를 설명하였다. 인지주의에서 학습은 초보자가 전문가의 인식 수준에 도달하는 것을 의미한다. 만약 전문가의 지식이 객관적이고 보편적이라고 가정한다면 교사는 학습자의 스키마를 확인하고 새로운 정보와 자극을 통해서 인지적 혼란을 야기한 후에 학습자가 동화와 조절을 통해서 새로운 스키마를 형성하도록 도와야 한다. 발견 학습이나 탐구의 과정을 거칠 수도 있지만 이는 하나의 정해진 답을 향해서 나아가는 닫힌 탐구의 과정이다. 그런데 인지주의에서 밝혀 준 인간의 인식에 대한 이해, 즉, 아이들이나 어른들이나 자신의 경험적 지평하에서 세상을 해석하고 구성하는 존재라는 사실을 상기해 보자. 그렇다면 초보자뿐 아니라 전문가들이 생성하는 지식 또한 객관적이기보다는 전문가의 세계 이해가 반영되어 있는 하나의 구성물이다. 그리고 이것은 개인적으로 구성되었다기보다는 전문가 집단 내에서의 부단한 상호 교섭 과정을 통해서 협상되고 조정되어 산출된 지식일 것이다.

사회적 구성주의나 상황 인지 이론은 이 점에 주목하여 인간의 인지적 과정은 개인의 머릿속에서만 일어나는 것이 아니라 개인과 상황과의 상호작용을 수반하는 사회문화적 맥락 속에서 일어난다고 보았다. 따라서 지식의 생성과 공유 과정에는 공통의 문화적, 역사적 유산을 공유하면서 구성원들 간의 상호작용을 통해서 이해와 믿음과 실천들을 재생산하고 교섭을 통해서 변화시켜 가는 공동체가 존재한다. 레이브Lave와 웽거Wenger는 이를 지칭하기 위해서 실천공동체라는 용어를 만들어 냈다.[107] 여기서 학습이란 탈맥락적이고 추상적인 지식의 개인적 습득 과정이 아니라 의미 있는 실천공동체에 참여하여 구체적인 맥락 속에서 상호작용의 과정을 통해서 지식을 함께 구성해 가고 자신의 자아 개념과 정체성도 구축해 가는 과정이다. 행동주의와 인지주의가 습득이라는 은유에 기반하고 있는 데 반하여 사회적 구성주의나 상황 인지 이론은 참여라는 은유로 학습을 새롭게 이해한다.

아마도 사회적 구성주의나 상황 인지와 관련하여 널리 알려져 있는 개념은 비고츠키Vygotsky의 근접발달영역이라는 개념일 것이다. 근접발달영역은 학생들이 스스로 할 수 있는 것과 타인의 도움으로 할 수 있는 것 간의 차이를 말한다. 개개의 학습자들은 혼자의 노력으로 도달할 수 있는 발달영역이 있고 다른 사람의 도움을 통해 도달할 수 있는 발달영역이 있다. 따라서 다양한 수준 차를 보이는 학습자들이 협력적으로 과업을 수행하도록 하면 개인적인 학습을 넘어서는 인지 발달을 촉진할 수 있다. 이런 근접발달영역이라는 개념과 관련하여 도제 교육, 또래 협동, 상호 교수와 같은 교수 기법들이 많이 개발되고 소개되고 있다.[108]

그러나 사회적 구성주의나 상황 인지가 주는 통찰력은 이런 단순한 교수 방법에 대한 조언을 넘어선다. 그것은 학습과 학습자, 인간의 인식 과정과 지식관에 대한 새로운 이해에 기반하고 있다. 이 이론에 터할 때 학습자 중심 교육이란 학습자들이 의미 있는 실천공동체에 참여하여 사회적 맥락 속에서 배우며 참여와 성찰을 통해서 행위 중에 지식을 집단적으로 재구성해 가는 경험을 실질적으로 제공해 주는 것을 의미한다.

학습자 중심 교육에서 교사의 역할은?

작게는 교육심리학, 넓게는 교육학의 흐름 속에서 학습자 중심 교육에 대해서 고찰해 보았다. 이 글의 서두 '일상의 교수 경험에 대한 묘사'에서 서술한 것처럼 많은 사람들이 학습자 중심 교육을 학습자의 개별적인 흥미, 적성, 인지 양식 등을 고려하여 지식을 효과적으로 전달하는 것으로 생각해 왔던 듯하다. 그러나 개략적으로 살펴본 것만으로도 학습자 중심 교육에 관한 현대 교육학의 담론은 매우 복잡하다. 그리고 새로운 담론들은 우리에게 많은 도전적 과제를 던져 주고 있다.

교육주의와 학습주의라는 개념으로 잠깐 돌아가 보자. 김신일은 학습주의 시대를 맞아 '교육'의 정의를 '교수 활동'에서 '학습 관리'로 재개념화할 것을 주장한다.[109] 전통적인 교육 개념이 국가에 의해 관리되는 제도교육에 주로 한정되었다면 학습 관리는 학습과 관련된 인간의 모든 활동을 포함하는 개념이다. 그리고 평생학습 사회에서는 학습자 스스로 제도교육에서의 학습을 포함하여 다양한 형태의 학습을 관리하는 능동적인 존재가 되어야 한다.

그런데 이런 평생학습 관리의 시대에 교사는 어떤 역할을 해야 할까? 얼핏 생각하면 교사의 역할은 축소될 것 같지만, 학습자들이 스스로 자기 학습을 관리하면서 능동적인 존재로 성장하는 것을 촉진하고 안내하는 교사의 역할은 오히려 더 중요해지지 않을까 한다.

이 역할을 잘 수행하기 위해서 교사는 학습자의 자기 주도적 성장을 도와주는 풍부한 학습 환경을 다양하게 설계하고 실행할 수 있어야 한다. 여기서 교사가 설계해야 하는 다양한 학습 환경은 오로지 교육학의 최근 이론인 사회적 구성주의나 상황 인지 이론에 기반을 두어야만 하는 것은 아니다. 스파드Sfard는 단일 이론을 실제에 협소하게 적용하는 것은 편협하고 위험한 생각이라고 주장한다. 그의 다음과 같은 언급은 우리가 교수-학습에 대한 최신 이론을 이전 이론을 대체하는 유일한 기준으로 받아들이는 것의 위험성을 잘 지적하고 있다.

> 하나의 이론이 하나의 교수적 처방으로 해석될 때, 배타성은 성공의 가장 나쁜 적이 된다. 교육적 실천들은 극단적이고 만병통치약의 실천적 처방들을 과도하게 선호하는 경향이 있다. 구성주의, 사회적 상호작용주의 그리고 상황주의 접근들이 혼합되어 유행하면서…… 자주 "강

의식 수업^{teaching by telling}"을 모두 버려야 하며, 모두에게 "협동 학습"이 의무가 되고, "문제 기반"이 아니거나 실제적 삶의 맥락에 터하지 않은 교수법들은 완전히 부정되어야 하는 것으로 자주 해석된다. 그러나 이 것은 너무 많은 좋은 것을 하나의 그릇에 담는 것을 의미한다. 단 두 명의 학생도 요구가 같지 않으며, 단 두 명의 교사도 똑같은 방법으로 최고의 실천에 도달할 수 없기 때문에, 이론적 배타성과 교수법적 외고집은 심지어 최고의 교육적 아이디어들도 실패시킬 수 있다.[110]

다시 말하자면 사회적 구성주의나 상황 인지는 교수-학습 이론의 진화 과정의 종점이 아니다. 동시에 과거의 이론을 완전히 대체할 수 있는 완벽한 이론도 아니다. 대신에 학습자는 전인적으로 성장하기 위해 기술과 기능의 습득과 같은 행동주의적 학습, 개념적 이해와 사고의 성장, 그리고 실천공동체에의 참여를 통한 정체성의 형성과 사회적 의미 구성 과정을 모두 경험할 수 있어야 한다. 즉, 행동주의, 인지주의, 사회적 구성주의는 상호 대립적 개념이라기보다는 더 큰 차원에서 학습자의 의미 있는 학습을 위해서 결합될 수 있는 개념이다. 즉, 교사는 때로 학생들에게 관찰 가능한 행동의 변화를 기대하여야 하며, 때로 인지적 자극을 통해 학습자의 사고 구조에 변화를 초래할 수 있어야 한다. 그리고 종국에는 이런 경험들이 삶의 실제적 맥락에서 배움을 계획하고 실행하고 성찰하는 지식의 구성 과정에 참여할 수 있는 더 큰 맥락 속에 변증법적으로 통합될 수 있도록 해야 한다.

'일상의 교수 경험에 대한 묘사'에서 부모나 교사가 다다른 교육적 성찰의 마지막 의문에 대해서도 주목해 보자. 그것은 학습자에게 가르치는 지식이 정말 가르칠 만한 가치가 있는지 하는 의문이었다. 아마도 지식이 객관적 진리라면 이런 의문은 사치스러운 것이리라! 그러나 우리가 학생들에게 경험시키고 이해시키고자 하는 지식이나 가치들은 분명 사회 구성물이다. 따라서 우리가 학생들의 전인적인 성장의 촉진자요, 이들이 살아갈 미래 세계에 대한 책임 있는 안내자이고자 한다면 성인 세대로서 우리가 집단적으로 공유하고 있는 세계 이해 방식에 대해서 성찰할 수 있어야 한다. 이 대목에서 떠오르는 학자는 파머Palmer이다. 《가르침과 배움의 영성》을 쓴 파머는 구성주의에 대한 이해에 기반하여 근대 객관주의적 지식에 대해서 매우 의미 있는 비판을 하고 있다. 파머가 우리 시대의 지식이 지니는 문제점을 통찰한 것은 최초의 핵폭탄을 만들어 낸 일단의 미국 과학자들에 대한 영상 다큐멘터리 〈그날 이후 The Day after Trinity〉에 등장하는 저명한 물리학자의 다음과 같은 말에서 받은 충격 때문이라고 한다.

> 나 역시 핵무기의 광휘에 매료되었다. 과학자라면 이는 불가항력적이다. 생각해 보라. 별들을 가동시키는 에너지를 자기 손에 쥐고 방출시킬 수 있을 때의 기분을. 당신은 그 에너지를 맘대로 휘두를 수 있다. 당신은 기적을 행할 수 있다. 수백만 톤의 바위를 단번에 하늘로 들어올릴 수 있다. 이는 우리에게 무한한 힘을 가졌다는 환상을 심어 준다. 어떤 의미에서는 현재 우리가 가진 모든 문제에 대한 책임이 바로 여기

에 있다. 인간이 자신이 소유한 지식의 힘을 깨달을 때 빠져들고 마는 과학기술의 오만함 말이다.[111]

파머는 이 다큐멘터리에서 가장 끔찍한 것은 핵폭탄으로 인한 참상이라기보다 교육을 받은 최고의 지성들이 통제할 수 없는 힘에 사로잡혀 악마적인 목적을 위해 열정적으로 매진하고 있는 모습이라고 언급하고 있다. 그는 세계를 분석과 조작의 대상으로 다루는 앎의 방식, 세계에 대한 지배를 목적으로 하는 앎의 방식을 학교에서 배우면 배울수록 지식의 오만에 빠져들어서 세상을 조작하고 지배하는 지식의 폭력을 행사하게 된다고 말한다.

이러한 파머의 통찰이 학습자 중심 교육에 주는 통찰은 무엇일까? 우리는 어떤 세계로 학습자를 안내하려고 하는가? 그것은 학습자인 미래 세대들에게 진정으로 바람직한 세계인가? 아니면 지식의 폭력에 맹목적으로 이끌려 모두를 파괴할지도 모르는 그런 '소위' 객관적인 지식 더미들인가? 학습자 중심 교육에 대한 고민의 종착역은 성인으로서 우리 세대가 안내하고 인도하고자 하는 세계에 대한 윤리적 질문으로 귀결되는 것 같다. 우리는 현대 인식론에 의해서 이미 부정된 객관적인 지식을 구성주의 학습법과 같은 세련된 방법으로 전수하는 것으로 학습자 중심 교육의 의미를 축소해서는 결코 안 될 것이다.

성인 세대로서 우리가 구성해 왔고 현재적으로 구성하고 앞으로 구성해 갈 세계는 다음 세대를 위해서 정말로 바람직한 것인가? 파머의 말대로 앎과 가르침과 배움이 단순한 학문 활동이 아니라 깊은 인간적 의미를 가지는 활동, 위대한 인간적 목적을 가진 활동, 우리 자신과 이 세계의 변화에 기여하는 활동이라면 우리는 그 지반이 되는 우리의 세계 구성 방식에 대해서 근본적으로 성찰하지 않을 수 없다. 학습자 중심 교육에 대한 깊은 사색은 성인으로서 우리가 만들고 구성해 가는 세계에 대해 윤리적으로 대면하도록 우리를 인도한다. 우리 세계에 대한 깊은 성찰 없이 어떻게 학습자 중심 교육을 말할 수 있을까? 인류라는 거대한 실천공동체의 일원으로서 우리는 우리가 구성해 가는 세계 지식의 윤리적 성격에 대해서 깊이 고민하지 않을 수 없다.

가르치는 일은 아무나 할 수 있나?

— 목적형 VS 개방형 교원양성체제

 오늘날 학교교육은 수많은 위기에 직면해 있다. 이러한 위기를 극복하기 위해서는 공공성과 민주성에 대한 신념을 가지고 자기 스스로 학습하는 교사가 필요하다. 그런데 한국 교원양성체제는 지식사회에 필요한 좋은 교사를 길러 내고 있는 것일까? 그렇다고 말하기에는 너무 사정이 열악하다.

 의료 행위를 하는 의사를 길러 내는 의대나 국방을 담당하는 장교를 양성하는 사관학교가 자기 목적의식도 없이 어느 전공에서나 통용될 수 있는 교육과정을 편성한 후 일반교양이나 가르쳐서 졸업생을 내보내는 것을 상상하기는 어렵다. 그런데 교원양성체제의 경우는 목적형 양성체제냐 개방형 양성체제냐를 둘러싼 논쟁에서 보듯이, 교원을 양성하는 체제가 어떻게 운영되는 것이 좋은지에 대한 사회적 합의가 존재하지 않은 상태에 있다. 특히, 개방형 양성체제나 목적형 양성체제가 어중간하게 절충되어 있는 중등의 경우에 이 논의는 끝도 없이 계속되고 있다. 이런 문제를 언급하지 않고 결과로서 어떤 교사가 양성되고 있는지에 대해서 말할 수는 없어 보인다. 군인을 길러 낼 의도도 없이 교육하는 기관에다가 잘못된 군인을 길러 내고 있다는 질책을 하는 것은 난센스인 것처럼, 교사를 길러 낸다는 의식도 별로 없는 기관에다가 어떤 교사를 길러 내고 있는지를 질문하는 것도 탈맥락적인 질문이 아닌가.

본격적인 논의를 하기 전에 필자의 경험을 아주 간략히 언급하고 이야기를 시작하고자 한다. 필자는 1980년대에 국립 사범대학을 졸업했다. 당시는 국립 사범대학 졸업자가 우선 임용을 받을 수 있었던 시절이었기 때문에 입학과 동시에 임용이 보장되었다. 그래서 임용 시험에 대한 공포감 없이 자유롭게 학교를 다닐 수 있었다. 그런데 학교를 다니는 내내 가졌던 의문은 사범대학이 교사 양성을 목적으로 운영되고 있는가 하는 것이었다. 교직 과목 몇 개와 교과교육학 몇 과목을 제외하고는 교육 문제나 학교 현장의 문제에 대해서 논하거나 고민하는 강의를 접한 기억이 거의 없다. 그 당시 분위기 때문이었는지 교사가 되겠다며 교육 문제에 대해서 심각하게 고민하는 동료들도 많지 않았다. 어쨌든 그렇게 4년을 보내고 학교 현장에 나갔는데 놀라운(?) 것은 학생들을 가르치는 데 큰 어려움을 느낄 수 없었다는 것이다. 갓 발령받은 젊은 교사들이 흔히 그러하듯이 학생들의 인기를 얻으면서 즐겁게 교사 생활을 했다.

앞의 글 〈왜 새로운 교과서는 교실수업을 바꾸지 못하나?〉에서 잠깐 언급했듯이 교직 생활을 하면서 교사로서 필자의 전문성에 대한 위기의식을 느낀 것은 10년 차가 다 되어서였다. 9년간의 중학교 생활을 마감하고 고등학교로 옮겼을 때이다. 탐구와 토론을 중심으로 구성된 새로운 교과서를 가지고 수업을 하게 되었다. 그런데 새로운 수업 방식에 적응하는 데 상당한 어려움을 맛보았다. 내용 전달 중심의 수업 방식에서 새로운 수업 방식으로 전환을 요구하는 교과서를 고등학교에서 가르치는 것이 무척 어려웠던 경험은 지금도 생생히 남아 있다. 그 어려움을 충분히 해결할 시간을 갖지 못한 채 고등학교 교사 생활 1년 반쯤 되었을 즈음 초등 교사를 양성하는 교육대학교로 옮기게 되었다. 이후 15년 넘게 초등 교사를 양성하는 직업에 종사하고 있다. 그리고 초등교육과 관련된 여러 가지 문제를 접하면서 초·중등교원양성체제와 한국 교육에 대한 이런저런 고민을 두루두루 하며 살고 있다.

가르치는 일은
아무나 할 수 있다?

●

교사 혹은 교사 교육자들을 끊임없이 괴롭히는 질문은 아마도 가르치는 일은 아무나 할 수 있다는 주장일 것이다. 예컨대, 의사를 아무나 할 수 있다거나 법조인을 아무나 할 수 있다는 주장에 대해서 일반인이 동의할 확률은 그다지 높지 않다. 그러나 가르치는 일을 교육대학교나 사범대학과 같은 교원양성기관 졸업자가 해야 한다는 주장에 동의하는 사람은 많지 않다. 왜 그럴까? 가르치는 일은 전문직으로 성립할 수 없는 보편적인 특성을 가지고 있는 것일까?

지금처럼 제도가 분화되기 이전에는 가르치는 일이나 병을 고치는 일이나 외적을 방어하는 일 등을 하는 데 특별한 자격증이 필요하지 않았을 것이다. 전문 직종의 탄생은 사회적 분화 과정의 필연적인 결과이다. 하나의 직종이 전문직으로서 다른 직종과 대체 불가능한 독점적 지위를 가지기 위해서는 그 직종에서 수행하는 일이 오랜 수련 과정을 필요로 하는 난이도를 가지고 있어야 한다. 그러나 현대 사회의 전문 직종들이 전문직으로서 독점권을 갖게 된 것은 수행하는 일의 난이도만으로는 온전히 설명하기 어렵다. 의사가 수행하는 일이 아무리 어려운 일이라고 해도 그 일이 타자에게 끊임없이 노출된다면 직업적 노하우를 독점하기가 어려울 것이다. 그래서 전문직들은 자격증 제도라는 문턱을 마련함으로써 직업의 독점적 지위를 영속화시켜 간다.

교직의 경우는 어떠한가? 교직은 전문직으로서 자신의 직업적 위상을 확보하기 위해서 계속 노력하고 있다. 그러나 그러한 노력은 대체로 성공적이지 못하다. 거기에는 여러 가지 이유가 있을 것이나, 필자가 보기에 가장 중요한 이유는 가르치는 활동의 본질과 관련이 있어 보인다. 가르치고 배우는 활동은 특정한 전문성의 성城에 가두어 두기에는 너무나 보편적인 인간 활동이다. 우리는 태어나면서부터 배우기를 시작한다. 동시에 우리는 일상적인 삶 속에서 끊임없이 명시적, 묵시적으로 타자를 가르치는 활동을 수행한다. 가르치고 배우는 활동의 이 같은 보편성은 가르치는 활동을 위해서 특정한 훈련과 자격이 필요하다는 생각을 용인하는 것을 어렵게 만든다. 사설 학원 강사들도 가르치는 직업이기 때문에 교육대학교나 사범대학을 나와서 일정한 자격을 취득해야 한다는 주장을 누가 한다면 동의하겠는가?

이런 가르치는 활동의 보편성에 대한 반론으로 일상적인 삶에서 일어나는 가르치는 활동과 제도교육에서의 가르치는 활동을 구분해야 한다는 주장이 성립할 수 있다. 공교육으로서 제도교육은 매우 특수한 형태의 가르침과 배움이 일어나는 공간이며, 따라서 공교육을 담당하는 교사들에게는 특수한 형태의 직업적 전문성[112]이 필요하다는 주장이다. 필자가 보기에 이 주장은 꽤 타당해 보인다. 공교육이 지니고 있는 제도적 이상을 통찰할 때 공교육 기관의 교사와 여타 교육 기관에 종사하는 교사의 전문성이 같은 것이 아닐 가능성은 매우 높다. 그러나 이렇게 양자를 구분한다고 하더라도 교직이 가르치는 전문성을 독점적으로 보장받는 데에는 또 다른 난점이 있다. 왜냐하면 교사는 가르치는 활동에 대한 전문적인 노하우를 비밀리에 유지할 수 없기 때문이다. 사람들은 유치원에서 대학 교육에 이르기까지 엄청나게 오랜 기간을 학교에 소속되어 가르치는 활동을 하는 교사를 관찰하면서 보낸다. 모방 학습이나 경험 학습이 가지는 중요성을 생각해 보자. 교직은 자신의 전문성을 앞으로 교직에 종사할 가능성이 높지 않은 일반인(?)들에게까지 끊임없이 노출당하고 있는 것이다. 어떤 직업군도 이처럼 자신의 일상적인 수행을 지속적이고 장기적으로 노출당하는 환경에서 종사하지 않는다. 바로 공교육 제도의 교직이 지니고 있는 이런 직업적 특성으로 인해서 가르치는 일의 전문적인 노하우는 끊임없이 공개되며, 이로 인해서 가르치는 활동의 노하우는 지속적으로 일반에 공유되는 상식이 된다.

그 연장선상에서 "가르치는 일은 아무나 할 수 있다"는 주장이 성립한다. 그리고 이 주장은 거꾸로 교직의 전문성을 끊임없이 제도적으로 약화시키는 방향으로 작동한다. 예컨대, 우리나라가 일본으로부터 독립하고 공교육이 제도화되던 초기부터 상당한 기간 동안 초등 교사와 중등 교사는 임시교원양성소를 통해서 짧은 기간의 훈련을 받고 배출되었다. 그리고 곧 살펴보겠지만 현재도 중등 교사 중 일부는 종합대학의 일반 학과를 다닌 학생들이 겨우 20학점 내외의 교직 과목과 교과교육학 과목을 이수하고 임용되고 있는 실정이다. 그리고 이런 현실은 가르치는 직업은 아무나 할 수 있다는 상식을 끊임없이 재생산한다.

중등교원양성과정은 교사를 양성하는 과정일까?

●

교사를 직업으로 택하지 않은 일반인들도 엄청난 시간 동안 교사들의 가르치는 활동을 관찰할 수 있고 이를 통해서 가르치는 활동에 대한 모종의 전문성을 직간접적으로 획득할 수 있다는 현실은 교직을 배타적 전문직으로 성립시키기 어려운 조건임을 언급하였다. 그러나 곰곰이 생각해 보면 그런 현실이 교사는 전문성이 필요 없는 직업이라는 것을 정당화시켜 주지는 않는다. 선무당이 사람 잡는다고 하지 않던가? 선무당도 대충 흉내를 낼 수 있다. 그래서 구분하기 쉽지 않다. 마찬가지로 잘 가르치는 행위와 잘못 가르치는 행위도 때때로 쉽게 구별되지 않는다. 그리고 좋은 교수 행위의 효과는 곧바로 나타나지 않는다. 중대한 수술을 잘못하면 곧바로 생명과 직결될 수 있는 의료 행위의 직접성과 비교하여 볼 때 교육 행위의 효과는 장기간에 걸쳐서 서서히 나타난다. 좋은 교수 행위와 그렇지 않은 교수 행위를 식별하기가 어렵고 그 효과도 판별하기가 쉽지 않은 현실은 아무나 가르칠 수 있다는 허구적 신화를 만들어 내었을 뿐 아니라 가르치고 배우는 활동에 대한 학문적 연구도 발달하지 못하게 만들었다. 이런 경향은 학문 연구를 본연적인 사명으로 하는 대학교육에서도 예외가 아니었다.

공교육이 보편화되기 시작했던 19세기 말과 20세기 초반에 대학에서도 교육학이 태동하고 교사를 양성하는 대학이 설립되기 시작하였다. 공교육이 처음 보편화될 때 먼저 수요가 급증한 것은 초등 교사였다. 지금도 그렇지만 당시 초등 교사는 대부분 여성이 종사하는 직업으로 인식되었으며, 교수 행위는 보육이나 양육과 그다지 구분되지 않았다. 여성들이 종사하는 직업에 대한 일반적인 천시와 맞물려서 교사의 지위에 대한 이러한 인식은 종합대학 내 교원양성대학의 위상에도 곧바로 영향을 미쳤다. 과학적이고 엄밀한 학문을 추구하는 종합대학의 분위기 속에서 교육학의 학문적 위상은 높지 않았고, 교육학을 전공하는 교수들의 지위나 발언권도 열악했다.[113]

이런 종합대학 내에서의 교원양성대학과 교육학의 상대적인 위상은 21세기 한국 대학 내에서도 불식되지 않고 많이 남아 있다. 국내 논문들을 살펴보면 중등교원양성대학의 문화적 풍토를 "학문 지향적"이라고 파악하고 있다.[114] 말이 좋아서 학문 지향적이지 좀 더 원색적으로 표현하면 교육에 대해서 관심이 없다는 말로 표현할 수 있지 않을까? 중등교원양성대학의 교육과정을 크게 구분해 보면 교과내용학과 일반교육학, 그리고 교과교육학으로 구분할 수 있다. 그런데 중등교원양성대학에 소속된 교수들은 대부분 교과내용학을 전공한 사람들이다. 이들 내용학 전공자들의 주된 문제는 교원양성대학에 소속되어 있으면서 교육에 대해서 관심을 별로 기울이지 않는다는 점이다. 물론 예외적인 경우도 있지만 전체적인 경향이 그러하다.

사범대학의 교과내용학 과목은 일반 대학의 전공과목과 거의 구분이 되지 않는다. 이것이 무슨 문제를 야기하는지를 생각해 보자. 좋은 교사가 되기 위해서는 내용학 지식을 잘 알아야 한다. 예컨대, 고등학교 정치 과목을 가르치기 위해서는 정치학에 대한 풍부한 배경지식이 있어야 한다. 그러나 그것은 필요조건이지 충분조건은 되지 못한다. 정치 과목을 가르치는 좋은 교사가 되려면 정치학의 다양한 이론과 내용들이 고등학교 수준에서 어떻게 다루어지는 것이 바람직하고 그것을 다루는 적합한 교육 방법은 무엇인지에 대한 지식이 필요하다. 좀 거칠게 말하자면 정치학에 대한 교육적 이해가 필요한 것이다. 그러나 정치학을 가르치는 많은 교수들이 정치 현상이나 정치학 자체에만 관심을 기울일 가능성이 높다. 그렇기 때문에 이들이 예비 교사들을 대상으로 정치 현상이나 정치학의 교육적 전환에 대한 강의를 할 가능성은 거의 없다. 이러다 보니 예비 교사들은 교육에 대한 이야기는 거의 듣지 못하고 비사범대학의 전공과목과 같은 과목을 계속해서 듣게 된다.

그러면 교사 양성과 관련이 있는 20학점 내외의 교육학이나 교과교육학의 사정은 어떠한가? 14학점 정도를 듣는 교육학 과목은 교육학 개론, 교육철학 및 교육사, 교육심리학, 교육사회학, 교육과정, 교육 방법, 교육행정 등의 강의로 구성돼 있다. 그런데 이런 교육학 관련 과목들은 대부분 이론 중심의 2학점 단위여서 여러 가지 한계를 보이고 있다. 더욱이 한국의 교육학이 서양 교육학을 수입해서 전달하는 수준에서 크게 벗어나지 못하고 있기 때문에 이런 교육학 과목을 접하면서 한국의 교육 현실을 소재로 탐구나 숙의를 할 가능성은 상당히 낮다. 물론 과거에 비해서는 개선되고 있지만 그 속도는 느린 편이다. 그리고 교과교육학의 경우도 이수하는 학점 수가 워낙 적은데다가 전담 교수가 없어서 강사에 의존하는 경우가 많아 내실

있게 운영하기가 힘들다.

 글의 성격상 상술하기가 어려워서 간단히 적었지만 이런 사정을 고려해 보면, 왜 한국의 중등교원양성체제에 대한 많은 논문들이 교원양성기관의 정체성 문제를 계속해서 거론하는지 이해가 될 것이다. 사범대학 학생의 입장에서 보면 대학을 4년 동안 다니는 동안에 교육 문제에 노출되는 시간이나 한국의 학교나 교실 현장의 문제를 접할 수 있는 기회 자체가 높지 않은 것이다.

 문제를 더욱 어렵게 하는 것은 교사 자격증 소지자의 과잉 배출 문제이다. 임용 형편이 상대적으로 나은 일부 사범대학 졸업자들조차도 전공에 따라서 몇십 대 일의 경쟁을 뚫어야 교사가 될 수 있다. 교사가 되는 것은 하늘의 별 따기쯤 된다. 그리고 교사로서 전문성 신장과는 크게 관계도 없는 임용 시험을 준비하기 위해서 사설 학원과 인터넷 강의에 의존하면서 몇 년씩 공부를 해야 한다. 그런데 누구나 알고 있는 이런 문제를 개선하기에는 중등교원양성기관은 너무나 깊은 구조적인 모순에 직면해 있다. 현재와는 근본적으로 다른 발상의 교원양성체제에 대한 모색과 실천이 요구된다.[115]

초등교원양성과정은 좋은 교원양성과정인가?

 초등교원양성과정은 중등교원양성과정과는 전혀 다른 성격을 가지고 있다. 10개 교육대학교를 중심으로 목적형 교원양성제도를 택하고 있기 때문이다. 초등교원양성과정은 정부 수립 이후 사범학교에서부터 시작해서 2년제 교육대학, 그리고 4년제 교육대학교에 이르기까지 일관되게 목적형 교원양성체제를 유지해 왔다. 따라서 초등교원양성과정의 경우에는 중등교원양성과정처럼 교원양성과정으로서 정체성을 갖추고 있는가 하는 비판은 받지 않는다.

대신에 초등교원양성과정은 고유한 다른 문제들을 지닌다. '초등' 교사의 전문성에 대한 사회적 상식과 싸우는 문제이다. 가르치는 활동이 전문성을 필요로 하는 문제와 별도로 초등의 경우는 초등 교사에게 전문성이 필요한가 하는 또 하나의 문제에 직면해야 했다. 대학 교원이 가장 전문성이 높고 고등학교 교사, 중학교 교사, 초등학교 교사 순으로 전문성이 낮아진다는 사회적 상식은 초등교원양성과정에 입문하는 학생들의 질에서부터 시작하여 교육과정 운영이나 배출된 후의 직업적 역할 수행 등에 실로 큰 영향을 끼쳤다. 이 때문에 해방 이후 1960년대 초반까지 고등학교 수준의 사범학교에서 초등 교사가 양성되었으며, 1980년대 초반에 이르기까지 초등 교사는 2년제 대학 과정을 통해서 양성되었다. 이뿐 아니라 때때로 교원 수급을 조정하기 위해서 임시교원양성소가 설치되어서 속성으로 교사가 배출되었다.[116]

제도 자체가 초등 교사의 전문성을 크게 인정하지 않는 이런 경향은 필자가 교육대학교에 근무하기 시작한 1990년대 후반 이후에도 여전히 남아 있었다. 2001년도에 일어났던 중요한 사건을 하나 예시해 보겠다. 당시는 김대중 정부 시대였다. 김대중 정부는 2001년에 들어서서 7차 교육과정 시행을 앞두고 학급당 학생 수를 전국적으로 35명으로 낮추는 교육 여건 개선 사업을 추진하였다. 1년 만에 급하게 추진된 이 계획으로 인해서 교사 수요가 급격이 늘어나게 되었다. 이미 과잉 배출되고 있던 중등의 경우에는 늘어나는 교사 수요를 충당하는 것이 문제가 없었다. 그런데 초등의 경우는 그 당시 교원 정년 단축 등의 여파로 이미 공급 부족 현상에 직면하고 있었다. 여기에 다시 학급당 학생 수 감소로 인해 일시적으로 초등 교사가 심각하게 부족하게 되었다. 이때 교육부가 내걸었던 여러 해결책 중에 하나가 초등교원임시양성소 안이었다. 대통령령으로 되어 있는 임시양성소규정에 의하면 4개월에서 1년 이하의 교육을 통해서 초등교사를 배출할 수 있도록 되어 있었다. 당시 이런 교육부의 움직임에 반발하여 전국 교육대학교 학생들은 70일에 이르는 교육대학교 사상 최장의 동맹 휴업을 결행하여 유급 사태 직전까지 갔다. 그 과정에서 임시교원양성소 규정 철폐는 교육대학교 학생들의 자존심이 걸린 주요한 이슈가 되었다. 이 시기는 교육대학교에 성적이 우수한 학생들이 입학하게 된 시기이기도 하다. IMF로 경제성장이 정체되기 시작하면서 직업 안정성이 중시되는 사회 분위기와 맞물려서 교육대학교에 우수한 학생들이 대거 들어오게 되었는데 이들에게 임시양성소와 같은 규정은 자신들의 정체성과 자존심을 건드리는 중요한 문제로 인식되었던 것이다.

하나의 예를 든 것이지만 초등교원양성기관은 목적성 자체에 대한 논란보다는 사회적으로 초등 교사의 전문성을 인정하지 않는 분위기와 오랫동안 대면하여 싸워야 했다. 그리고 여기에는 소규모로 운영되는 교육대학교에 대한 사회적 불신이 가세했다. 성장 지향적인 사회에서 교육대학교는 규모가 작다는 사실만으로도 부실한 대학이라는 선입견에 늘상 노출되었으며 끊임없이 통폐합의 압력에 시달렸다.

이제 목적형 교육대학교가 좋은 초등 교사를 양성하고 있는가 하는 문제로 돌아가 보자. 중등교원양성과정과 달리 '좋은'이라는 말을 덧붙인 것은 초등교원양성과정의 경우 교사를 양성한다는 분명한 자의식을 가지고 운영되는 것은 부인할 수 없기 때문이다. 교육대학교에 입학하는 학생들은 입학해서 졸업할 때까지 끊임없이 당신들은 교사가 될 사람이라는 이야기를 들으면서 살아야 한다. 교육과정을 분석해 보아도 교육과 관련하여서 수강하는 과목은 압도적으로 많다. 그리고 교사의 전문성과 관련하여 끊임없이 고민을 하면서 대학을 다녀야 한다. 이런 상황은 교사 양성이라는 목적의식이 크지 않은 상태에서 운영되고 교사가 될 가능성도 높지 않은 중등교원양성과정과는 매우 다르다.

그러나 이런 상이성이 역설적으로 초등교원양성과정의 약점과 연결된다. 너무나 많은 교육학 관련 과목을 이수하느라고 학생들이 폭넓은 교양이나 특정한 내용학에 대한 깊이 있는 지식을 습득할 가능성이 상대적으로 적은 것이다. 특히 대학의 규모가 작다 보니 학생들이 우리 시대의 다양한 사상과 학문에 간접적으로라도 노출될 수 있는 가능성이 크지 않다. 더욱이 대학이 특별히 노력을 하지 않는다면 우리 시대를 움직이는 대가들을 직접 만나고 이들과의 만남을 통해서 자신의 삶이나 인생을 성찰할 수 있는 기회를 제공받기가 어렵다. 종합대학에서 주기적으로 개최하는 석학 초청 강의나 사회적 이슈에 대한 중요한 학술 행사를 교육대학교의 교정에서는 접하기가 어려운 것이다. 그래서 스스로 노력하지 않으면 교육 방법에 대한 기능적인 훈련을 받은 좁은 시야의 교사가 되어서 졸업하기가 쉽다.

이런 문제에 더하여 출산율 저하로 학령인구가 감소하면서 최근 몇 년 동안에 초등교원양성과정에서도 교사 수요에 비해서 공급이 과잉되는 현상이 발생하고 있다. 2005년 청주교육대학교의 임용률은 90%를 넘었으나 최근에는 50~60% 수준으로 떨어졌다. 이제 교대생들도 사범대생들과 유사하게 임용 시험을 위해서 몇 년씩 사설 학원을 오가면서 공부해야 하는 경우가 점점 늘어나고 있다. 청년 실업에 시달리는 이 시대의 많은 젊은이들이 호혜와 협력 대신에 각자도생을 위한 경쟁에 내몰리는 것처럼, 미래 초등 교사들도 동료를 이겨야 생존할 수 있는 경쟁에 내몰리고 있다. 이런 상황은 21세기 교사들이 갖추어야 할 인성을 함양하는 것을 어렵게 만드는 시대적 조건이 되고 있다.

우리는 어떤 교사를 양성해야 하는가?

●

앞에서 필자는 먼저 가르치는 활동은 아무나 할 수 있다는 사회 통념을 다루었다. 교사의 가르치는 활동이 끊임없이 학생들에게 노출됨으로 인해 가르침에 대한 비법들은 교사 자격증에 가두어 둘 수 없다. 그리고 이것은 가르치는 전문가를 양성하는 목적형 대학의 존립을 침해하는 사회적 정서를 만들어 낸다. 아무나 가르칠 수 있다는 사회적 통념은 중등교원양성대학 과정까지 암묵적으로 감염을 시켜서 목적형과 개방형을 둘러싼 논쟁이 계속되었다. 그러는 동안에 중등교원양성대학에 소속된 학생들은 21세기 교원에게 필요한 필수적인 능력과 가치관들을 제대로 배우지 못하고 졸업하고 있다. 반면에 초등교원양성대학은 초등 교사에게 무슨 전문성이 존재하는가 하는 또 다른 사회적 통념과 대면하면서도 오랫동안 목적형 체제를 유지하면서 나름의 전문성을 축적해 왔다. 10개 과목을 가르쳐야 하는 독특한 직업적 성격상 종합대학의 다른 전공들과 쉽게 교환되기 어려운 교육과정적 특성이 초등교원양성대학의 목적형 체제를 유지시킨 한 요인이기도 하다. 그러나 초등교원양성과정은 목적형 체제를 유지하는 대가로 교육 방법에 경도된 좁은 시야의 교사를 양성한다는 비판으로부터 자유롭지 못하다.

다시 원초적인 질문으로 돌아가 보자. 가르치는 활동에는 전문성이 필요할까? 만약 전문성이 필요하다면 어떤 전문성이 필요할까?

이 글의 서두에 적었던 필자의 체험을 바탕으로 이 문제를 정리해 보고자 한다. 왜 필자는 9년 이상 별 문제없이 가르치다가 어느 날 갑자기 전문성의 위기를 느끼게 되었을까? 그것은 오늘날 가르치는 행위의 패러다임이 변화하는 것과 밀접한 관련이 있어 보인다. 지금 교사들은 정답으로서 지식을 전달하는 게 아니라 학습자들이 다양한 학습 방법을 적용하여 스스로 지식을 탐구해 가도록 조력하는 역할로 변화할 것을 요구받고 있다. 이제 교사들이 학창 시절을 통해서 오랫동안 접했던 교사들의 교육 방법을 답습하는 것으로 문제를 해결하기가 어렵다. 21세기 교사로서 우리는 "자신이 배우지 않은 방식으로 가르치는 방법을 배워야"[11] 하는 역설적인 상황에 처해 있다.

 이런 역설적인 상황은 새로운 전문성을 교사에게 요구한다. 필자는 오늘날 교사들에게 요구되는 전문성을 성찰적 전문성이자 임상적 전문성이라고 정의하고 싶다. 성찰이란 자신의 활동을 돌아보고 반성할 수 있는 능력이다. 임상이란 병상에 임한다는 뜻에서 나온 의학적 용어이지만 필자는 이 용어에서 의학적 의미를 탈색하고 대신에 보편적인 법칙으로 환원될 수 없는 개별 사례들을 민감하게 다룰 수 있는 능력으로 재개념화하고자 한다. 성찰과 임상은 함께 결합되어 복잡하고 미묘한 성격을 띨 수밖에 없는 교육 활동을 교사가 지속적으로 관찰하고 그 실천의 의미를 깊게 숙고하며 개선하는 것을 가능하게 한다. 이를 통해 교사는 가르치는 활동에 요구되는 통찰력, 예술적 지각력, 윤리적 판단력을 끊임없이 갱신해 갈 수 있다. 이런 성찰과 임상의 일상화를 위해 교사는 스스로 현장 연구를 수행하면서 자신의 경험과 실천으로부터 배울 수 있어야 하며, 교육에 대한 최신 연구를 이해하고 이를 바탕으로 자신의 실천이 지니는 함의를 조망할 수 있어야 하며, 전문 학습공동체에 속하여 지속적으로 함께 연구하고 성장하는 일원이 되어야 한다.

임상이란 말이 나왔으니 앞에서 전문성을 비교하기 위해서 예로 들었던 의사란 직종을 다시 떠올려 보자. 전문직으로서 의사와 교사의 차이는 무엇일까? 직업 의사는 병만 잘 고치면 그만이다. 이 의사가 병원을 나선 후에 개인적으로 어떤 삶을 사는가는 좋은 의사의 역할과는 별 상관이 없다. 그러나 교사의 교육 활동은 교사의 인격적 존재성과 분리하여 논하기 어렵다. 좋은 의사 혹은 군인이 좋은 인간이어야 하는가를 묻는 것은 필요하지만 본질적인 질문은 아니다. 그러나 좋은 교사는 좋은 인간이어야 한다. 가르치는 활동의 이런 윤리적 특성을 고려할 때 교사는 윤리적인 실천가이어야 한다. 특히, 불확실하고 항상적인 위기가 일상화되어 있는 21세기 사회를 살아가는 교사들은 시대에 대한 예민한 통찰력과 높은 윤리 의식을 지니고 있어야 한다.

그러나 한국의 교원양성대학들은 이런 교사들을 길러 내는 데 대체로 실패하고 있다. 그런 실패는 교사의 전문성을 인정하지 않는 사회적 편견이나 상식과 맞물려 작동해 왔다. 한국의 초등 교사들이 2년제 초급대학에서 배출되던 1970년대에 핀란드는 교사 교육이 가지는 중요성을 일찍이 자각하고 교사가 되려면 석사 학위를 갖추도록 제도를 정비하지 않았던가? 오늘날 세계적으로 주목을 받고 있는 핀란드 교육의 성공 요인 중 하나로 핀란드 교사들의 우수성을 언급하는 것은 놀랄 만한 일이 아니다.

그런데 단순히 수학 기간을 연장하여 석사 학위를 지닌 교사를 배출하는 것으로 핀란드가 주는 교훈의 의미를 잘못 오독해서는 안 될 것이다. 핀란드 교육 프로그램은 교사들이 자기의 교육 실천을 성찰하고 개선하는 현장 연구 능력을 지닌 교사들을 길러 내는 데 성공하고 있다. 그러나 한국의 교원양성대학들은 스스로가 교육 현장에 대해서 관심이 많지 않기 때문에 예비 교사들에게 현장의 다양한 실천 사례를 성찰할 수 있는 프로그램을 제공해 주기가 어렵다. 학부 교육의 이런 문제는 자연스럽게 대학원 교육으로 연장된다. 교사들의 다수가 석사 학위를 받고 있지만 대부분의 대학원은 교사들이 학교 현장의 문제를 스스로 진단하고 개선하는 실천적 전문성을 길러 주는 프로그램을 제공해 주지 못하고 있다. 오히려 석사 학위가 교사들에게는 승진을 위한 점수 획득의 수단으로 치부되고 대학은 대학대로 대학원 과정을 대학의 돈벌이를 위한 수단쯤으로 치부하는 풍조 속에서 교사들의 명목상의 학력은 높아지지만 전문성은 정체 내지 퇴보하는 기현상까지 나타나고 있다.

문제 해결을 위해서는 어떻게 해야 할까? 여러 가지 방안이 있을 수 있다. 그러나 소위 '교사 교육자'의 역할을 맡고 있는 교원양성대학 교수들의 자기 성찰 없이 근본적인 변화는 불가능하다. 좁은 이기주의에 발목 잡혀서 스스로는 대학의 교원양성과정에 어떤 의미 있는 변화도 만들어 내지 못하는 공동체가 어떻게 21세기에 적합한 교사를 양성해 낼 수 있겠는가? 교원양성대학들은 자율성과 민주성에 근거한 집단 지성을 바탕으로 스스로를 개혁하는 역사를 만들어 낼 수 있을까? "자신이 배우지 않은 방식으로 가르치는 방법 혹은 살아가는 방법을 배워야" 하는 역설적인 상황은 교원양성대학 교수들에게도 동일하게 적용된다. 우리는 그 역설을 현실로 살아 낼 수 있을까?

혁신학교, 한국 학교 변화의 희망이 되기를 희망하며[118]

— 혁신학교라 불리는 새로운 학교개혁운동의 의미

포스터모더니즘 철학을 경험한 우리는 현상에 대한 객관적인 기술이 좀처럼 어렵다는 것을 이해한다. 사실과 해석은 엄격히 구분되지 않으며 뫼비우스의 띠처럼 상호 연결되어 있다. 혁신학교를 논하는 이 글 또한 지금 일어나고 있는 현상들에 대한 객관적인 기술일 수 없다. 아니 필자는 객관성 대신에 오히려 다분히 의도성을 가지고 글을 쓰고자 한다. 즉, 혁신학교운동을 옹호하는 편파적인 입장에 서고자 한다. 그 이유는 현재의 혁신학교운동이 한국의 학교 현장에 실로 오랜만에 찾아온 변화 가능성의 계기라고 생각하기 때문이다. 물론, 현 단계에서 혁신학교운동의 성과를 말하기는 아직 이른 감이 있다. 그리고 혁신학교운동을 추진하는 과정에서 여러 가지 문제점도 존재한다. 그러나 필자는 제3자의 입장에서 이런 현실을 냉철하게 분석하고 평가하거나 혹은 회의적이고 삐딱한 시선으로 비판하는 대신에 우호적인 옹호자가 되고자 한다. 필자 스스로가 혁신학교운동이 성공했으면 좋겠다는 강한 희망을 지니고 있기 때문이다.

암울한 시대에 거짓 희망을 말하려는 것이 아니다. 희망을 이야기하는 것은 나름의 사회과학적인 근거도 있다. 예컨대, '오이디푸스 효과'라는 말을 들어 본 적이 있는가? 심리학 용어인 오이디푸스 콤플렉스라는 말은 잘 알 것이다. 그러나 오이디푸스 효과라는 말은 다소 낯설지 모른다. 이 말은 세계적 철학자 칼 포퍼Karl Popper의 책에 등장하는 용어이다. 그는 인간과 사회 현상을 연구하는 인간 자신이 그 세계 바깥에 존재할 수 없음을 논하기 위해서 오이디푸스 효과라는 말을 사용하였다.¹¹⁹ 예를 들면, 태풍을 예보하는 것은 과학적 예측의 영역으로, 그런 예보를 했다고 해서 태풍의 경로가 바뀌지는 않는다. 그러나 인간과 사회 현상은 그와 다르다. 예견이나 전망 자체가 현실을 바꾸고 미래를 구성해 내는 힘을 지니기 때문이다. 예컨대, 테베의 왕 라이오스가 '신탁을 통해 자신을 죽이고 어머니와 결혼할 아들이 태어날 것'이라는 예언을 듣지 않았다면 실제 그런 일이 일어났을까? 오이디푸스가 이 신탁으로 인해서 어릴 때 버려지지 않았다면 자기 아버지를 죽이고 어머니와 결혼하는 패륜아가 될 가능성은 오히려 없었을지도 모른다. 예언이 현실 그 자체를 만들어 낸 것은 아닐까?

이런 인간과 사회 현상의 특성에 기대어 필자는 혁신학교에 대한 쓴소리와 부정적인 전망 대신에 가능성과 희망을 말하려고 한다. 오이디푸스 효과가 현실화되기를 기대하는 마음으로. 혁신학교운동에 기대와 희망을 거는 것은 이 운동이 이전의 학교 변화 운동에 비해서 몇 가지 구별되는 특이성을 지니고 있기 때문이다. 크게 세 가지 측면에서 그 특이성을 부각시켜 이야기해 보고자 한다.

학교 문화를 바꾸려는 운동

교육 현장을 바꾸려는 운동은 과거부터 계속 있어 왔다. 필자가 아는 최초의 운동은 해방 후에 교육학자 오천석이 주도한 새교육운동이다.[120] 미국 유학생 출신이자 듀이(Dewey)로부터 진보주의 교육을 배운 오천석은 해방된 조국에서 문교부 차장을 역임하면서 새교육운동을 전개하였다. 그는 학교교육을 통해서 학생들이 민주적 교육을 경험하기를 열망하였다. 이를 위해 획일적이고 주입식 위주인 교육을 배격하고 개인의 능력·성격·취미를 존중하는 교육 방법을 소개하고 도입하였다. 지금도 교실 개혁의 중요한 방법으로 논의되는 아동 중심, 경험 중심 교육 방법들, 예컨대, 토의·토론 학습이나 프로젝트 학습은 이미 이때 도입되었다. 1946년 서울 효제초등학교에서 발표된 새교수법의 내용을 보면, 수업 시간을 80분으로 하여 통합 교과로 조직하고 주입식 교육 방법에서 탈피하여 탐구할 문제에 대해서 학생들이 충분한 토의를 한 후에 교사의 의견을 듣도록 하는 등 요즘 혁신학교에서 추구하는 교육과도 유사한 교육이 이미 시도되었다. 그러나 새교육운동은 그다지 성공적이지 못했다. 시대를 앞서서 날아온 제비는 추운 날씨에 고사할 수밖에 없는 법! 억압적이고 권위적이고 관료적인 학교와 사회 분위기 속에서 새교육운동이 추구하는 교육 방법은 꽃을 피우기 어려웠다. 여기서 우리는 하나의 교육 방법이 그 사회의 역사-문화적 맥락과 독립적으로 존재하는 중립적인 도구가 아님을 알 수 있다. 이를테면, 토의·토론 학습이 의미 있게 실현되기 위해서는 물리적인 강제력이 아니라 언어와 소통을 통해 세상을 변화시킬 수 있는 사회적 조건이 뒷받침되어야 한다. 그런 점에서 새교육운동이 뿌리내리기에는 그 당시 우리 사회가 너무 후진적이었다.

운동이라고 이름 붙일 수 있을지는 모르지만 학교 수업을 변화시키고자 시도한 두 번째 계기는 3차 교육과정 시기의 학문 중심 교육과정과 그에 연계된 탐구 수업의 보급이다. 이를 통해 학생들 스스로 꼬마 과학자가 되어서 자연과 사회 현상에 대한 의문을 가지고 가설을 설정하고 자료를 모아서 과학적이고 객관적인 결론을 도출하도록 하는 교수 방법이 보급되었다. 그러나 탐구 수업을 통한 수업의 변화 또한 그다지 성공적이지 못했다. 오늘날의 관점에서 보면 교과를 학문에 종속시키고 학생들을 꼬마 과학자로 양성하겠다는 생각 자체가 지나치게 협소한 교육적 관점에 터하고 있다. 이런 본질적인 비판과는 별개로 탐구 수업을 향한 움직임을 긍정적으로 받아들인다고 하더라도 유신 헌법이 위세를 떨치던 시대에 현상을 객관적이고 과학적으로 탐구하는 방법이 현실적으로 가능할 수 없었다. 게다가 교사들은 새로운 교육과정 이론과 지도 방법에 미숙했을 뿐 아니라 학교 시설 또한 이를 뒷받침하지 못했다. 역시 교수 방법은 문화적 진공 속에서 중립적으로 논의될 수 없음을 다시 확인할 수 있다.

이 두 가지 계기가 미국 교육의 직접적인 영향 혹은 그 영향을 받은 선각자의 계몽적인 기획으로 인해서 추진되었던 데 비해 1980년대 중반부터 시작된 열린교육운동은 한국에서 자생적으로 생겨난 교실 변화의 움직임이었다. 열린교육운동은 운현초등학교와 영훈초등학교 등 서울의 몇몇 사립학교에서 출발하였다. 이후 열린교육운동은 다른 학교로 점차 확산되었고, 1991년에는 한국열린교육연구회가 설립되고, 1990년대 중반부터는 교육부와 교육청이 열린교육을 적극적으로 권장하면서 더욱 확산되었다. 이를 통해 토의·토론 학습, 협력 학습, 프로젝트 학습 등 다양한 학습 방법이 실험되고 확산되었다.[121] 여러 가지 비판에도 불구하고 열린교육운동은 최소한 초등학교의 수업 변화에는 큰 영향을 끼쳤다. 열린교육은 그 당시에 소개된 협동 학습과도 결합되어 초등 교실수업을 학생 중심적이고 협력적인 수업으로 변화시키는 데 기여하였다. 그러나 열린교육운동은 초기의 자발적인 운동에서 교육 당국이 개입하여 강제적(?)으로 보급하는 단계로 넘어가면서 상당한 저항과 반대에 부딪혔고 결국 많은 적대 세력을 양산한 후에 운동으로서 기능을 점차 상실하고 말았다.

　이런 과거의 운동들과 비교하여 현재의 혁신학교운동은 다른 접근법을 택하고 있다.[122] 기존의 운동들은 모두 교수법 개선 차원의 운동이었다. 그리고 변화의 대상으로는 교사 개인을 상정하고 있으며, 교육개혁의 전략적인 단위로는 단위 교실을 염두에 두고 있다. 그러나 개별 교사나 교실을 바꾸려는 시도는 그다지 적절한 전략이 아니다. 예컨대, 수업을 변화시키기 위해서 교사 개개인의 전문성을 신장시키고자 하는 개혁 방향은 전적으로 틀린 것은 아니지만 수업 전문성을 교사 개개인의 능력으로 좁게 범주화함으로써 소기의 성과를 얻지 못했다. 교사가 수업에 집중하고 학생들을 잘 가르치고 싶어도 학교 문화가 공문 처리를 중심으로 관료화되어 있고 업무에 대한 부담이 수업 준비를 방해하는 상황이라면 수업 전문성 신장을 향한 노력 자체가 상당한 제약을 받을 수밖에 없다. 수업을 변화시키고 교사의 수업 전문성을 신장하기 위해서는 그것이 가능한 학교 풍토와 문화가 갖추어져야 한다. 혁신학교운동은 교사 상호 간의 수업 공개와 소통, 공동 연구를 통해서 함께 성장하는 학습공동체를 만드는 것을 강조한다. 이는 개인주의, 관료주의, 보신주의 등으로 대변되는 학교 문화 속에서 수업 실천을 통해 학교를 변화시키려 한다는 점에서 훨씬 더 타당한 개혁 전략이라고 할 수 있다.

　또한 그러한 변화 전략 속에는 교수 방법은 그것을 둘러싸고 있는 사회-문화적 맥락과 분리되어 도구적으로 다루어질 수 있는 실체가 아니라는 통찰이 담겨 있다. 앞에서도 언급했지만 탐구 수업은 대상을 객관적이고 과학적으로 탐구할 수 있는 사회-문화적 환경을 필요로 한다. 토의·토론 학습 또한 언어와 소통을 통한 세상의 변화라는 담론적 실천의 가능성이 열려 있는 사회에서 비로소 그 의미를 획득한다. 과거의 교실 변화 운동은 교수-학습 방법을 탈맥락적이고 도구적인 것으로 봄으로써 스스로 한계에 갇힐 수밖에 없었다. 그런 점에서 혁신학교운동은 교실수업을 변화시킬 수 있는 최소한의 생태적 환경으로 학교 문화의 변화를 지향하고 있다. 예컨대, 교사들 스스로가 협력하지 않고 민주적으로 의사 결정을 하는 학교 문화를 만들어 내지 못한 상태에서 교실에서 토론 수업이나 협력 학습의 기법만 익히게 하는 것은 잘못된 과거의 전철을 반복하는 것이다. 이 점에서 혁신학교운동은 교실수업 실천의 생태적 토대와 조건들을 고려하는 최초의 운동인 셈이다. 바로 혁신학교운동은 교사공동체의 변화를 지향하는 것이다.

자발성에 의해 확산되는 운동

혁신학교운동에서 주목하는 또 다른 차원은 이 운동이 교사의 자발성에 터하여 일어났으며 현재까지 대체로 그런 기조를 유지하고 있다는 점이다. 그동안 한국의 학교에서는 교사의 자발성이 권장되기보다는 억압되어 왔다. 1949년에 제정되어 1998년까지 존속했던 구교육법 75조는 "교사는 교장의 명을 받아 교육한다"라고 규정하여 교사의 교육 활동을 교장의 통제하에 두었다. 물론 학교장 또한 중앙정부에서부터 출발하는 지휘와 통제의 중간 관리자에 불과하였다. 이러한 위계적이고 권위주의적인 관계 속에서 교사의 자발성에 기반한 교육운동을 기대하는 것은 애당초 어려울 수밖에 없다. 이런 상황에서 학교개혁은 모두 위에서 아래로 강제되었다.

물론 교육 당국은 교사의 전문성을 신장시키기 위한 여러 가지 제도를 만들었다. 정부는 1951년에 연구학교 규정을 만들고 전국에 연구학교를 지정하여 교사들의 연구를 지원하는 제도를 마련하였다. 그리고 한국교총의 전신인 대한교육연합회의 주최로 제1회 현장연구대회가 개최된 것은 한국전쟁이 채 종전되기도 전인 1952년이었다. 문교부는 1958년에는 《교육연구》라는 잡지를 통해 현장 연구법을 체계적으로 보급하려고 노력하였다.[123] 이렇게 정부 수립 초기에 체계화된 여러 가지 연구 지원 제도는 현재까지 변화와 수정을 거쳐서 계속 존속하고 있다. 일례를 들자면, 지금도 전국적으로 수천 개 이상의 연구학교들이 현장 개선을 위한 여러 가지 연구와 실험을 진행하여 매해 발표하고 있다.

그런데 교사의 전문성을 신장하기 위한 위로부터의 동원과 제도적 지원은 교사들의 자발적 연구와 학교 변화를 위한 실질적 노력을 자극해 내지 못했다. 이러한 제도들은 대부분 자신의 교육 활동을 개선하고 학생들과 더불어 행복하게 성장하고자 하는 교사들의 진실한 욕구와 결합하는 대신에 관리직으로 승진하는 점수 부여 방식과 결합함으로써 교사들을 동기화하였다. 그 결과 교사의 연구와 실천은 행정직으로 승진하기 위한 목적에 도구적으로 복무하는 활동으로 변질되었다. 교사들이 연구하는 내용 또한 현장에서 직면하는 교육 문제를 해결하기 위한 자발성에 터한 연구라기보다는 교육부나 교육청의 정책 과제를 수행하는 하향적이고 종속적인 내용이 대부분이었다. 그로 인해 전국의 연구학교에서 수행되는 그 많은 연구들은 현장을 개선하는 데 거의 영향을 미치지 못하고 있다. 대부분의 연구들이 타율적 연구 보고서를 만들어 내기 위해 수행되며, 연구 기간이 종료되고 나면 연구 보고서는 캐비닛 한 구석에서 먼지를 뒤집어쓰는 종국을 맞이한다.

이런 관행과 달리 혁신학교운동은 자신의 교육 실천을 개선하고 학교 현장을 변화시키기 위한 교사들의 열망과 자발성에 의해 일어나고 확산되고 있는 운동이다. 타율적인 통제와 관습에서 벗어나서 교사 스스로 교육의 문제를 진단하고 개선을 위해 노력하며 운동의 에너지를 생성하고 증폭해 나가고 있는 것이다. 그리고 그런 교사들의 노력이 학부모와 지역 사회의 지지를 획득하여 하나의 지역 사회가 학교를 중심으로 한 학습공동체를 형성해 가는 사례도 생겨나고 있다. 이 점은 이전의 운동과는 매우 다른 점이다. 서울시교육청이나 경기도교육청은 교사들의 자발적 실천이 추동하는 운동 방식의 중요성을 충분히 인지하고 있고, 혁신학교를 지정할 때도 학교 교사들의 동의율을 고려하고 있는데 이런 방침도 바람직하다 하겠다.

그런데 자발적 운동은 확산 속도에 한계를 지닐 수밖에 없다. 따라서 운동을 주도하는 사람들은 속도에 대한 유혹을 심하게 받을 위험성이 높다. 특히 4년 단위로 선출되는 직선 교육감은 더더욱 그러하다. 이 점과 관련하여 열린교육운동의 실패를 거울로 삼아야 한다. 열린교육운동도 초기에는 교사들의 자발성을 자원으로 성장하였다. 그러나 확산 단계로 이행하는 과정에서 교육부가 이 운동을 빠른 시간에 확산시키기 위해 전국 단위로 강제하면서 초기의 자발성은 급격히 소진되고 말았다. 이런 열린교육운동의 실패를 답습하지 않기 위해서는 느림의 미학을 배울 필요가 있다. 운동이 자기 생성력과 자기 확장성을 지니면서 성장해 가도록 기다리고 인내해야 한다.

동시에 자발성이 숨 쉬고 성장하기 위해서는 자율성이 보장되어야 한다. 자발성이 주체의 내부에서 생성되는 내적 에너지와 의지와 상관되는 요소라면, 자율성은 그런 내적 의지를 방해받지 않고 실현할 수 있는 힘과 권한이 보장되는 제도적인 조건을 창출하는 것과 관련된다. 법규에는 사라졌지만 아직도 교장 ― 여기서 교장은 관료적 교육 당국을 표상한다 ― 의 명령에 따라 교육하는 것이 문화적인 잔존물로 남아 있는 학교 환경이 바뀌지 않으면 자발성이 꽃피기 어렵다. 자발성이 자라나기 위해서는 교사와 학생과 학부모들이 학교의 운명을 스스로 만들어 갈 수 있는 권한 부여empowerment가 필요하다. 교육부와 교육청은 그런 제도적 조건을 만들고 보장해야 할 책무가 있다.

지역 차원에서
전개되는 운동

혁신학교운동에서 또 하나 주목할 점은 이것이 전국적으로 추진되고 있지 않다는 사실이다. 그동안 학교 변화를 위한 운동은 거의 모두가 일사분란하게 전국적으로 강제되었다. 그러나 지방 자치 제도의 도움으로 혁신학교운동은 소위 진보 교육감들이 당선된 몇몇 지역에서만 산발적(!)으로 실시되고 있다. 이를 두고 아쉬움을 표현하는 사람들도 많이 있다. 동시에 학교 변화의 방향을 둘러싸고 교과부와 교육감, 교육감 상호 간에도 의견 대립과 갈등이 발생하는 것을 보고 혼란스럽고 어지럽다고 생각하는 사람들도 많이 있다.

그러나 필자는 이런 국지적인 실험이 가능해진 조건 자체는 바람직하고 권장할 만하다고 생각한다. 오늘날과 같이 복잡하고 다원화된 시대에 일률적인 개혁의 방향을 정해서 모든 학교에 강제하는 방식은 바람직하지 않을 뿐 아니라 성공할 수도 없다. 교육학계에서 오래전부터 주장해 왔던 아래로부터의 개혁이 가능하기 위해서는 다양한 실험이 다양한 곳에서 다양한 방식으로 시도될 필요가 있다. 그리고 그런 실험의 주체는 교과부 당국과 같은 관료 집단이어서는 안 된다. 학생, 학부모, 교사, 그리고 지역 사회가 함께하는 주민 자치적 모델이 훨씬 바람직하다. 따라서 현재 몇몇 교육청 단위로 일어나는 실험은 그 자체로서 매우 바람직하다. 아니 어떻게 보면 광역 자치 단체보다 좀 더 작은 차원에서 지역 사회 구성원들의 합의에 의해 다양한 학교개혁을 위한 실험들이 이루어지는 것이 바람직할지도 모른다. 그런 다양한 실험 중에서 장기적으로 다중의 주목을 받고 지지를 얻어서 영속성을 얻어 가는 모델이 생겨날 수 있다면 종국적으로는 단기적인 정부 정책이나 단기적인 선출 권력과는 무관한 한국형 학교개혁 모델이 가능해지지 않을까? 그런 실험을 통해서 성공적인 모델이 아래로부터 생겨나고 그것이 모방과 확산을 통해서 전파되어 나가는 것이 바람직한 혁신의 전파 방식이라고 생각한다.

그리고 이런 새로운 혁신의 생성과 전파가 가능하고 성공할 수 있는지를 가늠해 볼 수 있는 최초의 운동이 혁신학교 실험이 아닌가 한다. 필자는 10년~20년 후에 현재 혁신을 시도하는 학교들 중에서 수십 개만 살아남아도 성공이라고 생각한다. 매번 학생과 교사와 교장이 바뀌는 등 구성원의 변화가 심한 공교육 제도 내의 학교에서 그 정도 학교만 살아남아도 이 학교들은 다른 교사들을 자극할 수 있는 실험학교의 기능을 훌륭하게 수행할 것이다. 필자는 교실 변화와 학교혁신을 관찰하고 이에 대한 공부를 하는 동안 사람들에게 동기를 부여하는 것은 거창한 이론이 아니라는 확신을 점점 더 갖게 되었다. 변화에 소극적인 사람들을 움직이는 힘은, 똑같은 조건하에 있는 다른 사람들이 자신보다 더 낫고 행복하게 살아가는 모습을 관찰할 때 생겨난다. 그런 점에서 현재 혁신학교 중 수십 개의 학교만 살아남아도 변화에 대한 상상력을 불러일으키고 사람들의 행동을 촉진할 수 있는 못자리 역할을 할 수 있다.

그런데 그런 확산과 전파가 가능하기 위해서는 혁신학교에 대한 특별한 지원은 가급적 삼가는 것이 좋다. 다른 학교와 구별되는 지원을 하면 할수록 혁신학교 바깥에 있는 교사들은 혁신학교의 성공에 대해서 인색한 평가를 내릴 가능성이 높다. 즉, 특별한 지원 때문에 성공한 것이니 자신들이 속한 '일반적인' 공립학교에는 적용 가능한 모델이 아니라고 생각할 공산이 크다. 많은 대안학교의 실험들이 일반 학교에 확산되지 않는 것도 유사한 이유 때문이다. 혁신을 확산시키기 위해서는 다른 학교와 조건을 유사하게 만들어서 심리적 공감을 얻어야 한다. 따라서 현재의 혁신학교 활동가들은 비록 어렵겠지만 일반적인 공립학교와 동일한 조건과 상황에서 학교혁신의 다양한 가능성을 모색하고 실험해야 한다.[124]

혁신학교가 희망이 되기 위해 더 고려해야 할 것들

혁신학교운동은 학교 단위의 문화운동이라는 점, 자발성에 터한 운동이라는 점, 지역 단위로 일어나고 있는 실험이라는 점에서 이전의 운동과는 다른 특성을 지니고 있다. 그런데 혁신학교가 이를 통해서 이루려고 하는 것이 무엇인가? 이에 대해서 많은 책들이 쌓여 있기 때문에 다시 반복하고 싶은 생각은 없다. 조금 우회적으로 생각해보자. 영국의 역사학자 파킨슨Parkinson은 '사소함의 법칙'을 정식화하였다.[125] 이 법칙은 '사람들이 중요한 회의 안건을 다루는 데 들이는 시간은 그 안건의 중요성에 반비례한다'는 것이다. 예컨대, 저자는 1억 파운드가 넘는 새로운 공장을 증설하는 것과 관련된 대기업 임원 회의는 별다른 반론 개진도 없이 불과 15분 만에 신축하는 것으로 결정이 난 반면에 그 다음 안건인 본부 건물 앞에 자전거 거치대를 설치하는 정말 사소한 공사를 둘러싸고는 한 시간이 넘는 격론이 벌어지는 현상을 보고 놀랐단다. 인생의 많은 영역에서 우리는 정작 중요한 일보다 사소한 일을 처리하는 데 대부분의 시간과 정력을 투입하는 경향이 있다. 그리고 시간과 자원은 한정되어 있기 때문에 우리가 이런 사소한 문제들을 해결하다 보면 가용한 자원들이 고갈되어 정작 중요한 일을 돌아볼 수 없게 되고 마는 것이다.

학교는 어떠한가? 교사와 학생이 가르침과 배움을 통해서 행복하게 만나고 함께 성장하는 일을 잘 하기 위해서 시간을 쓰는 대신에 공문 처리와 같은 비본질적이고 사소한 일에 너무 많은 시간을 보내고 있는 것은 아닌가? 혁신학교운동은 사소하고 비본질적인 것에 경도되어 있는 한국 학교 문화를 가르침과 배움이라는 본질을 중심으로 다시 재구조화하려는 운동이다. 물론, 여기서 본질이라고 했을 때 만고불변의 고정태를 상정하지는 않는다. 그것은 현재적 삶에 대한 성찰을 반영해야 한다. 교육이 출세를 위한 도구로 전락하고 사람과 사람 간의 관계가 초경쟁적인 살벌한 곳으로 바뀌어 있는 한국 사회, 인류가 쌓은 문명이 지구의 생존을 위협하고 있는 묵시록적 위험 사회에 사는 우리들에게 교육은 협력적인 삶을 잉태해 내고, 현재와 미래의 운명에 대해서 깊게 사색하며 결단력 있게 행동하는 성찰적 시민을 길러 내는 새로운 공간이어야 한다. 혁신학교운동이 그런 미래의 새로운 인류를 잉태해 내는 운동이기를 열망한다.

혁신학교가 또 하나의 좌절의 역사로 기록되지 않고 희망을 현실로 구현해 내는 운동이 되기 위해서 필요하다고 생각하는 조언 몇 가지로 글을 마무리하고자 한다. 첫째, 앞에서도 잠깐 언급했듯이 시간에 대한 조급증을 버려야 한다. 혁신학교운동은 교사들 간의 교실 실천을 공유하고 학교를 민주적인 소통 공간으로 변화시키고, 학생들을 인권과 존엄성을 가진 자율적인 존재로 성장시키고자 하는 운동이다. 그것은 모두 쉽지 않은 과제이다. 이런 것들은 대부분 우리 의식과 행동의 가장 밑바닥에 놓여 있는 습속에 도전하는 것이기 때문이다. 따라서 하루아침에 성과를 보겠다는 조급증을 아예 버려야 한다. 특히 진보 교육감으로 불리는 사람들은 자신의 임기 내에 가시적인 성과를 내겠다는 욕심을 휴지통에 던져 버려야 한다. 학교 내에서 혁신을 추진하는 주도 그룹들도 자신과 의견이 다른 사람들을 계몽하려는 욕구를 버리고 소통하고 대화하고 기다리는 노력을 경주할 필요가 있다. 혁신학교를 만들어 가는 것은 정해진 목적지를 향해 대오를 지어서 나아가는 것이 아니라 그 굴곡 많은 도정에서 서로 배움을 얻는 긴 여정이다.

둘째, 성공의 경험을 발표하려는 욕망을 버려야 한다. 시간에 대한 조급성과 동전의 양면으로 존재하는 것이 성공을 보고하고자 하는 열망이다. 이 욕망을 내려놓을 필요가 있다. 학교 변화를 위한 이전의 노력들이 냉소주의와 좌절의 기억으로 남을 수밖에 없었던 것은 성공을 그럴 듯한 거짓 언어로 포장하였기 때문이다. 표면 문화와 이면 문화가 상이하고 현실과 다른 이중장부를 기록하는 오랜 경향성을 가지고 있는 한국 문화에서 우리는 자신의 실천을 성공적으로 포장하려는 끈질기고 강한 유혹을 받는다. 그런 관성과 단절하는 것이 필요하다. 그리고 성공의 경험 못지않게 실패의 경험을 나누고 소통하는 것이 더 중요하다. 실패와 좌절과 시행착오 없이 어떻게 성공의 역사를 쓸 수 있겠는가? 그런 점에서 단위 학교에서 일어나는 새로운 시도가 만들어 내는 갈등, 충돌, 시행착오의 경험들을 우리는 가능한 한 정확하게 기록하고 공유할 필요가 있다.

셋째, 차이와 다양성에 대한 존중은 아무리 강조해도 모자라지 않다. 교실을 혼자 변화시키려고 하지 않는 이상 우리는 교실 바깥의 동료들과 어깨를 맞대고 함께 의논해야 하다. 서로 업무를 협조하는 것을 넘어서서 가르치고 배우는 활동에 대해 소통한 경험이 거의 없었던 학교 문화 내에서 이런 시도는 상당한 어려움을 수반할 수밖에 없다. 수업을 바꾸려는 혁신학교의 핵심적인 개혁 과제는 무엇이 올바른 교육이며 무엇이 좋은 교수법이고 학생을 어떻게 대하는 것이 옳은가에 대한 교사 개개인의 깊숙한 신념 체계에 도전하는 문제이기 때문이다. 여기서 서로의 삶을 이해하고 차이에 대한 이해를 통해서 새로운 생성을 지향하는 열린 문화를 구축하는 노력이 절실히 요구된다. 가능하면 누구도 적으로 만들어서는 안 되며 함께하되 기다릴 수 있는 포용적 노력이 모두에게 요구된다.

마지막으로 혁신학교의 클러스터를 만들어 가야 한다. 이것은 앞의 제언들과는 좀 다른 차원이다. 앞에서 혁신학교는 단위 학교와 학교 문화를 바꾸는 것을 지향하며 단위 학교는 교사들의 교육 실천의 변화를 가능케 하는 최소한의 기초 생태계라고 언급했다. 그러나 단위 학교는 좀 더 넓은 차원에서 보면 불안하고 허약한 공동체일 수밖에 없다. 학교는 여전히 관료 조직의 하부에 존재하고 교사들은 해마다 바뀌며 학교 관리자 또한 그러하다. 이런 특성으로 인해 단위 학교를 변화시키기 위한 노력은 소기의 성과를 채 거두기도 전에 끊임없이 불안정성에 노출될 수밖에 없다. 따라서 이런 문제를 해결하기 위해서는 혁신학교들 간의 자발적인 연대를 구축하는 혁신 클러스터를 전국적으로 만들 필요가 있다. 물론 혁신 클러스터는 지역 단위 차원에서도 가능하고 도 단위로도 가능하고 전국 단위로도 가능하다. 그러나 단위 학교에서 일어나는 혁신이 하나의 학교 내에서 고립되는 것을 방지하고 하나의 문화운동으로 모방과 전파의 네트워크를 통해서 확산되기 위해서는 자발적인 연대에 기반을 둔 광의의 연결망 구축은 꼭 필요하다. 혁신학교운동에 헌신하는 많은 분들에게 격려를 보내며 혁신학교가 위기에 직면한 한국 교육을 바꾸는 희망일 수 있기를 뜨겁게 희망하는 것으로 글을 맺고자 한다.[126]

• 닫는 글 •

일상을 바꾸는 실천 운동으로서 학교변혁운동

몇 년 전까지만 해도 TV 드라마를 잘 보지 않았다. 그런데 요즘은 종종 드라마를 본다. 나이 탓일까? 그런데 TV를 지배하고 있는 드라마가 대개는 막장이다. 가족끼리 오순도순 앉아서 알콩달콩 살아가는 이야기는 더 이상 등장하지 않는다. 대신에 사기, 배신, 불륜, 증오, 복수, 범죄 등 온갖 추잡한 이야기들이 가족이라는 삶의 일차적 공간을 지배한다. 그런데 왜 사람들은 이런 드라마를 아무런 혐오감도 느끼지 않고 즐겁게 볼까? 여러 가지 이유가 있겠지만 현실의 가족 관계도 막장 드라마의 스토리 못지않게 깨어지고 파편화되었기 때문이 아닌가 한다.

돈 버는 가장과 순종적인 아내의 결합이 만들어 낸 가부장적인 질서가 무너져 내린 자리에 막장 드라마에 가까운 이상 증후들이 분출하고 있지만 전통적 질서를 대체하는 새로운 가족 질서는 아직 등장하지 못하고 있다. 우리의 삶을 지탱해 주는 가장 중요한 보금자리인 가족이 이 지경이니 학교라고 예외겠는가? 얼마 전 방영되었던 KBS 드라마 〈학교 2013〉에 등장하는 학교도 전통적인 규범이 해체되고 갈등과 혼란이 다양하게 표출되는 공간으로 묘사된다. 문제 유출, 시험 부정, 학교폭력, 의견 충돌, 치맛바람 등으로 바람 잘 날 없는 학교의 모습은 현재 우리 학교가 직면한 위기를 생생하게 전달한다. 이 드라마의 주연 교사들이 기간제 교사라는 사실도 상징적이다. 학교가 사회질서를 안정적으로 재생산하는 기능을 하는 것과 함께 교직이라는 직업 역시 안정적 직업의 대명사로 여겨졌는데 이제 이마저도 지속되기 어려운 현실임을 보여 주고자 했던 것일까?

이런 위기의 시대를 교사로서 어떻게 살아 낼 수 있을까? 이 질문에 대한 고정된 정답은 존재하지 않는다. 권위 있는 누군가에게 의존하는 것도 해결책은 아니다. 대신에 교사들 스스로 답을 찾아가야 한다. 학습하지 않고 이 유동적이고 불안정한 시대를 살아 내기는 어렵다. 새로운 아이디어와 지식의 창출, 끊임없는 탐구와 공유를 통해서만 현재의 교육 문제를 해결할 수 있다. 따라서 교사는 학습하는 전문가가 되어야 한다. 전 세계적으로 교사의 전문적 학습공동체에 대한 관심이 증가하는 것도 이 때문이다.

사실 그동안 우리는 학생의 학습에 엄청난 관심을 기울였다. 그러나 교사의 학습에는 관심이 적었다. 교사는 가르치는 존재이지 배우는 존재는 아니라고 생각했다. 드라마에 등장하는 교사들의 전형적 이미지도 어디서나 가르치는 존재로 묘사되곤 한다. 이런 고정된 이미지를 넘어서 학습하는 교사의 이미지를 부각시켜 준 계기가 있었다. EBS의 〈선생님이 달라졌어요〉라는 프로그램이다. 수업을 개선하기 위해서 때로 눈물까지 흘려 가며 노력하는 교사들의 모습이 많은 사람들에게 신선한 감동을 주었다. 약점을 가감 없이 드러내고 도움을 받고자 하는 교사들이야말로 누구나 배워야 하며 배움이 가치 있다는 사실을 알려 주는 '무지한 스승'의 모습이 아닐까? 그리고 그 스승들은 우리에게도 배움을 촉구하는 강력한 메시지를 던지지 않는가?[127]

그런데 이 프로그램을 보면서 문득 교사들이 왜 멀리 방송국까지 가서 컨설팅을 받아야 할까에 생각이 미쳤다. 동료 교사, 교감, 교장은 왜 이들에게 필요한 도움을 주지 못하는 것일까? 이 질문은 우리 교직 문화의 고립주의적 속성을 다시 환기시켜 주었다. 단위 학교는 여전히 협력적 문화를 형성하지 못하고 있지 않은가? 그 결과 교수 활동에서 좌절을 겪는 많은 교사들이 학교 바깥에 힘겹게 도움을 요청해야 하는 것이 우리 교직 문화의 현실이다. 물론 외부 전문가의 도움을 필요로 하는 경우도 존재한다. 그러나 단위 학교가 전문적 학습공동체가 된다면 교사들은 신뢰와 안정성에 바탕하여 훨씬 쉽게 서로의 문제를 해결할 수 있다.

단위 학교는 교사로서 우리 삶의 가장 많은 시간이 영위되는 터전이다. 학교 외 교과모임과 같은 조직에서 보내는 시간이 기껏해야 일주일에 한두 번에 불과한 반면, 단위 학교는 교사의 일상이 전개되고 구성되는 견고한 지반이다. 그러므로 단위 학교의 삶과 실천이 의미 있게 바뀌지 않으면 교사의 일상도 바뀌지 않는다. 단위 학교의 일상적 실천을 바꾸는 운동은, 이질적인 동시에 매우 유동적인 학교 구성원들과 함께 협력하면서 새로운 실천을 가꾸어 가는 운동이다. 이질성과 유동성이야말로 우리 시대의 삶의 조건이 아니던가? 교사들이 일상에서 이질적 타자와 협력적으로 학습하며 더불어 성장하는 삶을 살아간다면 학생들도 그 모습을 자연스럽게 따라 배우며 학습하는 존재이자 협력하는 존재로 성장해 갈 것이다. 따라서 단위 학교의 일상성에 터한 운동을 실천하는 것은 배우고 가르치는 실존을 살아 내는 운동이자 학습자를 위한 최고의 교육이기도 하다.

  단위 학교 혁신이 자발적 운동으로 일어나려면 교과부나 교육청은 간섭을 최소화하고 단위 학교에 충분한 자율성을 보장해야 할 뿐 아니라 합리적인 지원도 제공하여야 한다. 그러고 보니 이 책에서 학교 변화를 위해서 고려해야 할 제도를 다루지 못한 아쉬움이 남는다. 언제가 우리의 교육제도를 문화적으로 이해하고 그 대안을 모색하는 글을 쓸 수 있는 기회가 있기를 희망한다. 오늘도 각고의 노력으로 교육 현장을 바꾸어 가는 많은 교사들에게 감사하는 마음으로 글을 마치고자 한다.

• 글의 출처 •

1부. 우리 교실 들여다보기

네모난 교실, 네모난 시간표, 학교 종이 땡땡땡!
— 근대 교실의 시공간과 학교교육 ······ 《우리교육》 2009년 6월호

교사들은 왜 가르치려고만 할까?
— 교사, 가르치는 존재에 대한 성찰 ······ 《오늘의 교육》 2011년 1·2월호

공부에는 때가 있다는 말은 여전히 옳을까?
— 학생, 배우는 존재에 대한 성찰
 ······ 《오늘의 교육》 2011년 7·8월호 / 《가장 인권적인, 가장 교육적인》(교육공동체 벗)

왜 새로운 교과서는 교실수업을 바꾸지 못하나?
— 성전聖傳적 교과서 넘어서기 ······ 《오늘의 교육》 2011년 5·6월호

교실 대화는 일상 대화와 어떻게 다를까?
— 교실수업의 언어적 상호작용 ······ 《오늘의 교육》 2012년 1·2월호

2부. 가까이서 멀리서

철 지난 행동주의는 왜 여전히 살아 있을까?
— 행동적 수업 목표를 넘어서 ······ 《우리교육》 2009년 11월호

수업 지도안은 만국 공통일까?
— 수업 지도안 꼼꼼히 들여다보기 ······ 《오늘의 교육》 2011년 3·4월호

수업연구대회 수업은 정말 우수한 수업일까?
— 수업연구대회에 말 걸기 ······ 《우리교육》 2009년 9월호

교실수업을 비교육적으로 만드는 주범이 정말 대학 입시일까?
- 평가 제도와 교사의 수업 방식의 관계　　　……《오늘의 교육》 2011년 9·10월호

교육공학이 교사를 대체하는 일은 가능할까?
- 테크놀로지와 교실수업의 변화　　　……《오늘의 교육》 2011년 11·12월호

3부. 새로운 성찰과 실천을 위하여

교과는 고정불변의 가치인가?
- 교과를 넘어서는 상상력
　　　……〈교과의 교육적 가치에 대한 성찰과 전망〉(2012년 한국교육과정학회 추계학술대회 자료집) /
　　　《오늘의 교육》 2013년 1·2월호

가르치는 활동은 과학인가, 예술인가?
- 수업의 과학성과 예술성　　　……《우리교육》 2009년 4월호

학습자 중심 교육의 진정한 의미를 알고 있는가?
- 학습자 중심 교육에 대한 성찰　　　……《오늘의 교육》 2012년 11·12월호

가르치는 일은 아무나 할 수 있나?
- 목적형 VS 개방형 교원양성체제　　　……《오늘의 교육》 2012년 1·2월호

혁신학교, 한국 학교 변화의 희망이 되기를 희망하며
- 혁신학교라 불리는 새로운 학교개혁운동의 의미　　　……《오늘의 교육》 2012년 9·10월호

• 미주 •

| 여는 글 | 낡은 습속을 넘어서

1 이혁규 외(2007). **수업, 비평을 만나다**. 서울: 우리교육 / 이혁규(2008). **수업, 비평의 눈으로 읽다**. 서울: 우리교육.
2 새로운 학습이 일어나기 위해서는 이미 배워서 익숙한 습속과 결별해야 할 경우가 많다. 다음의 인용문은 탈학습이 왜 필요한지를 사유하게 한다: "최근 과학자들 사이에서 화두가 되고 있는 개념은 '와해성 기술Disruptive Technology'이다. 새로운 세기에 걸맞은 창의적인 아이디어를 만들어 내기 위해서는 낡은 기술을 해체하고 분해한 뒤에 새로운 기술을 쌓아 올려야 한다는 것이다. 다시 말해, 새로운 기술을 개발하는 데 있어 가장 큰 걸림돌은 역설적이게도 현재 우리가 가지고 있는 기술이라 할 수 있다." (정재승. "감수자의 글 – 평범함을 뒤엎는 창조적 파괴자들". Berns, G.(2008). *Iconoclast: A neuroscientist reveals how to think differently*. 김정미 역(2010). **상식파괴자**. 서울: 비즈니스맵. 6쪽)
3 신경경제학자 그레고리 번스는 남들이 할 수 없다고 말하는 일을 해내는 상식 파괴자들이 지각, 공포 반응, 사회지능의 세 가지 면에서 보통 사람과 다르다고 말한다. (Berns, G.(2008). 앞의 책. 17-25쪽).

1부. 우리 교실 들여다보기

4 이진경(1997). **근대적 시·공간의 탄생**. 서울: 푸른숲. 136-143쪽.
5 이승원(2005). **학교의 탄생**. 서울: 휴머니스트. 23-24쪽.
6 정순우(2007). **공부의 발견**. 서울: 현암사. 133-134쪽.
7 송순재(2011). **상상력으로 교육에 말 걸기**. 서울: 아침이슬. 28-30쪽.
8 진중권(2007). **호모 코레아니쿠스**. 서울: 웅진지식하우스. 21쪽.
9 전성은(2011). **왜 학교는 불행한가?** 서울: 메디치미디어. 48-51쪽.
10 스승의 의미 및 스승과 교사와의 차이에 대해서는 〈한재훈(2009). '스승'에 대한 동양

의 전통적 이해. **맘울림: 깊고 넓고 맑은 삶을 위하여**. 제25권. 123-139쪽〉을 주로 참고하였음.

11 Sünkel, W.(1996). *Phänomenologie des unterrichts*. 권민철 역(2005). **수업현상학**. 서울: 학지사. 45-50, 51-54쪽.

12 Sünkel, W.(1996). 앞의 책. 71-78쪽.

13 辻本雅史츠지모토 마사시(1999). 学びの復權: 模倣と習熟. 이기원 역(2009). **일본인은 어떻게 공부했을까?: 배우는 자의 권리를 찾아서**. 서울: 知와사랑. 153-155쪽. 츠지모토 마사시는 이 책에서 서양 근대 교육의 영향을 본격적으로 받기 전 에도시대(1603~1867)의 교육을 다루고 있다. 츠지모토 마사시는 서양의 주입형 교육과 달리 일본의 전통 교육은 체득형 학습 문화였으며, '입지立地', '신체적인 모방과 숙달 학습', '스스로 공부하는 문화' 등이 체득형 학습 문화의 특징이라고 분석하고 있다. 일본뿐 아니라 한국, 중국 등 동아시아 문화는 서양 교육의 영향을 받기 이전에 배우는 자의 주체성과 능동성을 지금보다 훨씬 중요하게 생각했다.

14 교실의 교수-학습 과정이 학생의 학업 성취에 어떤 영향을 미치는지를 상관관계 분석을 통해 과학적으로 연구하는 방법이다. 효과적인 교사의 수업 행동을 발견하는 데 많이 활용되었다.

15 티나라와 아이스크림www.i-screem.co.kr은 교과용 학습 자료를 제공하는 교사용 콘텐츠 서비스 사이트이다. 2000년대 초반 서비스를 시작한 티나라는 수업에 유용한 멀티미디어 자료를 다양하게 제공하면서 초등 교사들에게 선풍적인 인기를 끌다가 2011년 초, 후발 업체인 아이스크림에 통합되었다. 현재 초등 교사 가운데 99% 가까이 아이스크림에 가입되어 있을 정도로 의존도가 높다.

16 한재훈은 《주희집》에 적힌 다음 말을 인용하여 스승과 교사의 차이를 언급한다. "희녕熙寧 연간에 교관敎官을 설치한 후로 배우는 이들이 더 이상 스스로 스승을 선택할 수 없게 되었습니다. 그리하여 학교 행정이 이름만 있고 실상은 없어져 인재의 배출이 예전의 융성할 때만 못하게 되었습니다(〈설사룡에게 답하는 글〉, 《주희집》)." 여기서 교관敎官은 학생을 가르치는 교사 또는 관리를 말한다. 주자 당시의 학교가 중앙 정부 또는 지방 정부에서 운영하는 기관이었기 때문에 여기서 가르치는 사람을 '교관敎官'이라고 불렀다(〈한재훈(2009), 앞의 논문. 130-131쪽〉 참고).

17 Ranciére, J.(1987). *Le maître ignorant*. 양창렬 역(2008). **무지한 스승: 지적 해방에 대한 다섯 가지 교훈**. 서울: 궁리. 이 책은 가르치고 배우는 행위가 스승의 앎이나 학식을 전달하는 것이라는 계몽주의적 사고를 전복하는 매우 혁명적인 책이다. 랑시

에르는 "무언가를 배워라. 그리고 그것을 이 원리, 즉 모든 인간은 평등한 지적 능력을 갖는다는 원리에 따라 나머지 모든 것과 연결하라"고 주장한다(9-42쪽).

18 이 내용은 〈Ariés, P.(1973). *(L')enfant et la vie familiale sous l'ancien régime*. 문지영 역(2003). **아동의 탄생**. 서울: 새물결〉을 주로 참고하였다.

19 강준만(2009). **입시전쟁잔혹사: 학벌과 밥줄을 건 한판 승부**. 서울: 인물과 사상사. 강준만은 이 책에서 조선시대부터 일제강점기를 거쳐서 현재에 이르기까지 입시 전쟁의 실상을 분석하고, '사회진화론'과 '진보적 근본주의'를 넘어서 대학 서열을 완화하고 경쟁을 합리화하는 대안을 제시한다.

20 교육열은 한국의 근대 교육을 이해할 수 있는 매우 중요한 사회 현상이다. 정순우는 "'교육열'은 이제 우리 사회의 성격을 가장 집약적으로 드러내는 일종의 문화적 키워드이다. 원시 부족의 문화를 해석하려면 그들의 의례와 놀이가 매우 매력적인 연구 주제가 되듯이, '교육열'은 우리의 교육 문화를 가장 잘 표상하는 특성이다"라고 언급하면서 진화론의 수용에 따른 적자생존의 경쟁 논리, 국가가 주도한 국민교육제도의 수용을 근대 교육 성립 이후의 교육열을 촉발한 요인으로 파악한다(정순우(2007). **공부의 발견**. 서울: 현암사. 111-137쪽). 교육열에 대한 더 자세한 논의는 〈오욱환(2000). **한국사회의 교육열: 기원과 심화**. 서울: 교육과학사〉, 〈이종각 외(2005). **한국의 교육열 세계의 교육열: 해부와 대책**. 서울: 하우〉를 참고하라.

21 김현철 외(2009). **이팔청춘 꽃띠는 어떻게 청소년이 되었나?**. 서울: 인물과 사상사.

22 우석훈·박권일(2007). **88만원 세대**. 서울: 레디앙.

23 김동훈(2001). **한국의 학벌, 또 하나의 카스트인가**. 서울: 책세상.

24 한국문화인류학회 편(2003). **처음 만나는 문화인류학**. 서울: 일조각. 181-186쪽.

25 小林康夫·船曳建夫 고바야시 야스오·후나비키 다케오(1995). **知の論理**. 유진우·오상현 역(1996). **知의 논리**. 서울: 경당. 127-140쪽.

26 이 내용은 〈이종국(1991). **한국의 교과서: 근대 교과용 도서의 성립과 발전**. 서울: 대한교과서〉, 〈이종국(2008). **한국의 교과서 변천사: 근대 교과서 백년, 다시 새 세기를 넘어**. 서울: 대한교과서〉를 주로 참조하였다.

27 문교부(1985). **중학교 사회 2**. 서울: 대한교과서주식회사. 130-131쪽.

28 한국교육개발원(1996). 제6차 교육과정 개정에 따른 중·고등학교 사회과 교과용 도서의 개발 연구: 연구 보고 TR96-3-5. 서울: 한국교육개발원.

29 이성수(1963). 교과서론. **교과서회지**. 제1집. 서울: 사단법인 한국검인정교과서발행인협회.

30 최병모 외(2002). **고등학교 사회**. 서울: 대한교과서주식회사. 157쪽.

31 Abellard, M.(2005). *Sciences économiques et sociales 1re ES: Enseignement obligatoire*. 유재명 외 옮김(2010). **한국의 학생, 교사, 시민이 함께 읽는 프랑스 경제사회 통합 교과서**. 서울: 휴머니스트. 이 책은 프랑스의 일반계열 고등학교 2학년 경제사회 전공 학생들이 배우는 교과서의 한국어 번역판이다. 이 번역 작업은 한국사회경제학회와 전국사회교사모임의 공동 기획하에서 진행되었다. 이 프랑스 교과서는 경제사회 문제를 통합적 시각으로 다룰 뿐 아니라 노동 단원과 기업 단원을 대등하게 다루고 불평등, 계급, 저개발, 연대 등의 사회적 이슈들을 시사성 높은 자료들과 함께 제시하여 학생들이 현실 사회 문제를 깊게 이해하며 논리적으로 사고하고 행동하도록 구성되어 있다. 비교교육학적인 관점에서 이런 작업이 가지는 의미는 매우 크며 어려운 작업을 기획하고 진행한 전국사회교사모임의 여러 교사들에게 감사하지 않을 수 없다.

32 이혁규(2003). 질적 사례 연구를 통한 교실 붕괴 현상의 이해와 진단. **교육인류학연구**. 제6권 2호. 한국교육인류학회. 125-164쪽.

33 참고서가 학생들의 학습에 미치는 막강한 영향력에도 불구하고 참고서에 대한 연구는 학계 관심의 사각지대에 있다. 학회뿐 아니라 현장 교사 연구 집단도 참고서에 대한 연구에는 관심이 적다. 참고서의 기능과 역할, 참고서가 공교육의 수업 현실을 어떻게 규정하고 왜곡시키는지에 대한 체계적인 연구가 절실하게 필요하다.

34 Mehan, H.(1979). *Learning lessons: Social organization in the classroom*. Cambridge, Mass: Harvard University Press.

35 교사 질문의 특성에 대한 진전된 논의는 〈양미경(2003). 교육과정 및 교수방법. 서울: 교육과학사. 제8장-가르침과 질문〉을 참고하면 도움이 된다. 양미경은 교사의 질문의 특성을 정보 추구를 위한 질문, 법정의 반대 신문을 위한 질문, 상담 장면에서의 질문과 대비하여 분석한다.

36 Borich, G. D.(2004). *Effective teaching methods(5th ed.)*. 박승배 외 공역(2006). **효과적인 교수법**(5판). 서울: 아카데미프레스. 264-310쪽.

37 참여 구조는 필립스Philips(1972)가 참여자 구조participant structure라는 말로 처음 개념화한 후에 에릭슨Erickson이 참여 구조participation structure로 개칭하였으며, 이후 많은 학자들이 교사와 학생들이 학습 과제를 수행하며 주고받는 교실 상호작용의 질서를 이해하기 위해서 활용하고 있다(Cazden, C. B.(1986). Classroom discourse. Wittrock, M. C.(1986). *Handbook of research on teaching(3rd ed.)*. New York:

Macmillian Publishing Company. 437-438쪽).
38 Tharp, R. & Gallimore, R.(1989). *Rousing minds to life: Teaching, learning, and schooling in social context.* New York: Cambridge University Press.
39 Wells, G.(2007). Semiotic mediation, dialogue and the construction of knowledge. *Human development,* 50(5). 244-274쪽.
40 김영천(1997). 네 학교 이야기: 한국 초등학교의 교실생활과 수업. 서울: 문음사. 294-295쪽.
41 이혁규(2003). 앞의 논문. 125-164쪽.

2부. 가까이서 멀리서

42 블룸Bloom이 《교육목표분류학》을 출간한 것이 1956년이었는데, 우리나라에서는 임의도 등이 1966년에 번역하여 소개하였다. 그리고 1970년대에 여러 학자들이 행동적 수업 목표 진술을 옹호하거나 비판하는 논문과 책을 활발히 출간하였다. 그 당시 행동적 수업 목표에 대한 찬반 논의는 그론룬드Gronlund의 책을 번역한 손충기의 번역 후기 "수업 목표 진술에 대한 하나의 논의"에 잘 정리되어 있다(《Gronlund, N. E.(1970). *Stating behavioral objectives for classroom instruction.* 손충기 역(1987). **행동적 수업 목표 진술.** 서울: 문음사. 135-150쪽〉 참조).
43 많은 비판에도 불구하고 행동적 수업 목표를 옹호하는 전통은 여전히 살아 있고 갱신되고 있다. 예컨대, 앤더슨Anderson이나 마자노Marzano와 같은 학자들은 블룸의 교육목표분류학에 대한 여러 비판과 문제 제기를 바탕으로 이를 수정하고 보완하여 새로운 교육목표 분류 방식을 제시하였다. 이에 대해서 소개하고 있는 한글 문헌으로는 〈김영천(2009). **교육과정 I.** 서울: 아카데미프레스의 제6장-신교육목표분류학〉, 〈Marzano, R. J.(2000). *Designing a new taxonomy of educational objectives.* 이원희 역(2005). **신교육목표분류학의 설계.** 서울: 아카데미프레스〉, 〈Anderson, L. W.(2000). *A taxonomy for learning, teaching, and assessment.* 강현석 역(2005). **교육과정 수업 평가를 위한 새로운 분류학.** 서울: 아카데미프레스〉 등이 있다.
44 톨만Tolman은 스키너Skinner나 손다이크Thorndike와는 달리 학습이 자극에 대한 반응을 강화하는 것 이상이라고 생각했다. 그는 행동의 목표 지향성을 중시하였으며, "행동은 목적적이기 때문에 또한 인지적이다"라고 주장하였다(〈Tolman, E. C.(1932). *Purposive behavior in animals and men.* New York: Appleton-Century-

Crofts. 12쪽〉 참조). 학습자가 지니는 목표나 동기는 오늘날 학습 이론에서 매우 중요하게 다루어진다.

45 Bloom, B. S.(1956). *Taxonomy of educational objectives I. Cognitive domain.* 임의도 외 공역(1966). **교육목표분류학 I. 지적 영역.** 서울: 배영사.

46 Mager, R. F.(1962). *Preparing instructional objectives.* 정우현 역(1972). **행동적 수업 목표의 설정.** 서울: 교육과학사.

47 Eisner, E. W.(1979). *The educational imagination.* 이해명 역(1983). **교육적 상상력: 교육과정의 구성과 평가.** 서울: 단국대학교 출판부. 217쪽.

48 Eisner, E. W.(1979). 앞의 책. 141-161쪽.

49 개인적으로는 합리적인 의사 결정이지만 이런 개인들의 의사 결정이 전체 국민경제의 입장에서 보면 합리적이지 않은 결과를 야기할 수 있다. 예를 들어 불황에 대비하여 저축을 늘리는 행위는 개인의 입장에서 보면 합리적인 경제 행위이지만 국민경제 전체의 입장에서 보면 지출 감소로 인해서 불황이 심화되는 역설이 발생한다. 이처럼 미시적 관점에서 합리적인 것이라도 거시적 관점에서는 비합리적인 결과를 초래하는 일을 경제학에서는 구성의 오류라고 한다. 논리학에서도 합성의 오류라는 유사한 개념이 존재한다.

50 수업 목표는 단위 시간 동안의 수업을 통해서 달성하고자 하는 바를 말하며, 학습 목표는 학생이 성취해야 할 행동 또는 내용을 말한다. 양자는 개념적으로는 구분되지만 행동적 수업 목표의 경우 수업 목표를 학생들의 도달점 행동으로 기술하기 때문에 실제로는 수업 목표와 학습 목표가 구분되지 않는 경우가 많다. 필자의 관찰에 의하면 현장에서는 수업 목표와 학습 목표를 학계에 비해서 더 엄격하게 구분하여 사용하는 듯이 보인다. 또, 초등 현장의 경우 학습 목표와 학습 문제를 구분하여 사용하고 있다. 초등 공개 수업 장면에서 칠판에는 학습 목표라는 용어 대신에 대부분의 경우 학습 문제라는 용어가 사용된다. 그리고 학습 문제라고 적지 않고 학습 목표라고 기술하면 장학사에 의해 지적을 받는 경우도 있다. 그러나 이런 사소한 구분 방법이 장학의 중요 테마로 부각되는 것은 별로 바람직해 보이지 않는다.

51 이런 장면은 초등 공개수업에서 자주 관찰되고 중등 수업에서는 잘 관찰되지 않는다. 이해를 돕기 위해서 부연하자면 초등 수업의 경우 수업 도입부에 동기 유발 자료를 제시한 후에 교사가 학생들에게 "오늘 무엇을 배울 것 같아요?"라고 질문한다. 그리고 이 질문을 통해서 학생들이 학습 문제를 스스로 발견하도록 하는 것을 권장한다. 이런 수업 기법은 최초에 교사가 학습 목표나 학습 문제를 학생들에게 제시하기보다는 학생들

이 스스로 발견하는 것이 바람직하다는 생각에서 유래했다. 그러나 초기의 좋은 의도와는 달리 수업에서 따라야 할 형식적이고 기계적인 절차로 변질되고 말았다.

52 낯선 것에 노출되는 경험은 우리가 당연히 받아들이는 일상에 대한 사유와 성찰을 촉발하는 중요한 기재가 된다. 청주교대 교육연구원에서 2012년 전국 7개 지역 23개 초등학교 267명의 교사들을 대상으로 한 설문 조사의 내용을 보면 42.4%(별로 도움이 되지 않음 32.2%, 오히려 방해됨 10.2%)나 되는 많은 교사들이 현재의 표준적인 수업 지도안 형식에 대해서 불만족스러워 하고 있다(청주교육대학교 학술대회 자료집(2012). 학교 문화 변화를 위한 컨설팅의 현황과 전망. 95쪽). 이렇게 불만을 느끼는 교사들이 적지 않음에도 불구하고 현재의 수업 지도안이 계속 유지되고 있는 것은 문제이다. 청주교대 교육연구원은 미국, 일본, 한국의 수업 지도안을 비교하여 공통점과 차이점을 분석하고 교사들이 만들고 싶은 수업 지도안에 대한 의견을 나누는 연수 모듈을 개발하여 연수 프로그램에서 활용하고 있다. 우리의 교육 실천을 문화가 다른 나라의 교육 실천과 비교해 보는 이런 형식의 연수 모듈은 비단 수업 지도안뿐 아니라 다른 일상적 교육 실천을 반성하고 그 대안을 기획하는 데도 유용할 것 같다.

53 우리나라 수업 지도안에 대한 더 자세한 분석에 관심이 있으면 〈이혁규 외(2012). 초등학교 수업 지도안 특성 분석. **초등교육연구**. 제25집 4호. 한국초등교육학회. 1-29쪽〉을 참조하라.

54 철학 용어로서 에피스테메는 실천적 지식과 상대적 의미에서의 이론적 지식, 또는 감성에 바탕을 둔 억견臆見: doxa과 상대되는 '참의 지식'을 말한다. 고대 철학의 에피스테메 개념은 푸코Foucault에 와서 권력·지식이 작동하는 특정 시기의 저류를 형성하는 담론 체계를 의미하게 되었다. 푸코는 특정한 시대를 지배하는 인식의 무의식적 체계, 혹은 특정한 방식으로 사물들에 질서를 부여하는 무의식적인 기초를 에피스테메라 칭했다(한국문학평론가협회 편(2006). 문학비평용어사전(하). 서울: 국학자료원. 458-459쪽). 여기서는 푸코의 의미를 차용하여 좋은 수업 실천에 대한 일종의 무의식적 인식 체계라는 뜻으로 사용하였다.

55 타일러Tyler는 그의 저서 《교육과정과 수업 지도의 기본 원리》를 통해서 교육과정 개발에 대한 중요한 실천적·이론적 기여를 하였다. 그는 교육과정과 수업의 기본 원리로 교육목표의 선정, 학습 경험의 선정, 학습 경험의 조직, 학습 결과의 평가라는 네 단계를 제시하여 뚜렷한 교육목표를 설정하여 교육 활동을 전개하고 그 결과를 목표에 비추어 평가하는, 이제는 고전이 되다시피 한 교육과정과 수업 실천 전통에 큰 영향을 끼쳤다(Tyler, R. W.(1949). *Basic principles of curriculum and instruction*.

진영은 역(1996). **타일러의 교육과정과 수업 지도의 기본 원리**. 서울: 양서원).
56 한국의 교사들은 대부분 수업 공개를 꺼린다. 외국의 교실도 고립주의적 특성을 보이는 경우가 많지만 우리나라의 교실은 상대적으로 그 정도가 더 심하다. 개별 교사의 성향을 넘어서서 한국 교사들이 이런 심리적 성향을 집단적으로 공유하고 있다면 이는 일종의 사회심리적 현상으로 보아야 할 것이다. 이와 같은 집단 심리는 어떻게 형성되었을까? 여러 가지 해석이 가능하겠지만 필자는 이런 집단 심리가 한국 공교육 제도의 초기 경험에서 형성된 일종의 집단 무의식이라고 생각한다. 한 개인에게 무의식이 있는 것처럼 집단에도 무의식이 존재한다. 한국 공교육 제도의 초창기는 불행히도 일제시대였다. 일제강점기의 장학 — 당시에는 시학視學이라고 불렸다 — 의 풍속도를 한번 생각해 보자. 힘없는 한국 교사들의 수업은 일상적인 감시와 통제하에 놓여 있었다. 이런 여건에서 한국의 교사들은 교실을 방문하는 타자에 대해 두려움과 공포감을 느끼는 집단 무의식을 형성하게 되었을 것이다. 그리고 이런 집단 무의식은 광복 이후에도 별로 극복되지 못했다. 일제가 가르쳐 준 장학의 방식이 근본적으로 바뀌지 않고 오랫동안 존속되었기 때문이다. '수업 컨설팅'과 같은 용어의 등장은 근대 교육 100년을 지나도록 여전히 바뀌지 않은 기존 장학의 관행을 바꾸기 위한 시도가 최근에야 일어나고 있음을 방증한다.
57 수업연구대회는 〈연구대회관리에 관한 훈령(교육과학기술부훈령 제204호)〉에 의해서 운영되는 여러 대회 중 하나이다. 이 훈령의 제2조에서 "연구대회"는 "교원이나 교육전문직 공무원이 교육 현장에서 교수·학습이나 교육행정 관련 문제의 개선 또는 해결을 목적으로 교육 방법 연구, 제도 개선, 교육 자료 개발, 교수 활동 성과 등의 실적을 대상으로 공정한 경쟁을 통하여 연구 실적으로 인정되는 대회"로 정의한다. 연구대회에서 입상할 경우 승진과 연계된 연구 실적 점수를 얻게 된다.
58 학술 논문에서도 유사한 평가를 발견할 수 있다. 고창규는 어느 도의 초등 수업연구대회 본선 입상작들 — 국어, 사회, 과학 수업 총 12시간 분량 — 을 미시적 문화기술법을 통해서 분석하였는데, 입상된 '소위' 좋은 수업은 '학생들이 배우는 지식들의 연관성을 이해하도록 돕지 못하는 수업', '학생들의 사고 과정을 바탕으로 하지 않는 수업', '탐구 과정으로서의 지식보다는 결과로서의 지식을 중시하는 수업'의 특징을 보였다(〈고창규(2006). 초등학교 '좋은' 수업의 특성 연구. **열린교육연구**. 제14권 제1호. 25-49쪽〉 참조).
59 과거 연구수업을 할 때 실수를 하지 않기 위해서 미리 학생들을 데리고 리허설을 하는 경우가 적지 않았다. 요즘은 그런 관행이 많이 줄어들었다. 그러나 완전히 근절되었

는지는 자신하기 어렵다. 만약 외국에서 교사가 수업 공개를 하면서 자신이 좋은 평가를 받기 위해서 학생들을 데리고 미리 연습을 하면 어떤 일이 생길까? 2012년 청주교대에서 열린 국제학술대회에서 한 연구자가 비교학교문화의 관점에서 이 문제를 조사한 적이 있다. 인터뷰에 응한 한 영국인 강사는 영국에서 만약 이런 일이 발생하면 학부모가 교사를 대상으로 소송을 제기하거나 학생들이 사보타지sabotage를 할 가능성이 높다고 응답하였다. 단순히 문화적 차이라고 해석하기에는 양국의 학교 문화가 너무 다르다.

60 이 내용은 초등의 공개수업을 염두에 두고 기술한 것이다. 중등 역시 공개수업의 경우 다양한 학생 활동이 전개되면서 전시성으로 진행되는 경우가 적지 않다.

61 조영달은 교사 중심의 상호작용과 전달식 수업이 현실적 여건 속에서 만들어진 일상적 최적화 행동이라고 개념화하였다. 시간의 제약, 다인수 학급 및 교육 시설 미비 등과 같은 조건에서 교과서의 진도를 맞추고 학교 시험과 입학 시험을 대비하는 데 가장 효과적인 방식을 추구한 결과 이런 수업 방식이 만들어졌다는 것이다. 따라서 수업의 변화를 위해서는 제도의 목적과 교사의 일상적 최적화 행동이 일치할 수 있도록 관련 제도와 수업 환경의 변화가 동시에 수반되어야 한다. 이에 대해서는 〈조영달 편(2000). 교과 교실수업 연구의 학문 동향과 학술연구 발전 방향: 질적 연구를 중심으로. **한국 교실수업의 이해.** 서울: 집문당. 40-47쪽〉, 〈박선운·조영달(2011). 블록타임제 중학교 사회 수업의 구성 형태에 대한 질적 사례 연구. **시민교육연구.** 제43권 2호. 149-185쪽〉을 참고함.

62 '포월匍越'이란 '기어 넘는다'라는 뜻으로 철학자 김진석이 개념화한 용어이다. 이 개념은 '초월'에 대응되는 개념으로 초월에서처럼 어떤 목표 지점을 향해 현실을 훌쩍 뛰어넘는 게 아니라, 어디까지나 그 현실에 몸을 부비면서 현실을 껴안고 넘어가자는 것이다. 필자는 교사의 교육 실천도 현실에 치열하게 부딪치면서 현실을 껴안고 넘어서는 실천이어야 한다고 생각한다. 《김진석(1994). **초월에서 포월로.** 서울: 솔. 212-213쪽〉 참조).

63 김경용(2003). **과거제도와 한국 근대 교육의 재인식.** 서울: 교육과학사.
64 김태완(2004). **책문, 시대의 물음에 답하라.** 서울: 소나무. 9-23쪽.
65 이어령(1986). **신한국인.** 서울: 문학사상사. 89-90쪽.
66 강준만(2009). **입시전쟁 잔혹사.** 서울: 인물과 사상사. 112-113쪽.
67 전성은(2011). 앞의 책. 67쪽.
68 대학수학능력시험에 대해서는 〈박도순(1990). **대학 입시 제도 개선 방안에 대한 연**

구. 대학교육심의회〉, 〈박도순(1991). **대학수학능력시험의 구조와 의미**. 교육평가연구회〉를 참고하였음.

69 강준만(2009). 앞의 책. 177-178쪽.

70 입학 사정관 제도는 〈이범(2012). **우리교육 100문 100답**. 서울: 다산북스. 313-323쪽〉에서 알기 쉽게 설명하고 있다. 이범은 입학 사정관 제도는 대학이 많은 비용을 부담해야 하는 고비용 제도이기 때문에 대세가 되기 어렵다고 진단한다. 대학 입학 정원의 50% 정도를 입학 사정관제로 운영하려면 천억 원대의 비용이 들어간다. 또 이 제도는 비교과 영역을 주로 보는데 비교과 영역은 교과 영역(성적)에 비해 부모의 영향이 더 크게 작용하므로 기회 균형 또는 공정경쟁 원칙을 해치는 속성을 지니고 있으며, 사회적 기득권을 재생산하는 역할을 한다고 진단한다. 필자는 이범의 진단에 동의하며 입학 사정관 제도가 상당한 기간 동안은 제한된 인원에 대해서 보수적으로 운영되어야 한다고 생각한다.

71 석문주 외(1997). **학습을 위한 수행평가**. 서울: 교육과학사.

72 이 질문과 관련하여 이 글의 논지와는 다르게 대학 입시 제도가 충분히 바뀌지 않아서 교실수업이 바뀌지 않았다는 주장도 성립할 수 있다. 예컨대, 대학수학능력시험도 결국은 객관식 시험이니 문제 풀이식 수업을 할 수밖에 없고 입학 사정관 제도로 선발되는 인원 역시 대학 입학 정원의 12% 정도이니 교실수업을 바꾸는 데 큰 영향을 끼치기 어렵다고 볼 수 있는 것이다. 그래서 이범은 "제 아무리 주입식 수업에서 참여형 수업으로의 전환을 외쳐도, 대학 입시가 수능과 같은 객관식 시험으로 되어 있는 한 이를 바꿀 동력이 생기기 어렵다"라고 말한다. 주입식 교육을 바꿀 수 있는 대안으로 이범이 제시하는 입시 제도는 논술형 평가이다. 그는 "객관식 수능을 폐지하고 논술형 대학 입시로 전환하는 것은 초·중·고 교육개혁의 계기이자 대학이 원하는 기본기를 확보한 학생들을 받아들일 수 있는 방법이다"고 제안한다(〈이범(2012). 앞의 책. 280-285쪽〉). 논술형 대학 입시 제도의 도입에 대해서는 여러 가지 검토할 요소들이 많이 있을 것이다. 현실은 항상 논리보다 복잡하다는 점에서 논술형 대학 입시 제도를 부분적으로 도입하여 실험해 보고 운영 실태를 보아서 그 반영 비율을 조금씩 늘려 가는 방안이 어떨까 한다. 덧붙여서 필자가 주장하고 싶은 바는 대학 입시가 교실수업을 곧바로 좌우한다고 생각하는 것 또한 일종의 관행적 사고라는 점이다. 현실의 대학 입시와 사람들이 관념적으로 해석하는 대학 입시가 다른 것처럼 하나의 제도는 다양한 해석 체계를 거쳐서 사람들의 행동에 영향을 미친다. 따라서 대학 입시와 교실수업의 상관관계는 훨씬 더 복잡한 문화적 맥락 속에서 해석될 필요가 있다. 그 한

측면을 이 글에서는 경로의존성이라는 개념으로 설명하였다.
73 이기정(2008). **내신을 바꿔야 학교가 산다: 교사가 신 나고 학교가 행복해지는 학교교육 해법**. 서울: 미래인. 56–77쪽.
74 경로의존성path dependency은 제도나 정책, 관습이나 문화, 과학적 지식이나 기술에 이르기까지 초기 선택에 의해 일단 특정한 경로가 형성되고 나면 그것이 관성적인 경향을 갖기 때문에 그 경로가 비효율적이라는 사실을 알더라도 바꾸기가 힘들다는 이론이다. 자주 인용되는 고전적인 경로의존성의 예는 영문 타자기의 키 배열이다. 지금도 영어 타자기의 키 배열은 대개 좌측 상단에 QWERTY로 배열되어 있다. 타자 속도가 너무 빨라 타자기가 엉키는 것을 방지하기 위해서 일부러 불편한 자판 배열을 만들어 타이핑의 속도를 늦추도록 설계했기 때문이다. 오늘날과 같은 컴퓨터 자판의 시대에는 이런 문제가 존재하지 않기 때문에 더 효율적인 키 배열로 바꾸는 것이 좋다. 그러나 소비자들은 과거의 익숙함을 답습하려는 경향을 가지고 있기 때문에 새로운 것을 거부하였으며 때문에 QWERTY 배열은 그 비효율성에도 불구하고 현재도 여전히 존속되고 있다. 이처럼 초기 조건에 의해서 형성된 습관과 익숙함이 새로운 것의 도입을 방해하는 것은 인간 삶의 많은 영역에서 관찰할 수 있다.
75 서당 교육에 대해서는 〈진성수(2007). 서당식 교육의 현대적 의의: 현대 서당식 교육의 현황과 발전 방안을 중심으로. **한국철학논집**. 제20집. 한국철학사연구회〉, 〈장재천(2009). 한국의 문화: 서당의 교육과 풍속 및 놀이. **한국사상과 문화**. 제48편. 한국사상문화학회〉, 〈EBS 다큐프라임. **서당 1편: 18세기 서당 교육**. 2011년 1월 31일 방송〉을 참고하였음.
76 한국역사연구회 저(1996). **조선시대 사람들은 어떻게 살았을까 2**. 서울: 청년사. 253–265쪽.
77 이 내용은 〈박인우(2000). 교육정보화 기반 구축 정책에 대한 비판적 고찰. **교육정보방송연구**. 제6권 1호. 115–138쪽〉, 〈최병문·류청산(2000). 초등학교 교단 선진화실의 구축과 활용 방안. **한국실과교육학회지**. 제13권 3호. 한국실과교육학회. 149–169쪽〉, 〈임병노·박인우(2010). 초등학교 '유러닝교실'에서 교수–학습 실천의 변화와 문제점. **교육방송연구**. 제22권 4호. 237–259쪽〉을 참고하였음.
78 교육부(1996). 1996~2000 교육정보화촉진시행계획.
79 국가정보화전략위원회·교육과학기술부. 인재대국으로 가는 길 – 스마트 교육 추진 전략(2011. 6. 29 대통령 보고).
80 Johnson, L., Smith, R., Willis, H., Levine, A. & Haywood, K.(2011). *The 2011*

horizon report. Austin, Texas: The New Media Consortium.

81 Ogas, O. & Gaddam, S.(2011). *A billion wicked thoughts: What the world's largest experiment reveals about human desire*. 왕수민 역(2011). **포르노 보는 남자, 로맨스 읽는 여자: 이성의 욕망을 불러일으키는 성적 신호의 비밀**. 서울: 웅진 지식하우스.

82 McLuhan, H. M.(1964). *Understanding media(2nd ed.)*. 박정규 역(1997). **미디어의 이해: 인간의 확장**. 서울: 커뮤니케이션북스.

83 최원형(2011. 9. 11). 윤정안 '…독서형태 변화' 논문/18세기 초엔 '낭독'이 독서의 대세였는데……. 한겨레, 23면 참고. 독서의 역사를 연구한 알베르토 망구엘에 의하면 서양의 경우 10세기까지는 묵독이 보편화되지 못했다(《Manguel, A.(1996). *A history of reading*. 정명진 역(2000). **독서의 역사**. 서울: 세종서적. 66쪽》 참고).

84 www.ted.com/talks/lang/eng/sugata_mitra_the_child_driven_education.html

85 이홍우(2000). 이십일 세기 학교교육의 과제. **교육과정연구**. 제18권 1호. 한국교육과정학회. 1-19쪽.

86 이런 경향 때문에 교수 채용 시 순수 내용학 전공자들을 배제해야 한다는 주장까지 제기된다. 그러나 출신 배경 때문에 배제한다는 것은 일종의 종족주의적 편견이라고 볼 수 있다. 한국의 대학에서 학자들은 서로 잘 교류하지 않고 전공의 벽에 갇혀서 좁게 활동한다. 이런 폐쇄적 문화 풍토로 인해서 많은 학자들이 자신의 전공을 넘어서는 다른 분야에 대해서는 잘 알려고 하지도 않고 심지어 적대적인 반응을 보이기까지 한다. 전공의 좁은 벽을 넘어서 교류하고 협력하고 공동 연구를 할 수 있는 열린 학자들이 지금보다 훨씬 많아질 필요가 있다. 그런 변화 속에서 내용학, 교과교육학, 교육학이 서로 교류하면서 현장 교육에도 기여할 수 있는 길이 넓어질 것이다.

87 교과와 학문의 관계에 대해서는 〈소경희(2010). 학문과 학교교과의 차이: 교육과정 개발에의 함의. **교육과정연구**. 제28권 3호. 107-125쪽〉, 〈이혁규(2010). 교육과정 설계와 개발에서 기반 학문의 개념과 역할에 대한 성찰: 비교교과교육학적 관점에서. **국어교육**. 제133호. 25-62쪽〉을 참고하라.

3부. 새로운 성찰과 실천을 위하여

88 굿슨은 영국 학자로 교과의 역사에 관심을 가지고 연구를 수행하였다. 〈Goodson, I. F.(1983). *School subjects and curriculum change*. London: Croom Herm. /

Goodson, I. F.(1994). *Studying curriculum: Case and methods*. Buckingham: Open University Press. / Goodson, I. F.(1997). *The changing curriculum: Studies in social construction*. New York: Peter Lang〉 등 참고.

89 박인기 외(2011). **교과는 진화하는가**. 서울: 지식과 교양. 30-31쪽.

90 박인기 외(2011). 앞의 책. 40-48쪽.

91 수업의 과학성과 예술성에 대한 더 자세한 논의는 〈이혁규 외(2012). 수업의 과학성과 예술성 논의와 수업비평. **열린교육연구**. 제20권 제2호〉를 참조하라.

92 브라운 판결은 미국 역사상 가장 중요한 판결 중 하나이다. 1951년 미국 캔자스주 토피카에 사는 초등학교 3학년 흑인 여학생 린다 브라운은 흑백 인종 분리로 인해 가까운 학교를 못 다니고 멀리 떨어진 흑인 학교를 매일 걸어서 등교해야 했다. 린다의 아버지 올리브 브라운을 포함한 흑인 부모들은 이런 차별이 부당하다며 토피카 교육위원회를 상대로 소송을 제기하였다. 3년의 긴 소송 끝에 이 '브라운 대 토피카 교육위원회Brown v. Board of Education of Topeca, Kansas' 사건 소송에 대해 1954년 미국 연방대법원 대법관들은 전원 일치로 공립학교의 인종 분리가 미국 수정헌법 14조를 위반한 것이라고 결정하였다. 이 판결로 1896년 플레시 판결에서 확립된 '분리하되 평등하게separate but equal'라는 결정이 부정되었다. 브라운 판결은 이후 인종차별 철폐에 중요한 영향을 끼쳤으며 연방대법원의 존재 의의와 역할에 대해서도 중요한 이정표를 세운 것으로 평가된다. 브라운 판결 이후 미국 공립학교에서 흑인과 백인 학생을 분리하여 교육하던 관행이 개선되어 가는 과정을 살펴보려면 〈정상환(2010). **검은 혁명**. 서울: 도서출판 넥서스. 제4장〉을 참고하라.

93 콜만 보고서는 미국 교육사회학 분야에서 가장 자주 인용되는 보고서 중 하나이다. 이 보고서는 교육이 사회적 평등에 어떤 기여를 하는지에 대한 많은 논쟁을 촉발시켰으며 미국의 교육정책 변화에 큰 영향을 끼쳤다. 좀 더 자세한 설명은 en.wikipedia.org/wiki/James_Samuel_Coleman을 참조하라.

94 Borich, G. D.(2004). 앞의 책. 9-18쪽.

95 교직의 전문화와 교사의 전문화의 구별 및 교사의 탈전문화 문제에 대해서는 〈오욱환(2005). **교사 전문성: 교육전문가로서의 교사에 대한 논의**. 서울: 교육과학사〉를 참조하라.

96 Schön, D. A.(1983). *The reflective practitioner*. New York: Basics Books.

97 Gage, N. L.(1984). What do we know about teaching effectiveness?. *Teaching effectiveness and teacher education*. 66(2). Phi Delta Kappan. 88쪽.

98 이 내용은 〈손승남(2004). **학습자 중심의 대안적 교수법.** 인천: 내일을 여는 책. 55-68쪽〉을 주로 참고하였음.

99 佐藤学사토 마나부(1998). 親と教師で創る授業への挑戦: 授業参観から学習参加. 손우정 역(2006). **수업이 바뀌면 학교가 바뀐다.** 서울: 에듀케어. 54-61쪽. 현재 '배움 중심의 수업'은 경기도를 비롯한 많은 혁신학교에서 수업 혁신의 모델로서 영향을 미치고 있다. 사토 마나부의 배움을 중심으로 한 수업, 협동적인 배움에 의한 교실 경영, 프로젝트 단원에 의한 교육과정의 창조, 배움의 공동체로서의 학교 만들기 등의 아이디어는 사실 사토 마나부의 고유한 아이디어라고 보기는 어렵다. 이런 아이디어는 동서양을 막론하고 많은 지역에서 교실과 학교 변화의 중요한 방향으로 함께 공유되고 있다. 그럼에도 불구하고 사토 마나부의 이론과 실천이 한국의 학교개혁에 큰 영향력을 발휘하는 이유는 아마도 일본과 한국의 공교육이 처한 상황이 유사하기 때문이 아닌가 한다. 동시에 사토 마나부가 일본을 비롯한 여러 나라의 교육 현장을 수없이 관찰하고 그런 관찰에 기반하여 현장에 적용 가능한 실천적 원리들을 제시하고 있기 때문에 교사들이 비교적 쉽게 따라 할 수 있다는 점도 작용하였을 것이다. 필자는 사토 마나부의 논의에서 경청해야 할 점이 많다고 생각한다. 그러나 일본과 한국의 문화는 표면적인 유사성 못지않게 깊게 들여다보면 많은 이질성이 존재한다. 따라서 사토 마나부의 이론과 실천을 기계적으로 적용하기보다는 우리의 현실에 비추어 창조적으로 변환하는 노력을 게을리하지 말아야 한다.

이와 관련하여 많은 논의거리가 있지만 여기서는 '배움'이라는 용어의 의미에 대해서만 언급하고자 한다. 배움은 학습이나 공부를 대체하여 등장한 말이다. 사토 마나부는 《수업이 바뀌면 학교가 바뀐다》에서 이 말을 사용하게 된 계기에 대해서 "배움이라는 말을 보급시킨 장본인은 바로 저자이다. 거의 10년 전 동료인 사에키 유타카 교수와 함께 학습이라는 말에는 '러닝learning'이라는 동명사의 활동적인 이미지가 나타나지 않음을 확인하고 '배움'이라는 활동이 있는 말로 표현하기로 한 것이 최초의 계기이다. 이 착상은 역시 동료 후지타 히데노리 교수 등과 함께 편집한 시리즈 《배움과 문화》(전6집 도쿄대학출판회)로 완성되었으며 그 이후 배움이라는 말은 일반 신문이나 잡지 등에서도 보급되어 지금에 와서는 학습보다는 친숙한 말로 널리 사용하게 되었다"(55쪽)고 적고 있다. 그런데 '학습'을 '배움'으로 대체한 사토 마나부의 논거에 대해서 필자는 동의하기가 어렵다. 왜냐하면 학습에는 사토 마나부가 생각하는 것과 달리 능동적이고 활동적인 의미가 이미 내포되어 있기 때문이다. 교육철학자 신창호는 《교육과 학습》이라는 책에서 교육과 학습의 다양한 의미를 심층적으로 분석하고 있는데 특히 학습의 '습'에는 매우 능동적인 의미가 들어 있다. 즉, 학습의 "'습習'은 羽와 白, 또는 羽와 日이 결합한 글자이다. 윗부분의 우羽는 새의 날개, 혹은 새가 날갯짓하는 모습을 뜻하고, 백白은 시작始을 나타낸다. 일日은 매일, 일상을 의미한다. 따라서 새가 태어나서 날갯짓을 막 하려는 것, 혹은 매일 나는 것을 여러 번 배우는 일로 묘사된다. 이는 날기 위한 준비, 그 시작의 선상에서 '되풀이하여 반복하다'는 뜻이다. 즉 어린 새가 날기 위하여 날개를 되풀이하며 파닥거리는 동안, 시행착오를 거듭하여 잘 날 수 있는 상황과 같다"(110쪽)고 분석하고 있다. 교육과 학습이 동서양에서 어떤 의미를 지니고 발전해 왔는지에 대한 상세한 논의는 신창호의 책을 참조하기 바란다. 필자가 생각하기에 '학습'이라는 말을 대체하기 위해서 일본어 번역어인 '배움'이란 말을 굳이 사용해야 할 이유는 없어 보인다. 학교혁신을 하는 현장에서 '배움'이란 대체어가 이렇게 빨리 보급되어 사용되는 것은 새로운 실천을 지칭하기 위한 새로운 용어가 필요했던 운동론적 차원의 선택이 작용했기 때문이 아닌가 한다. 새로운 용어에는 무엇인가 새로운 것이 있을 것으로 생각하는 일종의 '카세트 효과'가 작용한 것이다. 사실 배움이라는 말은 일본어 번역어이기 이전에 우리나라의 일상에서 아주 다양한 의미로 사용되고 있다. 평생교육학자들을 중심으로 '배움학'이라는 용어가 사용되기도 한다. 용어와 관련된 필자의 입장을 말하자면, 굳이 용어에 대한 불필요한 논쟁을 하기보다는 바람직한 실천의 내용에 대한 고민에 좀 더 집중하는 것이 좋을 듯하다. 다만 '학습'이라는 말은 표의문자로서 한자어가 지니는 의미의 다양성과 함축성을 내포하고 있으므로 배움이란 용어가 학습이란 용어의 완전한 대체어로 기능하기는 쉽지 않을 듯하다.

100 김신일 · 박부권 편저(2005). **학습사회의 교육학.** 서울: 학지사. 26–27쪽.
101 김신일 · 박부권 편저(2005). 앞의 책. 69–76쪽.
102 김신일 · 박부권 편저(2005). 앞의 책. 28–32쪽.
103 Stevenson, H. W. & Stigler, J. W.(1994). *The learning gap.* 이현청 역(2001). **미국교육의 반성: 미국이 아시아 교육에서 배우고 싶어 하는 것들.** 서울: 원미사.
104 佐藤学사토 마나부(1999). 教育改革をデザインする. 손우정 역(2009). **교육개혁을 디자인한다: 교육의 공공성과 민주주의를 위하여.** 서울: 학이시습. 85–86쪽.
105 Jonassen, D. H. & Land, S. M.(2000). *Theoretical foundations of learning environments.* 김현진 외 역(2012). **학습자 중심 학습의 연구·실천을 위한 이론적 토대.** 서울: 교육과학사. 85–87쪽.
106 Bransford, J. D. et. al.(1999). *How people learn: Brain, mind, experience and*

school. 신종호 외 역(2000). **학습과학: 뇌, 마음, 경험 그리고 교육**. 서울: 학지사.

107 Lave, J. & Wenger, E.(1991). *Situated learning: Legitimate peripheral participation*. 손민호 역(2010). **상황 학습: 합법적 주변 참여**. 서울: 강현출판사.

108 Schunk, D. H.(2004). *Learning theories: A educational perspective(4th ed.)*. 노석준 역(2006). **교육적 관점에서 본 학습 이론**. 서울: 아카데미프레스. 353-362쪽.

109 김신일·박부권 편저(2005). 앞의 책. 83-93쪽.

110 Sfard, A.(1988, March). On two metaphors for learning and the dangers of choosing just one. *Educational researcher, 27*. 10-11쪽.

111 Palmer, P. J.(1983). *To know as we are known: Education as a spritual journey*. 이종태 역(2006). **가르침과 배움의 영성**. 서울: IVP. 43쪽.

112 교사 전문성에 대한 한국 학자의 체계적이고 상세한 논의로는 〈오욱환(2005). **교사 전문성: 교육전문가로서의 교사에 대한 논의**. 서울: 교육과학사. 제5장-직업으로서의 교직, 전문가로서의 교사〉를 참고하라.

113 Lagemann, E. C.(2002). *An Elusive science: The troubling history of educational research*. Chicago: University of Chicago Press.

114 박상완(2000). 사범대학의 교사교육 패러다임 분석: 서울대학교 사례를 중심으로. **교육행정학연구**. 제18권 제2호. 275-298쪽 / 박상완(2002). 교원교육에 대한 대안적 관점과 교원교육의 체제. **한국교사교육**. 제19권 제3호. 31-54쪽.

115 중등교원양성체제의 개편과 관련하여서는 여러 가지 모델이 있지만 조영달이 주장하는 6년제 모델이 장기적으로 바람직한 모델이 아닌가 한다. 이 모델은 "전인적 인격의 실천 연구자로서의 교사"를 지향해야 할 이상으로 상정하고 스승으로서의 긍지를 지닌 교사, 지식 생산자로서의 교사, 전인적 지도자로서의 교사, 전문적·창의적 교육과정 이행자, 개방 사회 리더로서의 교사를 양성하기 위해서 정원의 50%는 1학년에서 나머지는 4학년에서 선발하되, 4학년에서 선발하는 경우에는 타 영역 또는 사회로부터 충원하여 교원양성시스템에 개방성을 부여하는 방안이다. 중등교원양성체제뿐 아니라 초등교원양성체제도 장기적으로는 이런 개방형의 6년제 모델을 적극 검토할 필요가 있다고 나는 생각한다(〈조영달(2012). **고통의 시대, 희망의 교육**. 서울: 도서출판 드림피그. 162-177쪽〉 참고).

116 초등교원양성의 역사와 초등 교직의 전문성 문제에 대해서는 〈박남기(1997). **미래 교사의 눈에 비친 초등교원양성교육의 현주소**. 서울: 교육과학사〉, 〈박남기(2000). 초등 교직의 전문성 문제와 확보 방안. **초등교육연구**. 제13권 제2호. 239-254쪽〉 참고.

117 이 말은 하그리브스가 21세기 지식사회의 지식 촉매자로서 교사에게 필요한 전문성 요소로 열거한 항목 중 하나이다. 그는 "심도 있는 인지적 학습을 촉진시킨다. **자신이 배우지 않았던 방식으로 가르치는 방법을 배운다.**(필자 강조) 지속적인 전문성 학습에 전념한다. 동료와 팀으로 일하고 학습한다. 학부모를 학습의 협력자로 대한다. 집단적 지성을 발전시키고 이것에 기초해 사고한다. 변화와 모험 능력을 키운다. 과정에 대한 신뢰감을 키운다"를 전문성 요소로 제시하고 있다(〈Hargreaves, A.(2003). *Teaching in the knowledge society.* 곽덕주 외 공역(2011). **지식사회와 학교교육: 불안정한 시대의 교육.** 서울: 학지사. 56–57쪽〉 참고).

118 혁신학교라는 말은 경기도에서 처음 사용되었다. 서울시의 경우 서울형 혁신학교, 전북은 혁신학교, 전남은 무지개학교, 광주는 빛고을혁신학교, 강원은 행복더하기학교 등 지역에 따라서 다양한 이름으로 불린다. 여기서는 단위 학교 변화 운동의 진원지가 되고 있는 경기도의 용어를 대표 명사로 사용하고자 한다.

119 Popper, K. R.(1972). *The poverty of historicism.* 문학과 사회연구소 역(1983). **역사주의의 빈곤.** 서울: 청하. 26–27쪽.

120 새교육운동 관련 내용은 〈오천석(1964). **한국신교육사.** 서울: 현대교육총서출판사〉, 〈손인수(1969). **한국인과 한국사상.** 서울: 교단사〉, 〈중앙대학교 교육문제연구소(1974). **문교사.** 서울: 중앙대학교 출판국〉 등을 참고하였음.

121 이정선(1997). **왜 열린교육이어야 하는가? : 열린교육현장에 대한 문화기술적 접근.** 서울: 교육과학사.

122 혁신학교운동의 역사가 짧지만 벌써 여러 권의 단행본이 나와 있다(〈성열관·이순철(2011). **혁신학교: 한국 교육의 희망과 미래.** 서울: 살림터〉, 〈김성천(2011). **혁신학교란 무엇인가: 어디에서부터 시작하고 무엇을, 어떻게 실천할 것인가?.** 서울: 맘에드림〉, 〈초등교육과정연구모임(2011). **행복한 혁신학교 만들기: 비고츠키 교육철학으로 본 혁신학교 지침서.** 서울: 살림터〉 등). 이런 책들을 보면 혁신학교는 좁은 의미의 수업의 변화를 넘어서서 학교 운영의 혁신, 교육과정의 혁신, 수업의 혁신, 평가의 혁신, 교사 문화의 혁신 등 훨씬 광범위한 변화를 지향하고 있는 것을 알 수 있다.

123 현장 연구를 위한 지원 체계의 정비와 현장 연구의 발전 과정에 대해서는 〈김종서(1965). **교육실천 개선을 위한 현장연구의 방법.** 서울: 현대교육총서출판사〉, 〈진보영(1975). **현장교육연구법.** 서울: 배영사〉, 〈김종서(1988). **교육연구의 방법.** 서울: 배영사〉 등을 참고하였음.

124 현재 혁신학교는 승진 가산점과 관련 없이 운영되고 있다. 이런 접근은 교원 승진

체계에 대한 좀 더 합리적인 대안이 마련되기 전까지는 바람직한 접근이라고 판단된다. 다만 학교운영비 지원을 어느 정도까지 할 것인가 논란이 되는데, 너무 많이 지원하면 다른 학교와 형평성 문제가 발생하고 또 예산 집행을 위한 사업을 하느라고 교육 활동의 본질로부터 멀어질 가능성이 있다. 반대로 너무 적게 지원하면 변화를 위한 교육 프로그램을 실현하기가 어려운 문제가 발생할 것이다. 충분한 협의와 모니터링을 통해서 적절한 규모의 예산 지원 방안을 마련하는 것이 좋을 것이다. 지원의 형평성과 관련하여서는 교육복지나 정의의 관점에서 여건이 어려운 학교를 혁신학교로 지정함으로써 학교개혁운동이 중산층 이상의 학부모들의 요구와 결합하여 기존의 교육 격차를 더 심화시키는 방향으로 귀결되지 않도록 세심한 주의를 할 필요가 있다. 이 점에서 기존의 교육복지 사업과 혁신학교를 결합하는 모델에 대한 심도 깊은 연구와 실천이 이루어질 필요가 있다.

125 정성훈(2011). **사람을 움직이는 100가지 심리법칙**. 서울: 케이앤제이. 189-192쪽.

126 2012년 국회의원 선거와 함께 치러진 서울시 교육감 재보궐 선거에서 소위 보수 성향의 교육감이 당선됨으로 인해서 서울시의 혁신학교 정책은 매우 유동적인 상황으로 변화하였다. 필자는 혁신학교운동이 보수나 진보의 대립 차원을 넘어서서 사회적 합의에 기반한 운동으로 승화될 필요가 있다고 본다. 이를 위해서는 좁은 의미의 이념적 대립을 넘어서서 학교교육의 본질에 대한 고민 속에서 머리를 맞대고 서로의 이견을 조정하고 합의를 해 나가는 새로운 전통을 만들어 내야 한다. 이념의 대립을 넘어서는 합의 능력이야말로 한국 사회의 성숙을 가늠하는 중요한 척도가 될 것이다. 그리고 그런 성숙한 합의 정신하에서 이름을 무엇이라 부르던 현재의 소위 '혁신'학교가 추구하는 민주성과 공공성의 이상이 시들지 않고 꽃피어 가기를 간절히 희망한다.

| 닫는 글 | 일상을 바꾸는 실천 운동으로서 학교변혁운동

127 EBS 프로그램은 교사의 수업 실천 문제를 외부 전문가가 상담하거나 치료하는 방식으로 접근한다는 점에서 나름의 의의도 있지만 교사의 학습 모델로서는 명확한 한계를 지니고 있다. 교사들의 학습 모델로는 학교 안에서 함께 탐구하고 실천하는 전문적 학습공동체 모델이 더 바람직해 보인다. 다만, 교사의 학습을 하나의 전형으로 수렴하려는 것도 지나치게 좁은 사고라는 점은 강조해 두고자 한다.

교육공동체 벗

교육공동체 벗은 협동조합을 모델로 하는 작은 지식공동체입니다.
협동조합은 공통의 목적을 가진 사람들이 모여서 만든
권력과 자본으로부터 독립된 경제조직입니다.
교육공동체 벗의 모든 사업은 조합원들이 내는 출자금과 조합비로 운영됩니다.
수익을 목적으로 하지 않기에 이윤을 좇기보다
조합원들의 삶과 성장에 필요한 일들과
교육운동에 보탬이 될 수 있는 사업들을 먼저 생각합니다.
정론직필의 교육전문지, 시류에 휩쓸리지 않는 정직한 책들,
함께 배우고 나누며 성장하는 배움 공간 등
우리 교육 현실에 필요한 것들을 우리 힘으로 만들고 함께 나누고 있습니다.

조합원 참여 안내

출자금(1구좌 일반 : 2만 원, 터잡기 : 50만 원)을 낸 후 조합비(월 1만 5천 원 이상)를 약정해 주시면 됩니다. 조합원으로 참여하시면 교육공동체 벗에서 내는 격월간 교육전문지 《오늘의 교육》과 조합 통신을 받아 보실 수 있습니다. 출자금은 종잣돈으로 가입할 때 한 번만 내시면 됩니다. 조합을 탈퇴하거나 조합 해산 시 정관에 따라 반환합니다. 터잡기 조합원은 벗의 터전을 함께 다지는 데 의미와 보람을 두며 권리와 의무에서 일반 조합원과 차이는 없습니다. 아래 홈페이지나 카페에서 조합 가입 신청서를 내려받아 작성하신 후 메일이나 팩스로 보내 주세요.

홈페이지 communebut.com
이메일 communebut@hanmail.net
전화 02-332-0712
팩스 0505-115-0712

교육공동체 벗을 만드는 사람들

※ 하파타 순

후쿠시마 미노리, 황지영, 황정일, 황정원, 황이경, 황윤호성, 황영수, 황봉희, 황규선, 황고운, 홍지영, 홍정인, 홍승희, 홍순성, 홍성근, 홍성구, 홍서연, 현복실, 허창수, 허윤영, 허성실, 허성균, 허보영, 허ральр, 함점순, 함영기, 한학범, 한채민, 한진, 한지혜, 한은옥, 한송회, 한성찬, 한석주, 한산섭, 한민호, 한민혁, 한만중, 한날, 한길수, 한경희, 하주현, 하정호, 하정필, 하인호, 하승우, 하승수, 하순배, 탁동철, 최ريش성, 최현숙, 최현미, 최한나, 최진규, 최주연, 최정윤, 최정아, 최은희, 최은정, 최은숙, 최은경, 최윤미, 최유리, 최원혜, 최우성, 최영식, 최연희, 최연정, 최승훈, 최승복, 최수옥, 최선자, 최선경, 최봉선, 최보람, 최병우, 최미영, 최류미, 최대현, 최광용, 최경미, 최경련, 채효정, 채종민, 채민정, 차종숙, 차용훈, 진현, 진주형, 진용용, 진영준, 진낭, 지정순, 지수연, 주예진, 주순영, 조희정, 조현민, 조향미, 조해수, 조진희, 조지연, 조준혁, 조정희, 조윤성, 조원희, 조원배, 조용진, 조영현, 조영옥, 조영실, 조영선, 조여주, 조여경, 조성희, 조성실, 조성태, 조성대, 조석현, 조석영, 조남규, 조정애, 조경아, 조경삼, 조정미, 제남모, 정희영, 정흥유, 정현숙, 정혜레나, 정춘수, 정진영a, 정진영b, 정진규, 정주리, 정종헌, 정종민, 정재학, 정이든, 정은회, 정은주, 정은균, 정유진, 정유숙, 정유섭, 정원탁, 정원석, 정용주, 정예현, 정예술, 정애순, 정소정, 정보라, 정민석, 정미숙a, 정미숙b, 정명옥, 정명영, 정득년, 정대수, 정남주, 정광호, 정광필, 정판호, 정경원, 전혜원, 전지훈, 전정희, 전유미, 전세란, 전보애, 전민기, 전미영, 전명호, 전난회, 장주연, 장인하, 장은정, 장윤영, 장원영, 장시준, 장상욱, 장병환, 장병순, 장근영, 장군, 장경훈, 임혜정, 임향신, 임한철, 임성주, 임지영, 임종혁, 임종길, 임정, 임전수, 임수진, 임성빈, 임선영, 임상진, 임상호, 임덕연, 임경환, 이희옥, 이회연, 이효진, 이호진, 이혜정, 이혜영, 이혜린, 이현, 이혁규, 이향숙, 이한진, 이하영, 이태영, 이태경, 이치형, 이충근, 이진희, 이진혜, 이진주, 이진숙, 이지혜, 이지향, 이지영, 이지연, 이중석, 이주희, 이주영, 이종은, 이정희a, 이정희b, 이재익, 이재은, 이재영, 이재두, 이인사, 이은희a, 이은희b, 이은향, 이은진, 이은주, 이은영, 이은숙, 이은민, 이윤엽, 이윤승, 이윤선, 이유미, 이윤경, 이유진a, 이유진b, 이월녀, 이원님, 이용환, 이용석, 이용기, 이영화, 이영주, 이영아, 이연진, 이연주, 이연숙, 이연수, 이승헌, 이승태, 이승아, 이슬기, 이수현, 이수정a, 이수정b, 이수미, 이수미, 이성희, 이성호, 이성채, 이성욱, 이성수, 이선표, 이선영a, 이선영b, 이선애a, 이선애b, 이선미, 이상훈, 이상화, 이상직, 이상원, 이상미, 이상대, 이병준, 이병곤, 이범희, 이민정, 이민아, 이민숙, 이미옥, 이미숙, 이미라, 이문영, 이명훈, 이명형, 이동철, 이동준, 이동범, 이다연, 이남숙, 이난영, 이나정, 이기자, 이기규, 이근철, 이근영, 이규빈, 이광연, 이계삼, 이경화, 이경은, 이경옥, 이경언, 이경림, 이건희, 이건진, 윤희진, 윤흥은, 윤지형, 윤종원, 윤영훈, 윤영백, 윤수진, 윤상혁, 윤병길, 윤규식, 유효성, 유재율, 유영길, 유병준, 위양자, 원지영, 원윤희, 원성제, 우창숙, 우지영, 우완, 우수경, 오중근, 오정도, 오재홍, 오은정, 오은정, 오유진, 오수진, 오세희, 오명진, 오명한, 오동석, 염정신, 여희영, 여태진, 엄창호, 엄재홍, 힘기오, 임기욱, 양헌예, 양체준, 앙기선, 양준수, 양은수, 양열희, 양애정, 얏서아, 얏서영, 양상진, 안효빈, 안찬원, 안지윤, 안준철, 안정선, 안옥수, 안영식, 안영빈, 안순억, 심은보, 심우향, 심승희, 심수환, 심동우, 심나은, 심경일, 신혜선, 신충일, 신창호, 신창복, 신중휘, 신중식, 신은정, 신유준, 신소희, 신성연, 신미정, 신미옥, 송호영, 송혜란, 송한별, 송정은, 송인혜, 송용석, 송아미, 송승출a, 송승훈b, 송수연, 송명화, 송경화, 손현아, 손진근, 손정란, 손은경, 손성연, 손민정, 손미во, 소수영, 성현석, 성열곤, 성보란, 설원민, 선미라, 석욱자, 석미화, 석경은, 서지연, 서정오, 서인선, 서은지, 서예원, 서명숙, 서금숙, 서강석, 상형규, 변현숙, 변나은, 백현회, 백승범, 배희철, 배주영, 배정현, 배이상헌, 배영건, 배아영, 배성연, 배경내, 방동일, 방경내, 반영진, 박희진, 박희영, 박효정, 박효수, 박환조, 박혜숙, 박형진, 박현회, 박현숙, 박춘애, 박춘배, 박철호, 박진희, 박진환, 박진수, 박진교, 박지희, 박지홍, 박지원, 박중구, 박정희, 박정미, 박재선, 박은하, 박은아, 박은정, 박용빈, 박옥주, 박옥균, 박영실, 박연지, 박신자, 박수진, 박수경, 박소현, 박세일, 박성규, 박선영, 박상혁, 박복희, 박복선, 박미희, 박미옥, 박명숙, 박명숙, 박도정, 박대성, 박나실, 박기술, 박기용, 박교형준, 박경화, 박경기, 박건형, 박건지, 박건오, 민병섭, 문호진, 문용석, 문영주, 문연심, 문수현, 문수영, 문수영, 문명숙, 문경희, 모은정, 맹수용, 마승희, 류창모, 류정희, 류재향, 류유종, 류명숙, 류대현, 류정원, 도정철, 도방주, 데와 타카유키, 노하나, 노영현, 노경미, 남숙숙, 남정민, 남은정, 남윤희, 남원호, 남예린, 남자자, 남궁연, 나여훈, 나규환, 김희옥, 김홍규, 김훈태, 김효미, 김홍규, 김홍겸, 김혜영, 김혜림, 김현진, 김현주a, 김현주b, 김현영, 김현실, 김현택, 김헌웅, 김해경, 김필일, 김태훈, 김태원, 김찬영, 김찬, 김진희, 김진주, 김진숙, 김진, 김진모, 김지혜, 김지원, 김지윤, 김지연a, 김지연b, 김지광, 김중미, 김준연, 김주영, 김종현, 김종진, 김종원, 김종옥, 김종성, 김종선, 김정상, 김재황, 김재현, 김재민, 김임곤, 김인순, 김이은, 김은파, 김은아, 김은식, 김은숙, 김은수, 김윤주, 김윤자, 김윤우, 김원예, 김원석, 김우영, 김용휘, 김용훈, 김용양, 김용만, 김요한, 김영희, 김영주, 김영재, 김영삼, 김영미, 김연모, 김연정a, 김연정b, 김연일, 김연미, 김아현, 김순천, 김수현, 김수진a, 김수진b, 김수정, 김수연, 김수경, 김소희, 김소혜, 김소영, 김세호, 김세원, 김성탁, 김성숙, 김성봉, 김성보, 김선회, 김선희, 김선우, 김선민, 김산희, 김상희, 김상영, 김봉석, 김보현, 김보경, 김병회, 김병훈, 김병기, 김범주, 김민회, 김민선, 김민선, 김민곤, 김민결, 김미향, 김미선, 김문옥, 김무영, 김묘선, 김명희, 김명섭, 김동현, 김동일, 김동원, 김도석, 김다회, 김다영, 김남철, 김나혜, 김기훈, 김기연, 김규태, 김규빛, 김광백, 김광민, 김고종호, 김정일, 김가연, 길지현, 기세라, 금현진, 금범옥, 금명순, 권혜영, 권혁천, 권혁기, 권태윤, 권자영, 권유나, 권용수, 권미지, 국찬석, 구자숙, 구원회, 구원희, 구수연, 구본회, 구미숙, 괭훈, 곽혜영, 곽현주, 곽진경, 곽노현, 곽노근, 공현, 공진하, 공영아, 고춘식, 고진선, 고은경, 고윤정, 고영주, 고영실, 고병헌, 고병선, 고민경, 고미아, 강화정, 강혜인, 강현주, 강현정, 강한아, 강태식, 강준희, 강인성, 강이진, 강은영, 강윤진, 강유미, 강영일, 강영구, 강순원, 강수돌, 강성규, 강석도, 강서형, 강경모

※ 2024년 10월 14일 기준 749명

* 이 책의 본문은 재생 용지를 사용해서 만들었습니다.
* 생태 보존과 자원 재활용을 위해 표지 코팅을 하지 않았습니다.